职业教育课程改革创新教材

# 现代办公设备应用与维护

常志文　王　猛　主　编
王艳玲　殷洪杰　常云刚
高　佼　王　华　副主编
胡海燕　主　审

科　学　出　版　社
北　京

# 内 容 简 介


本书是根据教育部高职高专培养目标和高职高专院校对本课程教学的基本要求编写的。本书全面、系统、深入地讲述了办公自动化设备的组成、工作原理、使用及维护方法，具体内容包括概述、网络办公应用、计算机维护与管理、打印机、复印机、办公自动化辅助设备等。书中详细介绍了一些办公设备的使用注意事项以及一些典型故障的处理方法。

本书具有内容新颖、理论深度适当、实用性和实践性强等特点，适合于教学和自学。

本书可作为高等院校、职业技术院校经济管理类专业、文秘类专业教材及各级职业技能培训教材，也可作为广大办公自动化设备使用者、工程技术人员的参考用书。



**图书在版编目（CIP）数据**

现代办公设备应用与维护/常志文，王猛主编. —北京：科学出版社，2019.3

ISBN 978-7-03-060357-9

Ⅰ.①现… Ⅱ.①常… ②王… Ⅲ.①办公自动化-自动化设备-高等职业教育-教材 Ⅳ.①C931.4

中国版本图书馆 CIP 数据核字（2018）第 300752 号

责任编辑：孙露露　吴超莉 / 责任校对：王万红

责任印制：吕春珉 / 封面设计：东方人华平面设计部

科学出版社 出版

北京东黄城根北街 16 号

邮政编码：100717

http://www.sciencep.com

三河市骏杰印刷有限公司印刷

科学出版社发行　各地新华书店经销

*

2019 年 3 月第　一　版　开本：787×1092　1/16

2023 年 1 月第六次印刷　印张：13 1/4

字数：340 000

**定价：36.00 元**

（如有印装质量问题，我社负责调换〈骏杰〉）

销售部电话 010-62136230　编辑部电话 010-62138978-2010

# 前　言

随着科学技术的飞速发展，当今社会已进入信息时代。办公自动化技术已成为处理、传递信息的重要手段之一，并高效率地参与现代化管理。

办公自动化设备是高科技产品，是微电子技术、计算机技术、电磁技术、电机技术、光电技术、传感技术、数字通信技术、塑料技术以及精密机械技术的综合体。为了保证使用质量、减少故障和延长使用寿命，使用者和维修人员必须掌握其工作原理和结构，熟悉其使用方法和保养事宜，并且在遇到故障时能够采取有效的手段，及时排除故障。

办公自动化设备的品种、机型繁多，但它们的工作原理和工作程序是基本相同的。本书选择国内目前比较常用且具代表性的机型剖析，以帮助读者详细、深入地了解其原理，并且能够结合实际举一反三，对其他机型也能灵活运用。

本书由具有丰富教学经验和实践经验的教师编写而成。本书参考学时为90学时，主要内容包括概述、网络办公应用、计算机维护与管理、打印机、复印机、办公自动化辅助设备，分别介绍了办公自动化设备的基本知识、工作原理、使用方法及典型故障的排除。按照高等职业教育对实践技能培养的要求，在教学内容的选择与安排上，尽量选择与现实生活联系紧密的内容；在技能为主、知识够用的基础上，精确瞄准特定岗位，讲解岗位所需的技能与知识。

本书具有以下特点。

（1）紧随新技术的发展，适应社会对办公自动化高级技能人才的需求。

（2）体现教学的适用性与合理性。

（3）全书以基础知识和基本理论为重点。

（4）全书以目前市场占有量较大的机型作为典型教学样机，知识讲解及实训均围绕该样机展开，能较好地体现“一体化”教学模式。

（5）办公设备典型维护操作配有视频二维码，通过扫描二维码即可观看视频。

本书第一章由常云刚（云南财经职业学院）编写；第二章由王艳玲（昆明冶金高等专科学校）、史文（昆明冶金高等专科学校）、张经纬（昆明冶金高等专科学校）编写；第三章由王猛（昆明冶金高等专科学校）、王华（昆明冶金高等专科学校）编写；第四章由殷洪杰（昆明冶金高等专科学校）、高佼（云南省宣威市第一职业技术学校）、张会江（保山市隆阳区大庄中学）编写；第五章由常志文（昆明冶金高等专科学校）、张洋（昆明冶金高等专科学校）编写；第六章第一至第三节由王猛、王华编写，第四至第八节由常云刚编写；全书由常志文教授统稿，由玉溪市教育科学研究所胡海燕老师主审。

由于编者水平有限，加之时间仓促，书中不妥之处在所难免，恳请广大读者批评指正。

编　者

2018年10月

# 目　　录

**第一章　概述**……1
第一节　办公自动化简介……1
一、办公自动化概念……1
二、办公自动化功能……1
第二节　办公自动化设备……2
一、办公自动化设备分类……2
二、常用办公自动化设备概述……2
第三节　办公用电及安全……2
一、办公用电概述……2
二、办公用电安全与防护……3
本章练习题……4
**第二章　网络办公应用**……5
第一节　计算机网络概述……5
一、计算机网络概念……5
二、计算机网络组成……6
三、计算机网络类型……9
第二节　办公网络的组建与应用……12
一、组建有线及无线办公网络……12
二、网络共享……13
三、无线网卡与无线上网方案……16
第三节　移动办公概述……18
一、移动终端……18
二、移动终端操作系统……19
第四节　移动终端互联方案……20
一、电缆连接方案……20
二、蓝牙连接方案……20
三、热点连接方案……21
本章练习题……26
**第三章　计算机维护与管理**……27
第一节　计算机优化……28
一、磁盘优化……28
二、性能优化……34
三、服务优化……36
四、启动优化……38

第二节 计算机高级维护……39
一、高级启动菜单……39
二、系统还原……40
三、系统修复……43
四、BIOS 设置……45
本章练习题……46
**第四章 打印机**……47
第一节 打印机概述……47
一、打印机的分类……47
二、打印机的技术指标……48
第二节 针式打印机的使用与维护……49
一、针式打印机的组成及工作原理……49
二、针式打印机的使用……53
三、针式打印机的维护及典型故障排除……54
第三节 喷墨打印机的使用与维护……57
一、喷墨打印机的组成及工作原理……57
二、喷墨打印机的使用……60
三、喷墨打印机的维护及典型故障排除……61
第四节 激光打印机的使用与维护……64
一、激光打印机的组成及工作原理……64
二、激光打印机的使用……66
三、激光打印机的维护及典型故障排除……66
第五节 击打式与非击打式打印机的比较……68
第六节 3D 打印机简介……69
一、3D 打印机的工作原理简介……69
二、3D 打印机的分类……70
三、3D 打印限制因素……71
本章练习题……72
**第五章 复印机**……73
第一节 复印机概述……73
一、复印机的分类……73
二、复印机的组成及工作原理……74
第二节 模拟复印机和数码复印机的工作原理及区别……77
一、模拟复印机的工作原理……78
二、数码复印机的工作原理……78
三、模拟复印机与数码复印机工作原理的区别……78
第三节 数码复印机的技术指标……79
一、夏普 MX-M3658N 型数码复印机技术指标简介……79
二、夏普 MX-M3658N 型数码复印机功能简介……80

第四节 数码复印机的安装 ……85
一、设备安装 ……85
二、打印程序安装 ……86
三、网络打印安装 ……87
第五节 数码复印机的使用方法 ……88
一、准备工作 ……88
二、复印机的操作 ……88
第六节 数码复印机的维护及典型故障排除 ……120
一、数码复印机的保养 ……120
二、数码复印机典型故障的排除 ……128
本章练习题 ……132
**第六章 办公自动化辅助设备** ……133
第一节 办公输入技术与设备 ……133
一、语音输入 ……133
二、触摸屏 ……135
三、手写输入 ……137
四、电子白板 ……143
第二节 移动存储设备 ……146
一、移动存储概述 ……146
二、U盘 ……147
三、移动硬盘 ……151
四、存储卡与读卡器 ……162
第三节 光盘刻录机 ……165
一、光盘刻录机概述 ……165
二、光盘刻录机的主要性能指标 ……165
三、光盘刻录机的安装和使用 ……166
四、光盘及刻录 ……169
第四节 数码投影机 ……176
一、投影机的分类 ……176
二、投影机的规格参数和技术特点 ……176
三、Epson CB-X31 型投影机的技术参数及优点 ……177
四、Epson CB-X31 型投影机的使用 ……179
五、投影机的使用与维护 ……182
六、投影机常见故障的排除 ……183
第五节 UPS 电源 ……184
一、UPS 的工作原理与分类 ……184
二、UPS 的规格参数与技术特性 ……185
三、UPS 的使用与维护 ……186
四、UPS 常见故障的排除 ……187

第六节　碎纸机……188
一、碎纸机的作用与构成……188
二、碎纸机的规格参数与技术特性……188
三、碎纸机的使用与维护……189
四、碎纸机常见故障的排除……190
第七节　数码相机……191
一、数码相机概述……191
二、数码相机的分类与主要性能指标……191
三、数码相机的使用与维护……192
四、数码相机常见故障的排除……194
第八节　数码摄像机……195
一、数码摄像机的组成与作用……195
二、数码摄像机的主要技术指标……197
三、数码摄像机的使用与维护……198
四、用好掌中宝……199
五、数码摄像机常见故障的排除……201
本章练习题……202
参考文献……204

# 第一章 概 述

**知识教学目标** ☞

- 了解办公自动化的发展状况及办公自动化的功能。
- 掌握办公自动化设备的分类方法。
- 掌握办公设备的用电要求及办公用电安全与防护。

**技能培养目标** ☞

- 能够正确使用电工仪表检查测量办公设备的电源电压。
- 具备办公用电安全与防护的技能。

办公自动化（office automation，OA）从提出到现在，已经有60多年的历史，但它真正进入全面发展阶段始自20世纪70年代末、80年代初。随着办公自动化技术的不断发展、办公自动化新产品的不断出现以及办公自动化系统应用的普及，人们对办公自动化的认识在不断深化和拓展，从而使有关办公自动化定义的描述也在不断发生着新的变化。

## 第一节 办公自动化简介

### 一、办公自动化概念

办公自动化是指在行政机关、企事业单位工作中，以计算机为中心、采用一系列现代化的办公设备和先进的通信技术，广泛、全面、迅速地收集、整理、加工、存储和使用信息，为科学管理和决策提供服务，从而达到提高行政效率的目的。办公自动化是以管理科学为前提、以行为科学为主导、以系统科学为理论基础，把科学社会学、人机工程学、系统工程学、决策学等多门社会科学与技术科学结合在一起，综合运用计算机技术、通信技术和自动化技术等，来研究如何实现各项办公业务自动化的一门文理交叉型的综合性学科。

### 二、办公自动化功能

总体来说，办公自动化是一个信息处理与管理的集合。它的功能比较复杂，当它面向不同层次的使用者时，表现出来的功能也各不相同。对于企业高层领导而言，办公自动化是决策支持系统；对于中层管理者而言，办公自动化是信息管理系统；对于普通员工而言，办公自动化是事务或业务处理系统。

（1）决策支持型。决策支持层办公自动化系统（decision support system，DSS）是在事务处理系统和信息管理系统的基础上增加了决策或辅助决策功能的最高级的办公自动化系统，主要担负辅助决策的任务，即对决策提供支持。DSS是一种基于计算机的交互式系统，用来帮助决策者在决策过程中，利用数据和模型求解问题做出判断。所以，DSS是能支持专门的数据分析和决策模型建立过程的、以未来计划为目标的、不定型的、可扩充的系统。它由三个互相联系的部分构成：语言子系统，是用户和DSS之间的通信机构和交互界面；知识子系统，是由数据和过程组成的领域知识库；问题处理子系统，是连接上述两部分的控制和推理机制。

（2）管理控制型。它是把事务处理型办公系统和综合信息紧密结合一体化的办公信息处理系统。该层次的OA主要是信息管理层办公自动化系统（management information system，MIS），根据不同的应用，分为政府机关型、市场经济型、生产管理型、财务管理型和人事管理型等。例如，市场经济型利用各业务管理环节提供的基础数据，提炼出有用的管理信息，把握业务进程，降低经营风险，提高经营效率。

（3）事务处理型。其主要内容是完成日常办公事务，涉及大量的基础性工作，包括文字处理、编辑排版、电子表格处理、文件收发登录、电子文档管理、办公日程管理、人事管理、财务统计、报表处理以及其他事务处理。事务型办公自动化系统可以是单机系统，也可以是一个机关单位内的各办公室完成基本办公事务处理和行政事务处理的多机系统。单机系统不具备计算机通信能力，主要靠人工信息方式及电信方式通信。多机系统可采用计算机终端网、微机局域网、计算机局域网或远程网等。所以，事务处理型办公自动化主要支持办公部门分散的事务处理的办公自动化。

## 第二节　办公自动化设备

### 一、办公自动化设备分类

办公自动化设备及外围设备，主要包括信息复制设备、信息处理设备、信息传输设备和信息存储设备。

（1）信息复制设备，主要包括复印机、速印机和轻印刷系统等。

（2）信息处理设备，主要包括计算机、打印机和图形图像处理系统等。

（3）信息传输设备，主要包括各种局域网和广域网、电话机、传真机和手机等。

（4）信息存储设备，主要包括磁存储、光存储、缩微胶片和摄录像设备等。

### 二、常用办公自动化设备概述

现在常见的办公自动化设备有计算机、复印机、速印机、打印机、扫描仪、碎纸机、投影仪、照相机和摄录一体机等。其相关基本知识将在后续章节中介绍，这里不再赘述。

## 第三节　办公用电及安全

### 一、办公用电概述

办公用电与企业生产用电是有较大差异的，前者使用单相交流电，后者大部分使用三相交流电。办公用电与家庭用电也有差别，前者用电器的功率较小，要求电源电压不能有较大波动，才能保证办公设备的正常使用及寿命得到可靠保障；后者电源电压波动即使较大，对家用电器的正常使用及寿命也基本没有影响。

## 二、办公用电安全与防护

安全是指不受威胁、没有危险、危害、损失，是在人类生产过程中，将系统的运行状态对人类的生命、财产、环境可能产生的损害控制在人类能接受水平以下的状态。要安全使用办公室中的计算机、打印机、复印机、各式充电器等用电设备，避免发生安全事故，铲除安全隐患，办公室人员必须注意以下事项。

使用万用表检查电源电压

（1）一定要搞清楚用电设备的电源电压要求。可用电工仪表检查测量电源电压是否符合要求；否则，可能导致设备不能正常工作或损坏。用电设备必须有保护性接地、接零装置，并经常进行检查，测试连接的牢固性。用电设备电源应装设调试合格的漏电保护器，以保证使用电器时的人身安全。用电设备使用的电源插座必须是单相三线制（即三孔插座，L 为火线，N 为零线，E 为地线）。使用的刀开关、断路器等应完好无损，严禁用铜丝或其他金属丝代替熔丝。

（2）电源插头、插座要安全可靠，损坏的不能使用，根据电器容量合理选用，避免过负荷使用。严禁不用插头而直接将电线末端线头插在插座里。

（3）严禁使用破损、老化的电缆；电缆要尽量避免中间接头，如不可避免，应保证接头处接触良好、抗拉和绝缘性能良好。

（4）湿手不能触摸带电的电器，不能用湿布擦拭使用中的电器。

（5）电器在使用过程中发生打火、异味、高热、怪声等异常情况时，必须立即停止操作，关闭电源，并及时找电工检查、修理，确认能安全运行时才能继续使用。用电设备不得带故障运行，任何用电设备在未验明无电之前，一律认为有电，进行电器修理必须先断开电源，不要盲目接触。

（6）电源开关外壳和电线绝缘层有破损或带电部分外露时，应立即找电工修好；否则不准使用。发现电线断落，无论带电与否，都应视为带电，应与电线断落点保持足够的安全距离，并及时报修。

（7）投影仪、计算机、空调等用电设备的进、出风口不可遮挡与覆盖，并经常进行清理，保持通风良好。用电设备的清洁，必须在确认断电后再进行。

（8）提倡文明用电，室内照明应做到人走关灯，空调、微波炉、计算机、复印机、投影仪等用电设备长时间不用时，应切断电源，拔下插头，以防意外。若遇到停电情况，必须切断电源总开关。

（9）电烙铁、电水壶（煲）、台灯等电热器件，必须远离易燃物品，用完后应切断电源，拔下插头，以防意外。

（10）遇有电器着火，应先切断电源再救火，同时报警。如有人触电，应立即设法使其脱离电源，并采取正确的方法进行施救。

## 本章练习题

1.1 什么是办公自动化？简述其功能。

1.2 办公设备如何分类？常用办公设备有哪些？

1.3 如何做到办公设备的用电安全与防护？

# 第二章

# 网络办公应用

**知识教学目标** ☞

- 了解计算机网络的定义、主要特征及主要功能。
- 熟悉计算机网络的组成，掌握计算机网络的服务器、工作站、互联设备（集线器、交换机及网卡）和各种通信介质（双绞线、同轴电缆、光缆、微波、红外线、激光及卫星通信）的特点及作用。
- 掌握计算机网络的不同分类方法。
- 掌握办公网络的组建与应用方法。
- 了解移动办公终端及操作系统的相关知识。
- 掌握移动终端互联方案。

**技能培养目标** ☞

- 能够组建一定功能的办公网络，掌握相应网络的应用技能。
- 能够使移动终端设备接入互联网。

21 世纪是以网络为核心的信息时代，计算机网络已成为我们生活和工作中不可或缺的一部分，通过计算机网络人们可以轻松地实现家庭办公、居家购物、远程教学等，人们的工作质量和效率有了极大提高，工作方式和生活方式也产生了巨大的变革。可以这样讲，信息化社会中，各行各业都离不开计算机，离不开计算机网络，计算机网络已成为信息化社会的基础。本章主要介绍计算机网络的基础知识、局域网组建方法、互联网接入方案等内容。

## 第一节　计算机网络概述

在信息高速发展的今天，存在着很多种类的网络，随着计算机的普及，计算机网络成为目前信息传播的核心网络，而且也是发展最快的网络，它正以前所未有的速度延伸至世界的每个角落。

### 一、计算机网络概念

计算机网络是利用通信线路和连接设备将地理分散的、具有独立功能的若干计算机系统连接起来，按照网络协议进行数据通信，并通过一个能为用户自动管理资源的网络操作系统实现资源共享，如图 2.1 所示。

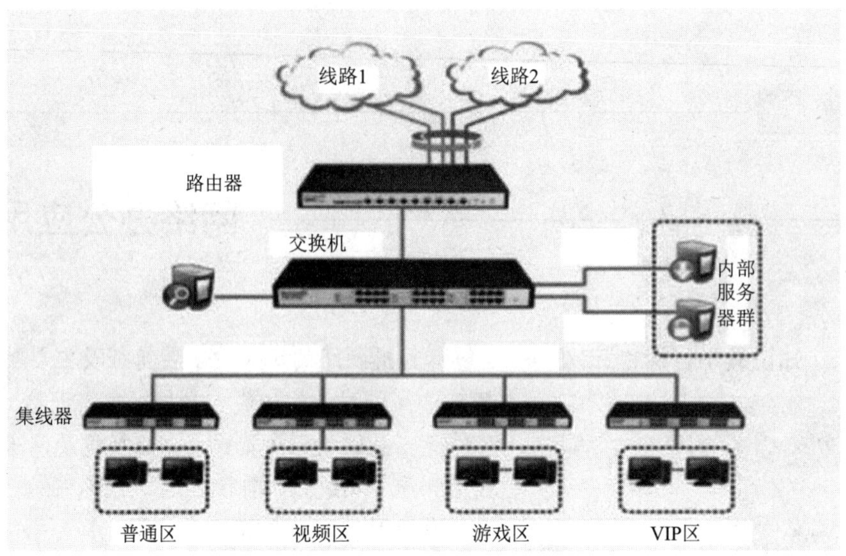


图 2.1　某网吧计算机网络示意图

计算机网络的主要功能有资源共享、数据通信、实时控制、均衡负载和分布式处理以及其他综合服务功能。

## 二、计算机网络组成

计算机网络一般由网络服务器、工作站、传输介质、连接设备和通信协议等组成，如图 2.2 所示。

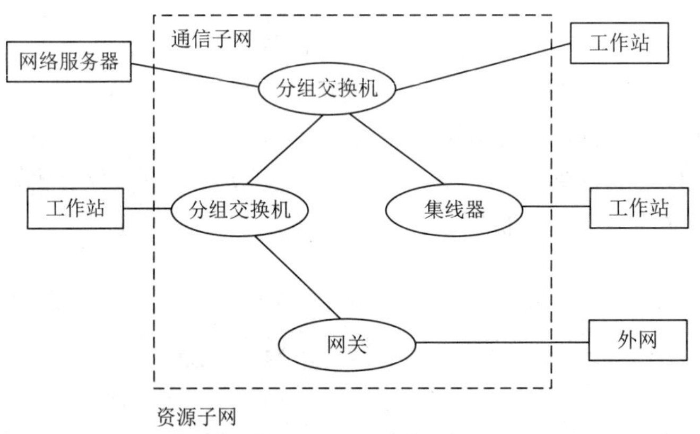


图 2.2　计算机网络组成示意图

### （一）网络服务器

网络服务器是一台速度快、存储量大的计算机，它是网络系统的核心设备，负责网络资源管理和用户服务。服务器可分为文件服务器、远程访问服务器、数据库服务器和打印服务器等。在互联网中，服务器之间互通信息，相互提供服务，每台服务器的地位是同等的。服务器需要专门的技术人员进行管理和维护，以保证整个网络的正常运行。

（二）工作站

工作站是具有独立处理能力的计算机，它是用户向服务器申请服务的终端设备。用户可以在工作站上处理日常工作，并随时向服务器索取各种信息及数据，请求服务器提供各种服务，如传输文件、打印文件等。

（三）传输介质

网络传输介质是用于传输数据、连接网络节点的信号通路，传输介质一般分为有线传输介质和无线传输介质。常见的有线传输介质有双绞线、同轴电缆、光纤等，无线传输介质有微波、红外线、激光和卫星通信等。

1. 双绞线

双绞线可由两根相互绝缘的金属导线扭绞在一起，拧成螺旋形而得到，若干双绞线又封装在同一个绝缘外套中，如图 2.3 所示。

双绞线有非屏蔽双绞线和屏蔽双绞线之分，单股双绞线最大传输距离约 100m，常用的超五类非屏蔽双绞线速率为 100Mb/s，拧成螺旋形的原因是为了减少外部的干扰和对串音的敏感度，绞合得越紧密、越均匀，双绞线的质量越好。双绞线具有价格便宜、使用方便、安装容易等优点，常作为用户与本地中心站及中心站与中心站间的连线。

图 2.3　双绞线

2. 同轴电缆

同轴电缆由一根空心的外圆柱形的导体围绕单根内导体构成，它的中央是铜芯线（单股的实心线或多股绞合线），铜芯线的外面是一层绝缘层，绝缘层外由一层网状编织的金属丝作为外导体屏蔽层，再往外就是一层塑料保护外层。同轴电缆的结构如图 2.4 所示。

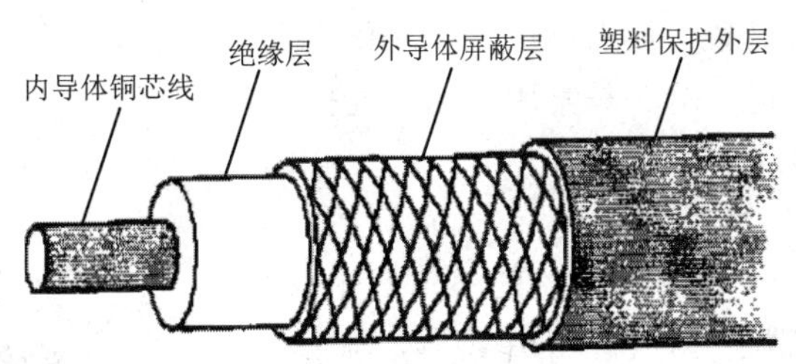


图 2.4　同轴电缆

按直径的不同，同轴电缆分为粗缆和细缆。同轴电缆具有寿命长、通信容量大、质量稳定、外界干扰小、可靠性高和维护便利等优点，在局域网中应用非常广泛。

3. 光纤

光纤又称光导纤维，是一种细小、柔韧并能传输光信号的介质，如图 2.5 所示。光纤的结构和同轴电缆非常相似，中心是光传播的玻璃纤芯，纤芯外面包围着一层玻璃封套，再外面是一层薄的塑料外壳，用来保护玻璃封套，但它没有像同轴电缆一样的外导体屏蔽层。光纤分为单模光纤和多模光纤两类（“模”是指以一定的角度进入光纤的一束光）。根据包含的光纤芯数，光缆可分为单芯光缆和多芯光缆。一根光缆中包含有多条光纤。

图 2.5 光纤

与同轴电缆相比，光纤具有体积小、重量轻、弯曲性好、电磁绝缘性能好、频带宽、通信容量大、传输速率高、传输衰减小、安全保密性好、不易受电磁波干扰等优点，目前广泛运用于高速的主干网络中以实现远距离通信。

4. 微波、红外线、激光

微波、红外线、激光传输是利用空间电磁波来实现站点之间通信的一种方式。它们具有高移动性、保密性强、抗干扰性好、架设与维护容易、支持移动通信等优点，同时也存在安装费用较高、易受环境因素影响、安装实施要求技术高等不足。

5. 卫星通信

卫星通信也属于无线传输，它是卫星与地面站之间的微波通信系统，主要利用地球同步卫星作为中继器来转发微波信号。

卫星通信是一种散射式通信，其覆盖面积大，一颗地球同步卫星可以覆盖地球 1/3 的地区；同时它可以突破地面微波通信的距离限制，实现远距离传输。

（四）连接设备

计算机网络的连接设备主要有网关、调制解调器、中继器、集线器、网桥、路由器和交换机。集线器、交换机、网关是常用的网络连接设备。

1. 集线器

集线器，又称集中器，也就是俗称的 Hub（Hub 即“中心”的意思）。集线器是一种特殊的中继器，除了具备对接收的信号进行再生整形放大、扩大网络传输距离的功能外，它还具有将来自不同计算机网络设备的电缆集中在以它为中心的节点上的功能，如图 2.6 所示。

图 2.6 集线器

集线器就像树的主干一样，是各分支的汇集点，是对网络进行集中管理的主要设备。在传统的总线型网络中如果使用了集线器，那么这个网络就变成了混合型网络。集线器具备价格便宜、组网灵活、有利于检测网络故障，以及可提高网络可靠性等优点，应用比较广泛。

2. 交换机

交换机（switch）与集线器在外观上区别不大，如图 2.7 所示。交换是按照通信两端传输信息的需要，用人工或设备自动完成的方法，把要传输的信息送到符合要求的相应路由上的技术统称。交换机是指能够实现这种技术的设备。从广义上讲，交换机分为两种，即广域网交换机和局域网交换机。广域网交换机主要应用于电信领域，提供通信用的基础平台。而局域网交换机则应用于局域网络，用于连接终端设备，如个人计算机及网络打印机等。交换机的主要功能包括物理编址、网络拓扑结构、错误校验、帧序列、流控、网络互联以及防火墙等功能。

无线交换机又称为无线 AP，如图 2.8 所示，它以无线信号作为传输介质。

图 2.7 交换机

图 2.8 无线交换机

3. 网关

网关（gateway）又称网间连接器、协议转换器，是一种具有转换作用的计算机系统或设备。网关在网络层以上实现两个高层协议不同的网络互联。网关对收到的信息重新打包，以适应目的系统的需求，既可以用于广域网互联，也可以用于局域网互联。

图 2.9 网关

## 三、计算机网络类型

计算机网络的分类方法有很多种，常见的有以下几种。

### （一）根据网络作用范围划分

1. 局域网（local area network，LAN）

局域网的作用距离为几米到十几千米，通常用于一座建筑物，主要用来构造一个单位的内部网。局域网的传输速率为 10Mb/s～1Gb/s。

2. 城域网（metropolitan area network，MAN）

城域网是指一座城市范围内建立的计算机通信网，作用距离为几千米到几十千米。

3. 广域网（wide area network，WAN）

广域网是更大范围内的网络，覆盖范围从几十千米到几千千米。广域网目前以光纤作为传输介质，其传输速率可达每秒几十吉位。

4. 因特网（Internet）

因特网又称国际计算机互联网，是目前世界上影响最大的国际性计算机网络。它是一个建立在计算机网络之上的网络，它通过 TCP/IP 将各种不同类型、不同规模、位于不同地理位置的物理网络连接成一个整体，实现了各种信息资源的共享。因特网的出现是世界由工业化走向信息化的象征，它将人们带入了一个完全信息化的时代。

（二）根据网络拓扑结构划分

1. 计算机网络拓扑结构的概念

在计算机网络中，我们把计算机、终端、通信处理设备（如路由器、交换机）等抽象成点，把连接这些设备的通信线路抽象成线，并将由这些点和线所构成的拓扑称为网络拓扑结构。网络拓扑结构反映了网络的结构关系，对网络的性能、可靠性及建设管理成本等都有重要的影响。因此网络拓扑结构的设计在整个网络设计中占有十分重要的地位，在网络构建时，网络拓扑结构往往是首先要考虑的因素之一。

2. 常见的网络拓扑结构

计算机网络中常见的拓扑结构有总线型、星形、环形、树形和网形，如图 2.10 所示。

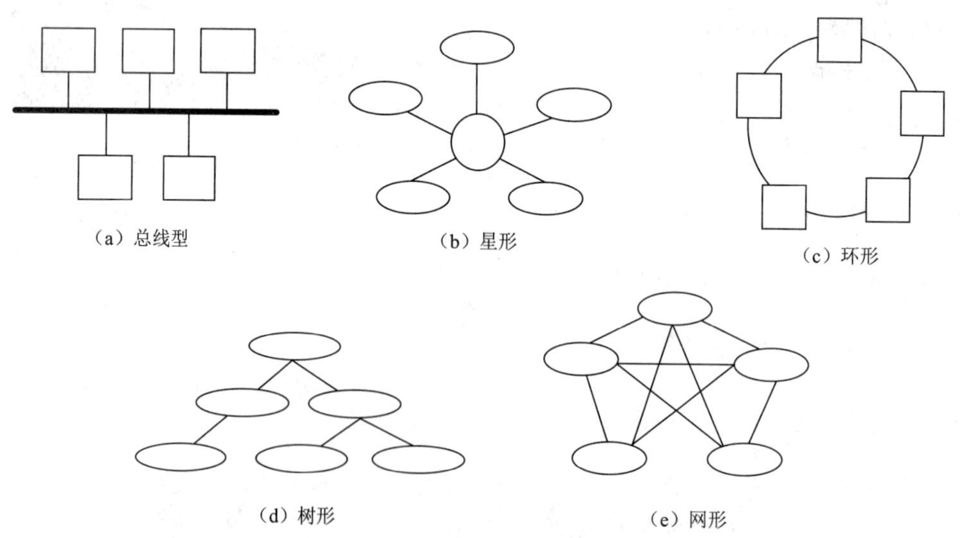


图 2.10 常见的网络拓扑结构

（1）总线型拓扑。如图 2.10（a）所示，总线型拓扑中采用单根传输线路作为传输介质，所有站点通过专门的连接器连到这个公共信道上，这个公共信道称为总线。任何一个站点发送的数据都能通过总线传播，同时能被总线上的所有其他站点接收到。可见，总线型结构的计算机网络是一种广播式网络。总线型拓扑结构形式简单，节点易于扩充，是基本的局域网拓扑形式之一。

（2）星形拓扑。如图 2.10（b）所示，星形拓扑结构中有一个中心节点，其他各节点通过各自的线路与中心节点相连，形成辐射状结构。各节点间的通信必须通过中心节点转发。星形拓扑的网络具有结构简单、易于建网和易于管理等特点。但这种结构要耗费大量的电缆，同时中心节点的故障会直接造成整个网络的瘫痪。星形拓扑也经常应用于局域网中。

（3）环形拓扑。如图 2.10（c）所示，在环形拓扑中，各节点和通信线路连接形成的是一个闭合的环。在环路中，数据按照一个方向传输。发送端发出的数据，沿环绕行一周后，回到发送端，由发送端将其从环上删除。我们可以看到任何一个节点发出的数据都可以被环上的其他节点接收到。环形拓扑具有结构简单、容易实现、传输时延确定及路径选择简单等优点，但是，网络中的每一个节点或连接节点的通信线路都有可能成为网络可靠性的瓶颈。网络中的任何一个节点出现故障都可能造成全网络的瘫痪。另外，在这种拓扑结构中，节点的加入和拆除过程比较复杂。环形拓扑也是局域网中常用的一种拓扑形式。为提高环形网络的可靠性，可采用双环拓扑结构。

（4）树形拓扑。如图 2.10（d）所示，树形拓扑结构中有一个根节点为全网的控制节点，以根节点为起点派生出若干子节点，子节点再派生出若干孙节点，以此类推扩展网络规模。树形拓扑结构可以看成星形拓扑的一种扩展，也称扩展星形拓扑。树形拓扑网络层次分明、管理方便，特别适合具有分级管理需求的局域网建网采用，缺点是根节点负载重，越到底层的子节点通信效率越低。

（5）网形拓扑。如图 2.10（e）所示，在网形拓扑结构中，节点之间的连接是任意的，每个节点都有多条线路与其他节点相连，这样使得节点之间存在多条路径可选，在传输数据时可以灵活地选用空闲路径或者避开故障线路。可见网形拓扑可以充分、合理地使用网络资源，并且具有可靠性高的优点。在广域网中，为了提高网络的可靠性，通常采用网形拓扑结构。

### （三）根据传输介质划分

根据使用的传输介质，可将计算机网络分为有线网络和无线网络。

#### 1. 有线网络

有线网络是指网络中的通信介质全部为有线介质的网络，主要采用双绞线、同轴电缆、光纤等作为传输介质。

#### 2. 无线网络

无线网络是指网络中的通信介质为无线形式，即网络中节点之间没有线缆连接，如前所述，常见的无线传输介质有微波、红外线、激光和卫星通信等。

（四）其他分类方法

（1）按照网络使用的对象不同，网络可分为公用网络和专用网络。

（2）按照网络的逻辑功能不同，网络可分为资源子网和通信子网。

（3）按照网络连接方式和传输技术的不同，网络可分为全连通型网络、交换型网络和广播型网络。

（4）按照通信子网交换方式的不同，网络可分为公用电话交换网、报文交换网、分组交换网和 ATM 交换网。

（5）按照信号频带占用方式的不同，网络可分为基带网和宽带网。

## 第二节　办公网络的组建与应用

### 一、组建有线及无线办公网络

#### 1. 有线办公网络

组建一个小型办公网络，其网络拓扑结构如图 2.11 所示。

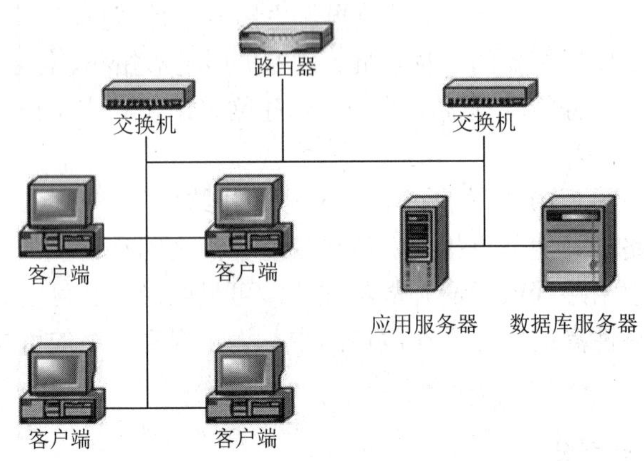


图 2.11　小型办公网络拓扑结构

首先，分别将各计算机及交换机摆放到一个区域的位置。计算机的位置根据办公人员需要确定，交换机最好放在既便于管理又不易被刮碰的位置。需要注意有效传输距离。

其次，制作双绞线。布置线缆，应采用直通双绞线连接，双绞线两端均采用 T568B 标准制作，将缆线两端分别插接到交换机和计算机的网络接口中。

再次，设置 IP 地址和子网掩码。IP 地址设为“192.168.0.X”，其中 X 为 1～254 的任意整数，不同的计算机其 X 的取值必须不相同；子网掩码均为“255.255.255.0”。

最后，测试网络连通状态。

#### 2. 无线办公网络

无线办公网络的拓扑结构如图 2.12 所示。组建无线办公网络必须购置无线交换机，还需要在各连接的计算机中配置无线网卡。目前的笔记本电脑均配备有无线网卡，对于台式计算机则需安装无线网卡。

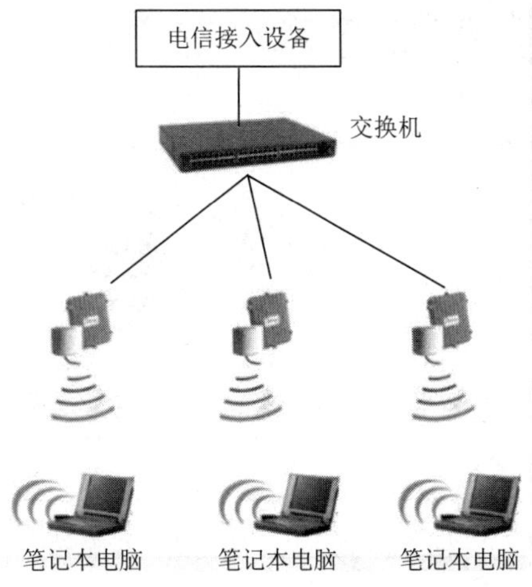


图 2.12　无线办公网络的拓扑结构

## 二、网络共享

在已连接好有线网络的局域网中或在已连接好的无线网络中，用户通过文件和文件夹的网络共享及打印机的共享功能，可以实现局域网之间文件和文件夹的共享操作及打印机的共享操作，从而实现更高效的办公需求。下面以 Windows 7 操作系统为例进行介绍。

### 1. 文件和文件夹共享

（1）选择想要打开共享的文件夹并右击，选择快捷菜单中的“属性”命令，如图 2.13 所示。

（2）在打开的“属性”对话框中，切换到“共享”选项卡，单击“网络文件和文件夹共享”区域的“共享”按钮，如图 2.14 所示。

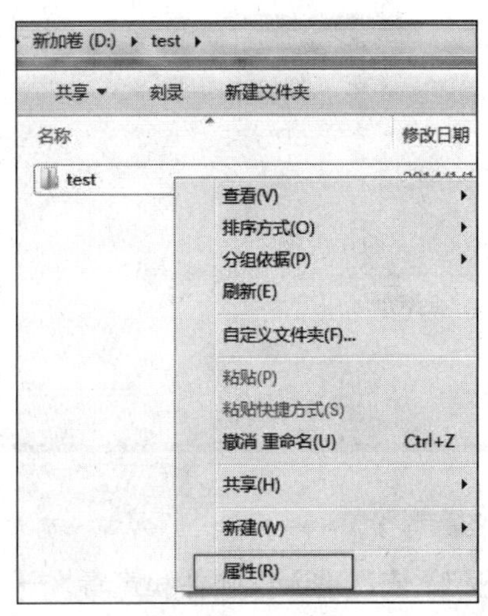


图 2.13　进入文件夹属性

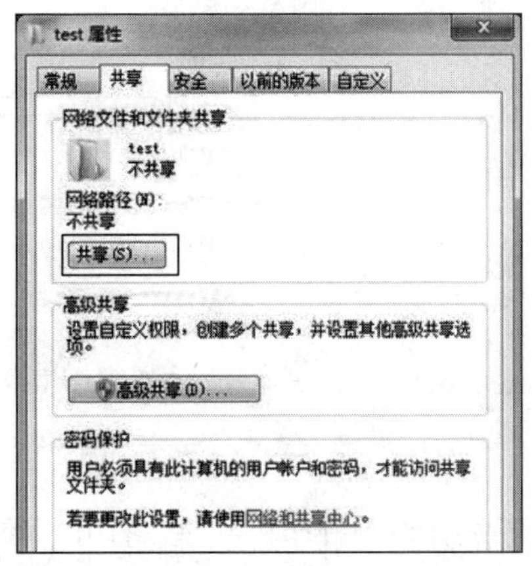


图 2.14　设置文件夹共享

（3）在打开“文件共享”窗口后，添加运行访问的用户，可以选择 Everyone，并设置权限，如图 2.15 所示。

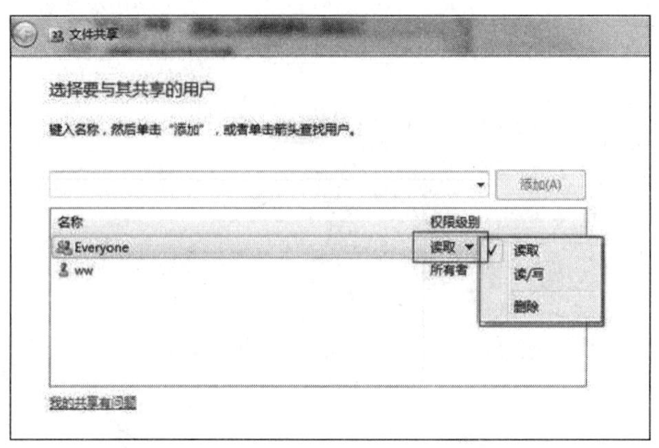


图 2.15 设置文件夹共享权限

（4）此时将提示“你的文件夹已共享”，即以实现文件共享功能。

2. 打印机共享

在办公局域网中，打印服务器中已正常连接打印机设备，并对应安装了驱动程序。

（1）在 Windows 7 中，设置防火墙开启“文件和打印机共享”。具体方法：依次进入“控制面板”→“系统和安全”→“Windows 防火墙”→“允许的程序”，在“允许程序通过 Windows 防火墙通信”的列表框中勾选“文件和打印机共享”复选框，如图 2.16 所示。

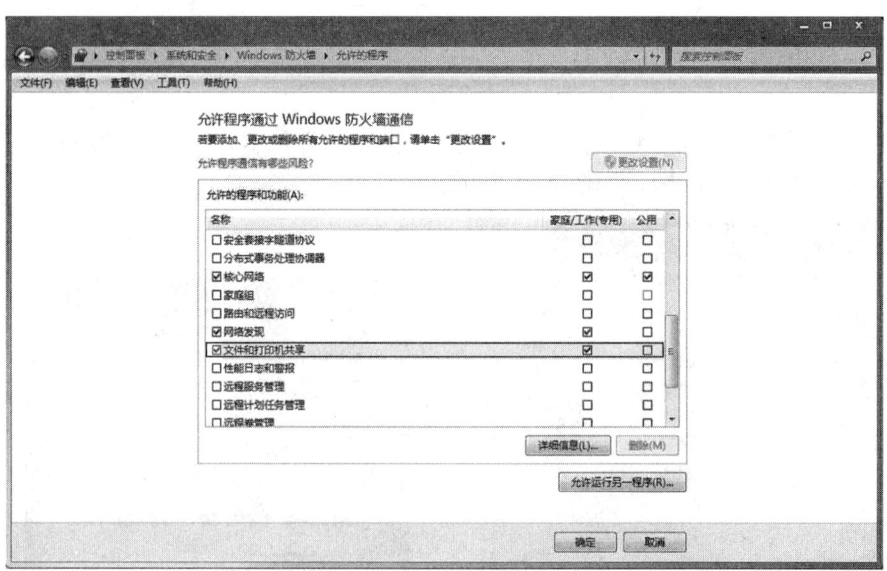


图 2.16 防火墙设置

（2）添加并设置打印机共享。打开“控制面板”，依次进入“硬件和声音”→“设备和打印机”，如果此时未发现打印机，则需要添加打印机。方法是：单击“添加打印机”按钮，在弹出的对话框中选择“添加本地打印机”，如图 2.17 所示；单击“下一步”按钮，选择打印机的接口类型，如图 2.18 所示；在此选择 USB 接口（这是根据打印机的型号来决定的），选择好后单击“下一步”按钮，选择驱动程序，如图 2.19 所示，如果所需要的驱动程序不在列表框中，就需要单击“从磁盘安装”按钮，定位到驱动程序的目录并安装相应的驱动程序。当驱动程序安装完毕后，打印测试页，如果打印机能正常打印，则说明打印机驱动程序安装成功。

图 2.17　选择安装打印机类型

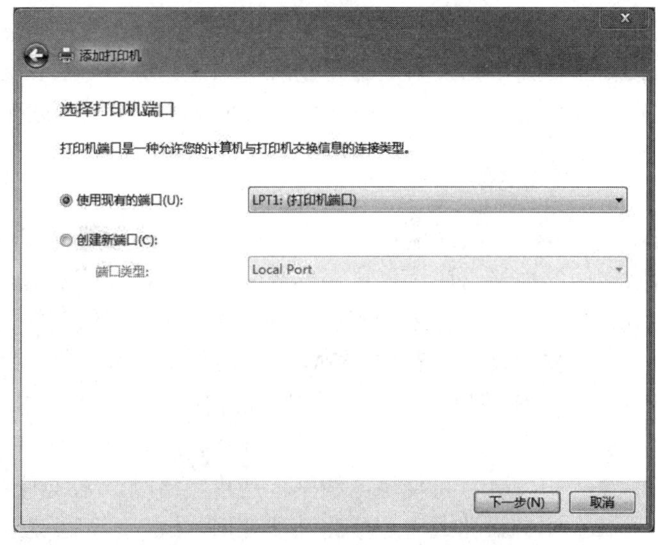


图 2.18　选择安装打印机接口类型

（3）在要共享的打印机图标上右击，从弹出的快捷菜单中选择“打印机属性”命令。然后在弹出的“属性”对话框中选择“共享”选项卡，选择“共享这台打印机”，并填写打印机的名称等信息。

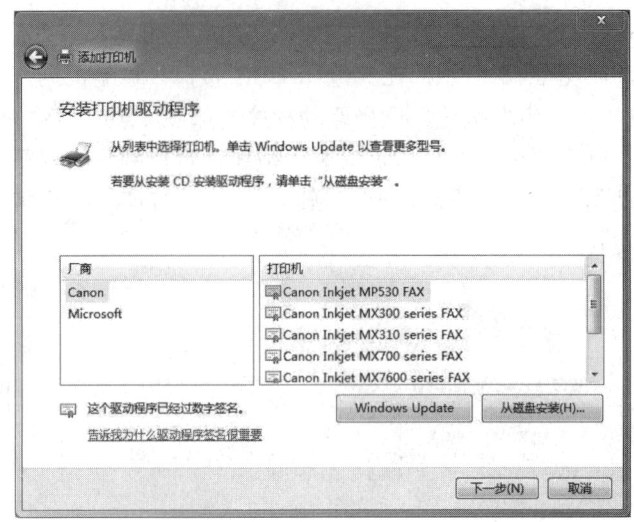


图 2.19　选择安装打印机驱动程序

（4）查看本地打印机的共享情况。具体操作方法：依次进入“控制面板”→“网络和 Internet”→“查看计算机和设备”，双击“本地计算机”，查看是否存在共享的打印机，如果存在，则说明共享打印机成功。

## 三、无线网卡与无线上网方案

无线局域网（wireless local area networks，WLAN）是一种数据传输系统，它利用射频技术，使用电磁波，取代旧式双绞铜线所构成的局域网络，在空中进行通信连接，使得无线局域网能利用简单的存取架构让用户更加方便地进行通信。在无线局域网中，计算机和网络设备间利用无线信号传输数据，安装有无线网卡的计算机，只要在无线信号覆盖的区域内，就能与网络设备进行连接。无线局域网普遍采用了 Wi-Fi 技术标准。

### 1. 无线网卡

无线网卡的作用和以太网中的网卡作用基本相同，它作为无线局域网的接口，能够实现无线局域网各客户端间的连接与通信。让客户端能够收发射频信号的设备是无线网卡。手机要具有 Wi-Fi 功能，计算机端需要配有无线网卡才能接入无线网络。无线网卡有多种接口形式，其中 PCMCIA 接口无线网卡仅适用于笔记本电脑；USB 接口无线网卡适用于台式计算机和笔记本电脑。给计算机安装无线网卡及驱动程序，计算机就具有了 Wi-Fi 功能。

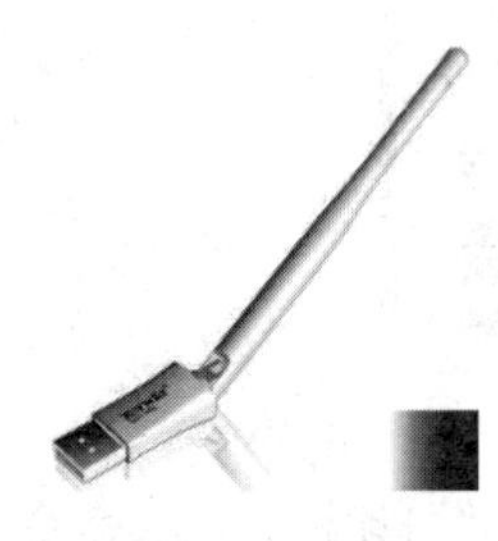

图 2.20　腾达无线网卡

计算机使用无线网卡连接网络时，无线网卡必须配合无线调制解调器或者无线路由器使用，缺一不可。若无线网卡可以搜索到周围没有加密的无线信号，没有路由器也是可以联网的。一般笔记本电脑都有内置网卡，台式计算机则需购买无线网卡，图 2.20 所示为腾达无线网卡。

2. 无线上网方案

1）Wi-Fi 无线网络

Wi-Fi 是一种允许电子设备连接到一个无线局域网的技术，通常使用 2.4GHz UHF 或 5GHz SHF ISM 射频频段。无线局域网通常是有密码保护的，但也可以是开放的，可以允许任何在无线局域网范围内的设备进行连接。Wi-Fi 是一个无线网络通信技术的品牌，由 Wi-Fi 联盟所持有，目的是改善基于 IEEE 802.11 标准的无线网络产品之间的互通性。有人把使用 IEEE 802.11 系列协议的局域网称为“无线保真”。

无线网络在无线局域网的范畴，是指“无线相容性认证”，实质上是一种商业认证，同时也是一种无线联网技术。以前通过网线连接计算机，而无线保真则是通过无线电波来联网，常见的是无线路由器，在无线路由器电波覆盖的有效范围内，都可以采用无线保真连接方式进行联网。主流应用的无线网络分为手机网络和无线局域网两种方式。手机上网方式是一种借助移动电话网络接入 Internet 的无线上网方式，因此只要你所在城市开通了移动上网业务，你在任何一个角落都可以通过手机上网。手机连接 Wi-Fi 无线网络上网方式，是通过手机的“设置”打开“无线局域网”，搜索 Wi-Fi 无线网络信号，并输入密码，即可连接 Wi-Fi 无线网络，如图 2.21 所示。

若笔记本电脑借助手机进行无线上网，首先要求手机自身已能正常上网；其次要求手机与计算机已经正常接通。

2）无线上网卡方案

无线上网卡方案是指笔记本电脑（或其他台式计算机）利用无线上网卡（图 2.22）实现无线上网。无线上网卡可以在拥有无线电话信号覆盖的任何地方，利用 USIM 或 SIM 卡来连接互联网。

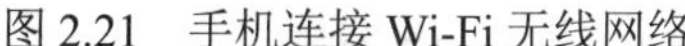

图 2.21　手机连接 Wi-Fi 无线网络

图 2.22　无线上网卡

无线网卡和无线上网卡是用户容易混淆的无线网络产品。无线网卡（无线网络适配器）的功能前面已经讲过，所有无线网卡只能局限在已布有无线局域网的范围内，它与 Internet 的接入依靠与广域网相连的代理服务器或无线路由器等设备。

无线上网卡可以在拥有无线电话信号覆盖的任何地方，利用手机的 SIM 卡连接到互联网。与台式计算机相比，“无线网卡”相当于网卡，“无线上网卡”相当于宽带或网线。

在无线局域网中，计算机和网络设备之间利用无线信号传输数据，安装有无线网卡的计算机，只要在无线信号覆盖的区域内就能与网络设备进行连接。

## 第三节　移动办公概述

移动办公是一种不受空间和时间限制的新型的办公模式，是当今高速发展的通信业与信息业交融的产物，它将通信业在沟通上的便捷、在用户上的规模，与信息业在软件应用上的成熟、在业务内容上的丰富，完美地结合到一起，使之成为继计算机无纸化办公、互联网远程化办公之后的新一代办公模式。

这种最新潮的办公模式，通过在移动终端上安装企业信息化软件，使得移动终端也具备了和计算机一样的办公功能，而且它还摆脱了必须在固定场所、固定设备上进行办公的限制，为企业管理者和商务人士提供了极大便利，为企业和政府的信息化建设提供了全新的思路和方向。它不仅使办公变得随心、轻松，而且借助手机通信的便利性，使得使用者无论身处何种紧急情况下，都能高效迅捷地开展工作，对于突发性事件的处理、应急性事件的部署具有极为重要的意义。

移动办公需借助移动终端设备的无线网络，利用相应的软件建立与计算机网络互联的移动办公系统。图 2.23 所示为某公司开发的基于手机平台的移动办公系统主界面。

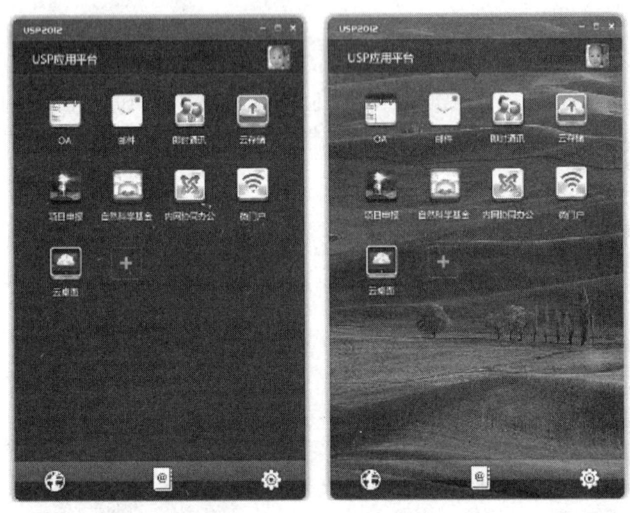


图 2.23　基于手机平台的移动办公系统主界面

### 一、移动终端

#### 1. 智能手机

智能手机是指像个人计算机一样，具有独立的操作系统、独立的运行空间，可以由用户自行安装由第三方服务商提供的程序，并可以通过移动通信网络实现无线网络接入的手机类型的总称。

智能手机具有优秀的操作系统、可自由安装各类软件、完全大屏的全触屏式操作感这三大特性，其中苹果、三星等品牌在全世界广为皆知，而小米（MI）、华为（HUAWEI）、魅族（MEIZU）、联想（Lenovo）、中兴（ZTE）等品牌在中国备受关注。图 2.24 所示为两款智能手机。

2. 平板电脑

平板电脑也叫便携式计算机（tablet personal computer，简称 Tablet PC、Flat PC、Tablet、Slates），是一种小型、方便携带的个人计算机，以触摸屏作为基本的输入设备。它的触摸屏允许用户通过触控笔或数字笔进行操作，用户可以通过内建的手写识别、屏幕上的软键盘、语音识别或者一个真正的键盘（如果该机型配备的话）实现输入。

平板电脑概念由比尔·盖茨提出，支持 ARM 架构（代表产品为 iPad 和安卓平板电脑）和 X86 架构（代表产品为 Surface Pro），X86 架构平板电脑一般采用 Intel 处理器及 Windows 操作系统，具有完整的计算机及平板功能，支持.exe 程序。如图 2.25 所示，平板电脑就是一款不需要翻盖、没有键盘、小到能放入女士手袋但功能完整的个人计算机。

图 2.24　苹果与魅族智能手机

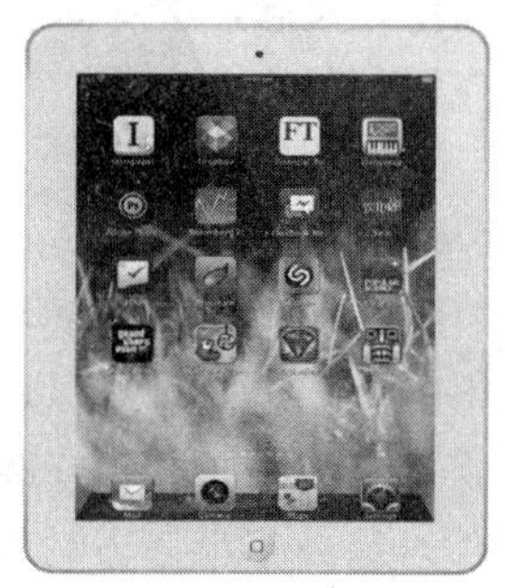

图 2.25　苹果平板电脑

## 二、移动终端操作系统

移动终端设备需要安装操作系统，方可安装应用软件。移动终端的操作系统主要有 Android、iOS、Windows Phone 等，目前 Android 和 iOS 已经占据绝对主导地位。

1. Android

Android 是 Google 与由包括中国移动、摩托罗拉、高通、宏达和 T-Mobile 在内的 30 多家技术和无线应用的领军企业组成的开放手机联盟合作开发的一种基于 Linux 的自由及开放源代码的操作系统，主要应用于移动终端，如智能手机和平板电脑，尚未有统一中文名称，我国较多人使用的中文名称为“安卓”。

因为 Google 推出 Android 时采用开放源代码（开源）的形式，所以导致大量手机生产商采用 Android 系统生产智能手机，再加上 Android 在性能和其他各个方面也非常优秀，便让 Android 一举成为全球第一大智能操作系统。简单地说，Android 系统实际上是一个非常开放的系统，它不但能实现用户最常用的笔记本电脑的功能，还能实现像手机一样的各种具有特定指向性的操作，而且它是专门针对移动终端而研发的操作系统，在系统资源消耗、人机交互设计上都有优势。

2. iOS

iOS 是由苹果公司为 iPhone 开发的移动操作系统，来源于最初的 Mac OS 系统，其界面精美，以触控技术见长，主要应用于 iPhone 和 iPad 产品中。随着 iPad 上市，它也一举被视为最适合平板电脑的操作系统。

iOS 是将触控操作这一概念真正发扬光大的操作系统，用户在界面上使用多点触控直接操作，而控制方法包括滑动、轻触开关及按键等，与系统互动包括滑动、轻按、挤压及旋转等。实际上 iOS 最为人称道的并不是多点触控，而是它流畅的人机交互的感觉，以及苹果日渐庞大的资源库。苹果庞大的资源库就是 App Store 提供的通过审核的第三方应用程序，以及通过 Safari 浏览器支持的一些第三方应用程序，即 Web 应用程序。而在应用程序之外，像电子书、音乐、电影电视等各类资源，都已成为苹果的主流产品，并且获得了全世界范围的认可。

iOS 也有它的缺点，首先是 iOS 不支持 Flash，会影响用户的使用。其次，到目前为止，历代 iOS 都没有支持“多线程”技术，对于传统用户来说很难接受。而且 iOS 有别于传统操作方式的“同步”概念，会导致很多传统用户被拒之门外。

## 第四节　移动终端互联方案

移动终端短距离间的连接类型主要有电缆连接、红外连接、蓝牙连接、无线网络连接等。目前，红外连接已十分少见。移动终端一般都具有一定的通信能力，具有通信能力的移动终端间理论上都可以通过相互联机而实现数据交换。不同的移动终端，生产商提供了相应的管理软件。另外，第三方软件商还提供了较为实用的“91 手机助理”和“手机通”等通用套件。用户利用这些软件可以方便地在计算机上管理移动设备、数据资源及与计算机之间的连接等。本节以 iPhone 8 为例，介绍苹果手机与计算机间联机的方式和方法。

### 一、电缆连接方案

苹果手机 iPhone 8 随机附送 USB 接口的数据线，如图 2.26 所示，用户也可在手机配件市场单独购买。将数据线两端分别插入手机与计算机的 USB 接口中，则会出现图 2.27 所示界面；单击“信任”按钮，即与计算机连接。

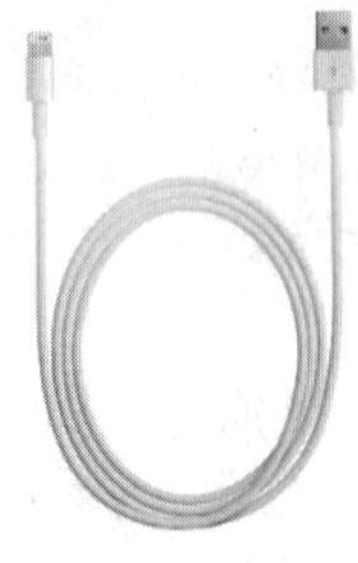

图 2.26　数据线

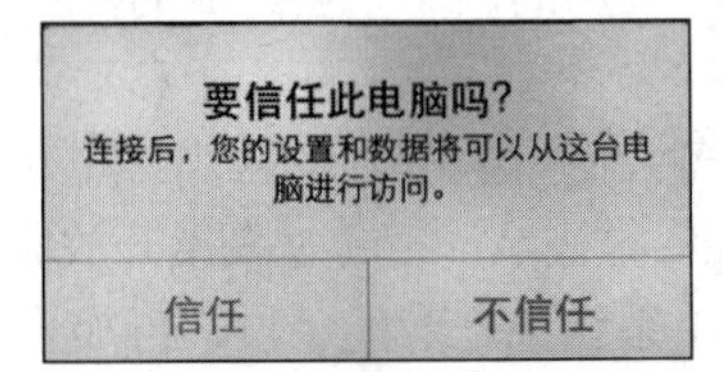


图 2.27　iPhone 8 连接计算机所显示界面

### 二、蓝牙连接方案

蓝牙（Bluetooth）是一种无线连接技术，其标识如图 2.28 所示，能够在若干台蓝牙设备间进行无线连接。蓝牙技术也是一种短距离通信技术，通信距离一般为 10m 左右，最长不超过 100m，没有方向限制，理论传输速率可达到 1Mb/s，可实时进行数据和语音传输。

现今的笔记本电脑和智能手机基本都配有蓝牙功能，对没有蓝牙功能的计算机，可根据其接口情况购买匹配的蓝牙适配器，图 2.29 所示为常用的 USB 接口蓝牙适配器。

图 2.28　蓝牙标识

图 2.29　蓝牙适配器

## 三、热点连接方案

随着互联网和智能手机的兴起，“热点”一词被赋予了新的含义。简单地说，“热点”又可以指提供 Wi-Fi 上网的发射点，类似于无线路由器。目前经常使用的热点连接方案是以手机作为热点和以计算机作为热点。

### 1. 以手机作为热点

现在的智能手机都带有个人热点功能。这里主要介绍 iOS 系统手机的连接方法。对于 Android 系统手机，虽然不同型号的手机在连接设置上略有不同，但连接方法和 iOS 系统手机基本相似。

（1）iOS 系统手机。以 iPhone 8（iOS 11.4）为例进行介绍。

① 单击“设置”图标，如图 2.30 所示。

② 单击“蜂窝移动网络”，如图 2.31 所示，打开蜂窝移动数据，如图 2.32 所示。

图 2.30　“设置”图标

图 2.31　蜂窝移动网络

图 2.32　蜂窝移动数据

③ 返回“设置”页面，单击“个人热点”，如图 2.33 所示。

④ 进入页面后打开“个人热点”开关，同时输入“‘无线局域网’密码”，如图 2.34 所示。

图 2.33 个人热点

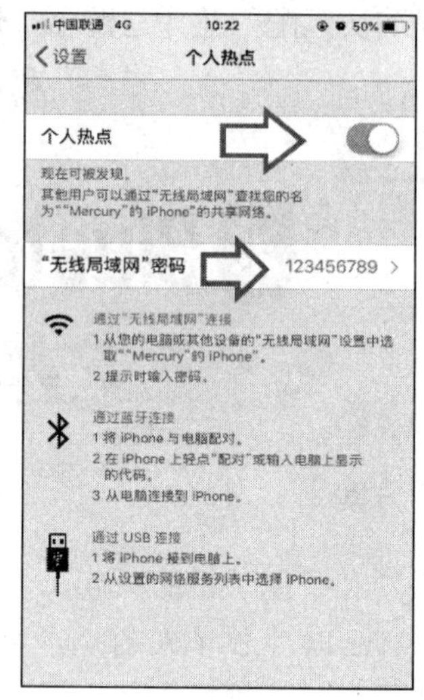


图 2.34 设置热点名称和密码

此时已经设置好热点，接下来就可以将其他设备连接至该热点了。如图 2.34 所示，其他设备可以通过无线局域网、蓝牙或 USB 方式连接热点。

若要连接的设备是具备无线上网功能的计算机，则打开无线网络连接功能，如图 2.35 所示。输入密码（必须是图 2.34 中设置的密码），最后显示连接成功，如图 2.36 所示。

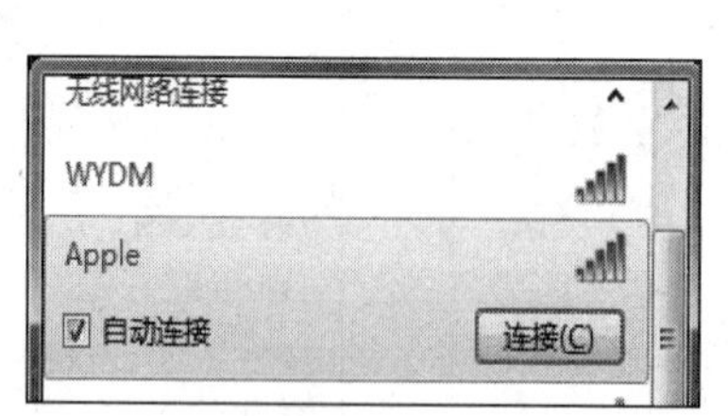


图 2.35 无线网络连接

图 2.36 连接成功

若要连接的设备是智能手机，则打开手机无线功能，找到“Apple”网络，输入密码即可。操作流程和计算机连接流程类似。

若选择以蓝牙方式连接，首先分别打开作为热点的手机和计算机的蓝牙，确认要连接的设备名称，如图 2.37 所示；其次双击蓝牙图标，选择“添加设备”，如图 2.38 所示，选择“Apple”；再次单击“下一步”按钮，此时手机和计算机屏幕上会显示一串代码，如

图 2.39 和图 2.40 所示；最后确认代码是否一致，之后单击手机屏幕上的“配对”按钮即可完成配对，此时计算机无线网络列表中会出现手机热点，如图 2.41 所示，输入正确密码即可连接。

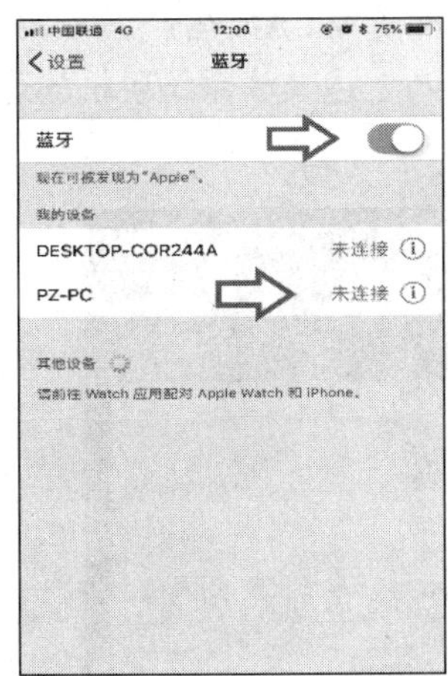

图 2.37 打开手机和计算机蓝牙并确认设备名称

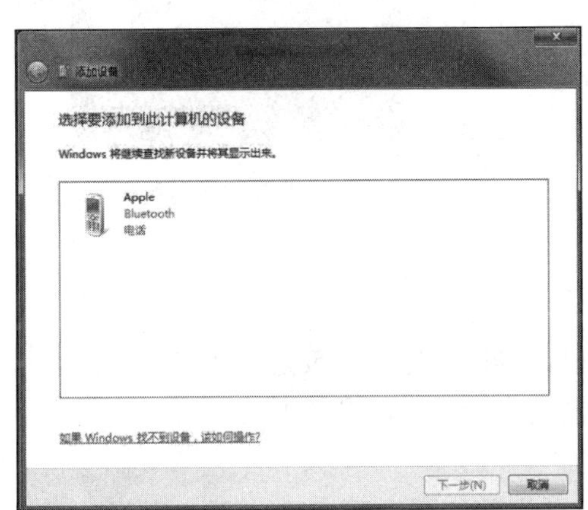


图 2.38 添加设备

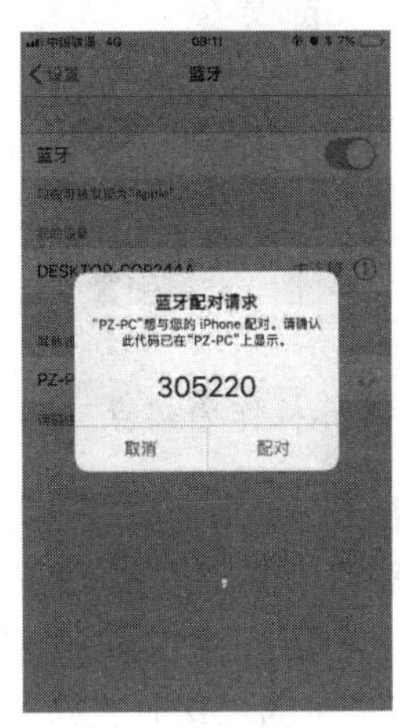


图 2.39 手机代码显示

图 2.40 计算机代码显示

图 2.41 无线网络列表

若采用USB连接，只需将手机和计算机通过数据线连接，打开无线网络列表，选择手机热点网络，输入密码即可上网。这种方法最简单，但缺点是离不开数据线。

（2）Android系统手机。Android系统手机热点只在其网络设置阶段略有不同。首先打开“便携式WLAN热点”，如图2.42所示；然后单击“配置WLAN热点”，此处可输入网络名称和密码，如图2.43所示。接下来的连接步骤可参考上述iOS系统手机的连接步骤，两者差异不大。

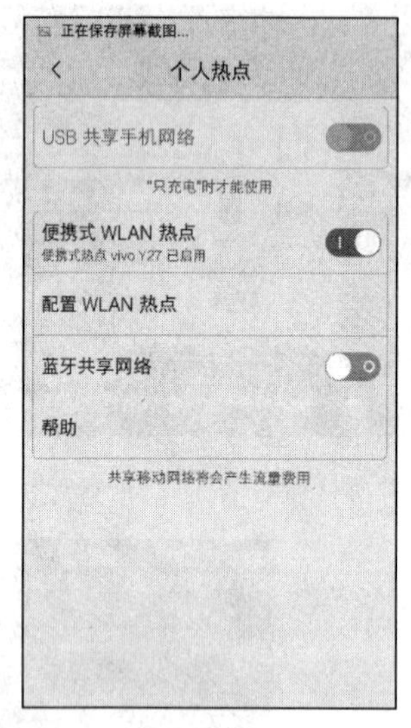


图2.42 配置WLAN热点

图2.43 设置网络名称和密码

2. 以计算机作为热点

前面提到了以手机作为热点为计算机提供网络服务，反过来也是可行的。只是对计算机有以下要求：必须配备无线网卡，且已经连接网络。具体方法如下。

① 单击“开始”→“运行”命令。

② 在弹出的“运行”对话框的“打开”文本框中输入“cmd”，右击，选择快捷菜单中的“以管理员身份运行”命令，如图2.44所示。

③ 在弹出的对话框中输入“netsh wlan set hostednetwork mode=allow ssid=TEST key=123456789”，按Enter键。其中“ssid”后面是网络名称，“key”后面是网络密码，如图2.45所示，这两处可以自由设置。

④ 打开“网络和共享中心”，单击“更改适配器设置”。右击“无线网络连接 4”，在弹出的快捷菜单中选择“属性”命令，如图2.46所示。

⑤ 在弹出的对话框中切换到“共享”选项卡，选择“允许其他网络用户通过此计算机的Internet连接来连接”复选框，“家庭网络连接”切换成“无线网络连接”，单击“确定”按钮，如图2.47所示。

⑥ 再次以管理员身份运行“cmd”命令，输入“netsh wlan start network”，热点设置成功。其他设备（包括智能手机和计算机）都可以搜索到TEST网络，输入密码即可连接。

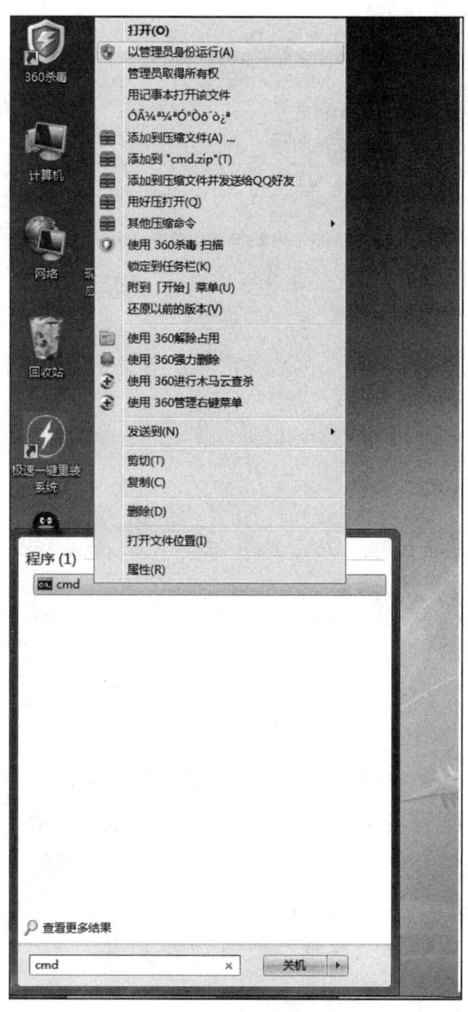


图 2.44 以管理员身份运行

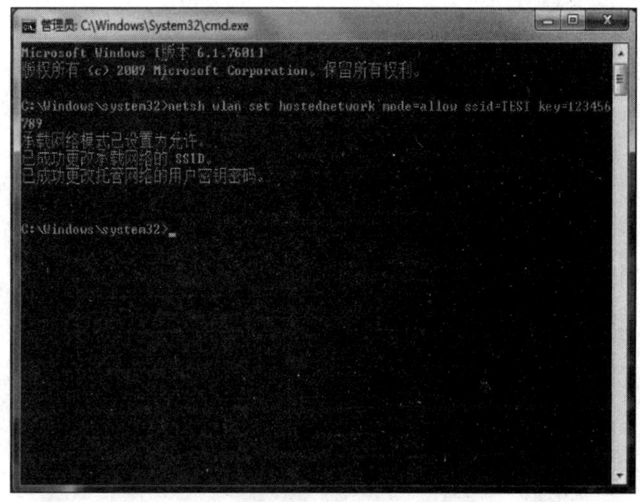


图 2.45 创建网络热点、设置名称和密码

图 2.46 选择“属性”命令

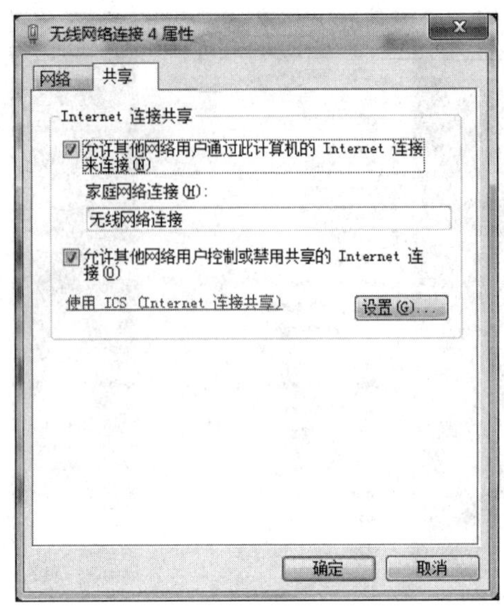


图 2.47　切换连接方式

## 本章练习题

2.1　什么是计算机网络？它的主要特征及功能是什么？

2.2　计算机网络的互联设备主要有哪些？简述各自的作用。

2.3　光纤作为一种通信介质，优点有哪些？不足又有哪些？

2.4　简述计算机网络的不同分类方法。

2.5　简述办公网络的组建方法及基本使用方法。

2.6　简述移动终端互联的方法。

# 第三章 计算机维护与管理

**知识教学目标**

- 了解计算机系统优化的目的和系统服务优化的方法。
- 掌握计算机系统磁盘优化的方法。
- 掌握计算机系统性能优化的方法。
- 掌握计算机系统启动优化的方法。
- 了解计算机实施高级维护的目的。
- 掌握计算机在 Windows 7 系统下实施高级启动的三种模式的作用。
- 了解计算机系统还原的目的。
- 了解计算机系统修复的目的。
- 了解 BIOS 设置的目的和方法。

**技能培养目标**

- 能够熟练操作计算机磁盘优化。
- 能够熟练操作计算机性能优化。
- 能够熟练操作计算机启动优化。
- 能够熟练操作系统还原的具体方法。
- 能够熟练操作系统修复的具体方法。

计算机作为目前信息社会应用最为广泛的设备已经深入到各个领域中，它作为高科技发展的标志性产物，给人们的工作提供便捷。但计算机的寿命不是无休止的，它也会出现故障，也需要及时地维护、维修，才能更好地工作。本章主要对计算机系统的优化、日常管理和维护、个性化设置等内容进行介绍。

计算机不仅具备强大的计算能力，还能够存储、判断、分析各种数据。目前，计算机已经被广泛应用于各行各业，办公时人们用它处理文件，科研中用它分析数据，商务领域用它完成沟通、交易与支付，几乎任何地方都能够看到它的身影。计算机在办公室、自动化领域大显身手，已成为办公自动化系统的核心设备。

办公领域中，常见的计算机主要有台式计算机（图 3.1）、笔记本电脑（图 3.2）和一体式计算机（图 3.3）三种。

图 3.1　台式计算机

图 3.2　笔记本电脑

图 3.3　一体式计算机

台式计算机是一种显示器与主机相分离的计算机，比笔记本电脑和一体式计算机体积大，一般需要放置在电脑桌或专门的工作台上。台式计算机的优点是耐用、性价比高；笔记本电脑占用空间小、方便携带，但价格稍高；一体式计算机则是将台式计算机的主机集成到显示器中，避免了显示器与主机间的烦琐连线，具有占用空间小、能耗低、集成度高、外观时尚等特点。

在使用计算机之前，首先要检查计算机各部件之间，以及计算机与各外围设备之间的连接是否正确；其次要检查室内电源是否足以为计算机及其外围设备供电，只有满足以上两个条件才能确保计算机及其外围设备正常运行。

## 第一节　计算机优化

安装了 Windows 操作系统的计算机，由于各种原因，随着使用时间的推移，系统运行速度会变得越来越慢，甚至出现卡顿现象，这时对计算机系统进行优化、维护就变得非常重要。

### 一、磁盘优化

一般来说，计算机的读/写速度越快，其运行速度就越快，工作效率也就越高。

#### 1. 磁盘清理

Windows 操作系统下删除的文件一般都会被先放到回收站中，当确认确实不需要文件时再从回收站中完全清除，这有利于保证数据安全。但回收站中的文件若不及时清理，积累的量会越来越多，也会影响到计算机的工作性能。

计算机系统及其应用程序在工作过程中也会产生大量的临时文件，如安装或卸载程序、浏览网页、编辑文件等。有些临时文件在程序关闭后会自动删除，但也有一些会被自动保存在磁盘中；还有一些应用程序删除不彻底，残余的文件也会继续被保存在磁盘中；长此以往，这些不需要的文件会慢慢地侵蚀有限的磁盘空间，计算机的工作性能也会因此大打折扣。

此时，及时清理磁盘就变得尤为重要。具体步骤如下（以 Windows 7 系统为例）：单击“开始”菜单，执行“所有程序”→“附件”→“系统工具”→“磁盘清理”命令，将打开图 3.4 所示的“磁盘清理：驱动器选择”对话框。

选择磁盘分区后，单击“确定”按钮，系统开始计算需清理的文件容量，如图 3.5 所示。

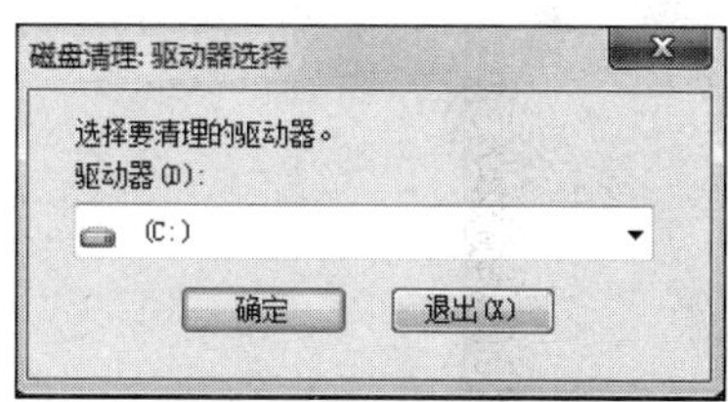


图 3.4 “磁盘清理：驱动器选择”对话框

图 3.5 计算可被释放的空间

一段时间后，系统将显示计算结果报告，如图 3.6 所示。报告中详细罗列了每类被删除文件可释放的磁盘容量和总的释放容量。

用户对需要删除的类别进行选择后，单击“确定”按钮并确认删除操作，系统开始执行磁盘清理操作，清理过程如图 3.7 所示，直至完成。

图 3.6 显示计算结果

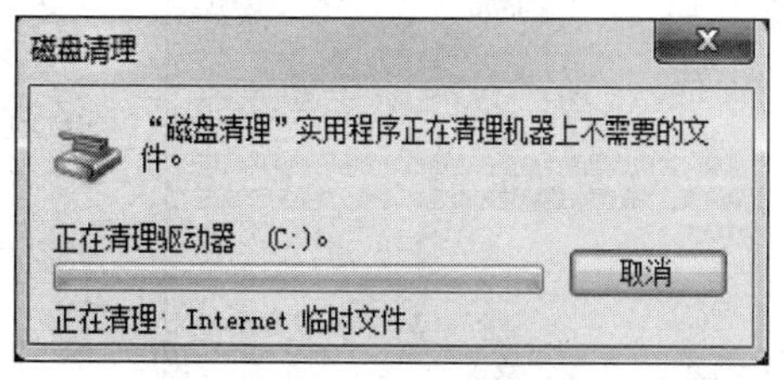


图 3.7 磁盘清理过程

当然，还有一种更为简便的磁盘清理方法，即在“计算机”或“资源管理器”窗口中，右击某个磁盘分区，在弹出的快捷菜单中选择“属性”命令，打开图 3.8 所示的对话框，该属性对话框详细显示了当前磁盘已用空间、可用空间及磁盘总容量等信息。单击“磁盘清理”按钮即可启用针对该分区的磁盘清理功能。

图 3.8 “本地磁盘（D:）属性”的“常规”选项卡

### 2. 碎片整理

系统使用的时间长了会产生磁盘碎片，过多的碎片不仅会导致系统性能降低，而且可能造成存储的文件丢失，严重时甚至缩短硬盘寿命。

当应用程序所需的物理内存不足时，一般操作系统会在硬盘中产生临时交换文件，用该文件所占用的硬盘空间虚拟成内存。虚拟内存管理程序会对硬盘频繁读写，产生大量的碎片，这是磁盘碎片产生的主要原因。

综上，有必要定期对磁盘碎片进行分析和整理，这样系统就可以更有效地访问文件和文件夹以及保存新文件和文件夹。

Windows 自带的磁盘碎片整理程序是一个很实用的工具，它可以把文件连续存储的信息转移到另一个连续的存储空间，消除文件碎片，从而提高计算机读/写性能。具体可通过下面两种途径进行磁盘碎片整理。

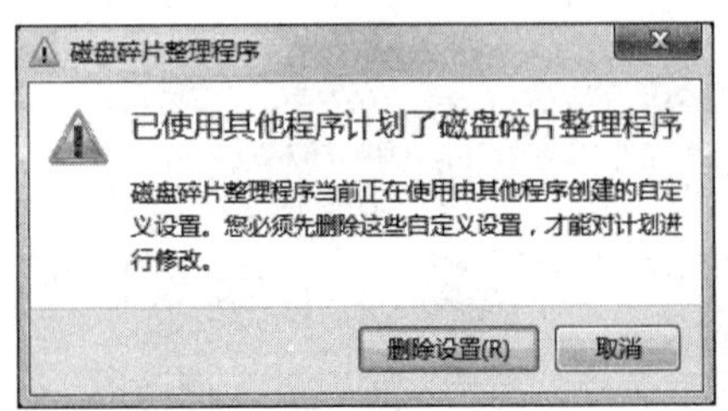


图 3.9 “磁盘碎片整理程序”对话框

（1）单击“开始”菜单，执行“所有程序”→“附件”→“系统工具”→“磁盘碎片整理程序”命令，打开图 3.9 所示的“磁盘碎片整理程序”对话框，单击对话框中的“删除设置”按钮，将显示各磁盘分区的基本信息，如图 3.10 所示。

图 3.10 “磁盘碎片整理程序”对话框

先从分区列表中选中需要被整理的分区，然后单击“分析磁盘”按钮。经过短暂的分析后，系统会呈现出图 3.10 所示对话框，用户可根据磁盘碎片的多少对特定磁盘进行磁盘碎片整理。单击“磁盘碎片整理”按钮，系统重新分析后执行碎片整理动作，如图 3.11 所示。

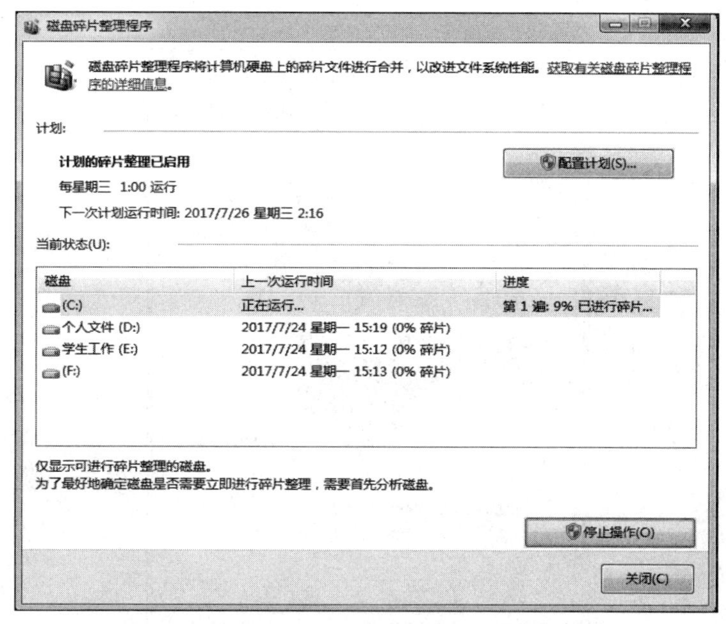


图 3.11 “磁盘碎片整理程序”执行界面

整理完毕后，系统将呈现图 3.12 所示对话框。从整理结果可以看出，与整理前相比

（图 3.10），磁盘中的碎片文件全部变为零，文件存储的连续性得到明显改善。

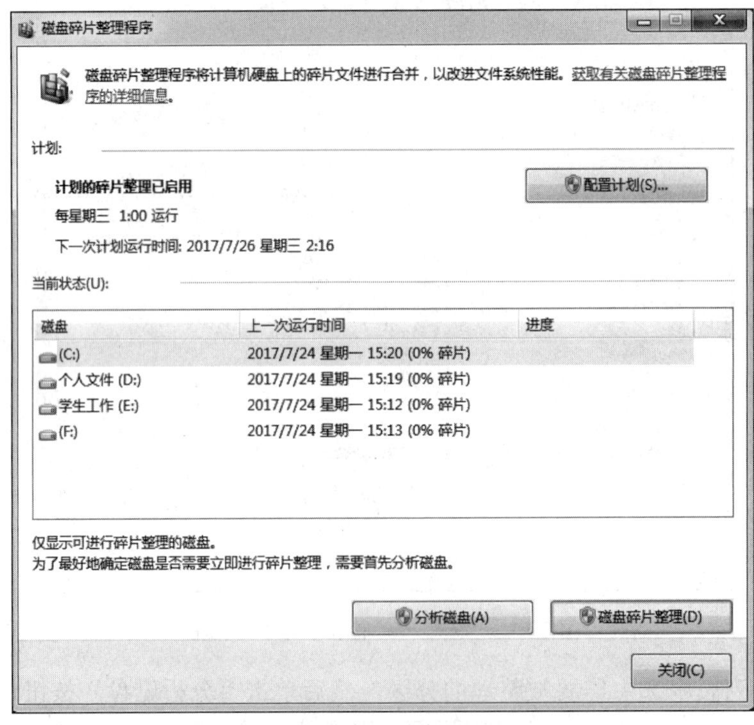


图 3.12　磁盘碎片整理结束对话框

（2）双击打开“计算机”，右击一个盘符，选择快捷菜单中的“属性”命令，将弹出图 3.13 所示对话框。

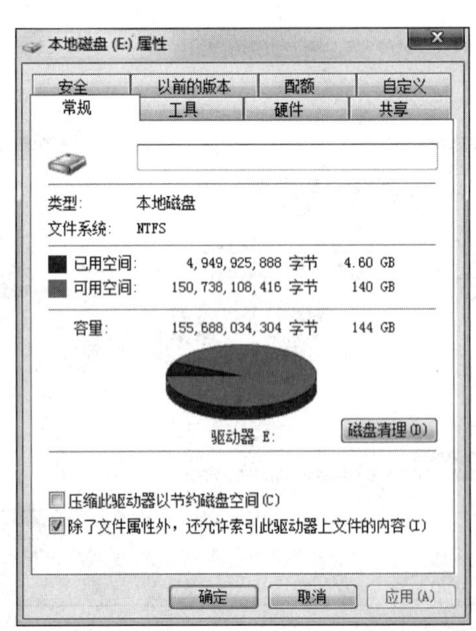


图 3.13　“本地磁盘（E:）属性”的“常规”选项卡

切换到“工具”选项卡，并单击“立即进行碎片整理”按钮，如图 3.14 所示。

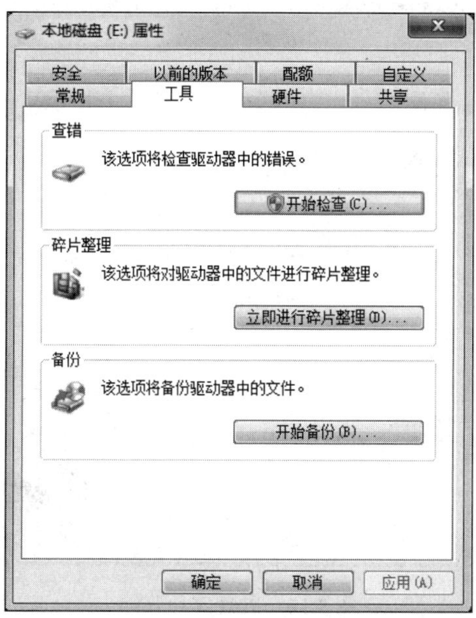


图 3.14 “本地磁盘（E:）属性”的“工具”选项卡

选择磁盘后，单击“分析磁盘”按钮（图 3.15），进入碎片整理界面，如图 3.16 所示。

图 3.15 “磁盘碎片整理程序”对话框

分析完毕后关闭图 3.16 所示窗口，在图 3.15 所示窗口中单击“磁盘碎片整理”按钮即可。

图 3.16　磁盘碎片分析

## 二、性能优化

右击桌面上的“计算机”图标，从弹出的快捷菜单中选择“属性”命令，打开“系统属性”窗口，单击左侧列表中的“高级系统设置”按钮，切换至“高级”选项卡，如图 3.17 和图 3.18 所示。

图 3.17　系统属性

单击“性能”选项区域中的“设置”按钮，打开图 3.19 所示的“性能选项”对话框。

图 3.18　“系统属性”的“高级”选项卡

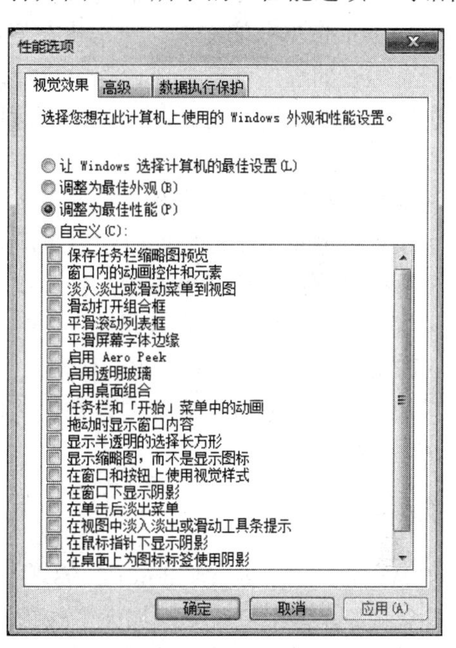


图 3.19　“性能选项”对话框

“视觉效果”选项卡中有 4 个单选按钮可供选择。第一项为“让 Windows 选择计算机的最佳设置”，表示让 Windows 根据计算机的配置情况自动优化设置；第二项为“调整为最佳外观”，表示可实现计算机界面的最佳外观效果；第三项为“调整为最佳性能”；第四项为“自定义”，表示用户可按照自己的兴趣和习惯对列表中的选项进行个性化设置。

切换到“高级”选项卡，如图 3.20 所示。Windows 7 的默认设置足以满足绝大多数办公或家庭应用。如果用户的计算机主要运行后台服务程序，则可以将“处理器计划”调整为“后台服务”，将“虚拟内存”（图 3.21）按照需要进行设置以优化系统性能。

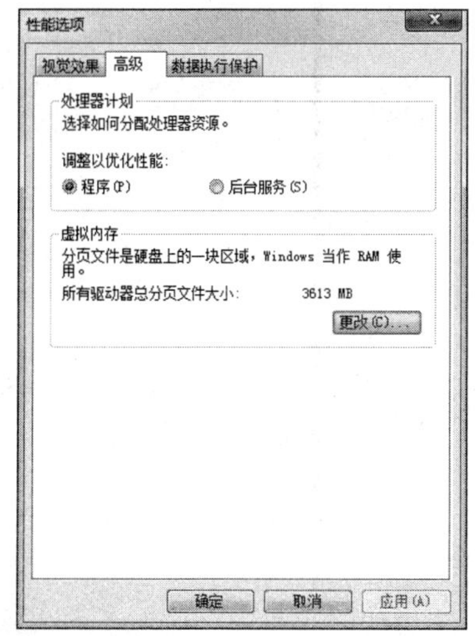


图 3.20　“性能选项”对话框的“高级”选项卡

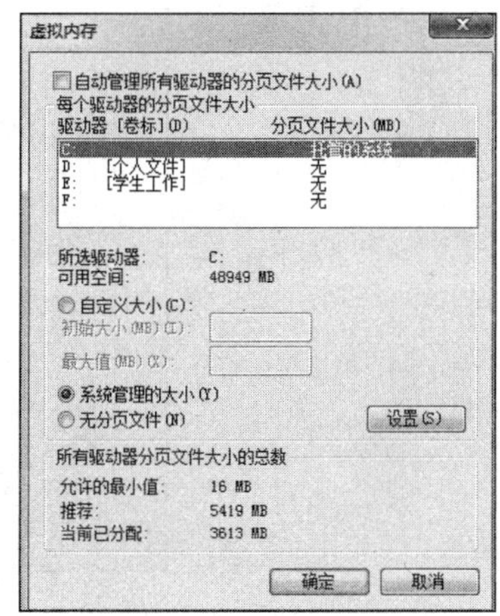


图 3.21　虚拟内存管理界面

虚拟内存是 Windows 作为内存使用的一部分硬盘空间。虚拟内存在硬盘上其实就是一个名为 PageFile.Sys 的文件，通常状态下是看不到的。内存在计算机中的作用很大，计算机中所有运行的程序都需要在内存中执行，如果执行的程序很大或很多，就会导致内存消耗殆尽。为了解决这个问题，Windows 运用了虚拟内存技术，即拿出一部分硬盘空间来充当内存使用。

通常，虚拟内存位于系统安装盘，应设置为物理内存大小的 2 倍。若设置过小，则会影响系统程序的正常运行。此时便需重新设置内存数值，以 Windows 7 为例，右击“计算机”图标，从弹出的快捷菜单中选择“属性”命令，在打开的窗口中单击界面左侧“高级系统设置”按钮，进入“系统属性”中的“高级”选项卡，单击“性能”区域的“设置”按钮，弹出“性能选项”对话框，切换至“高级”选项卡后，在“虚拟内存”区域单击“更改”按钮，接着重新设置虚拟内存数值，再单击“设置”按钮并单击“确定”按钮后，重启系统生效。

## 三、服务优化

与 Windows XP 和 Windows 2003 只有 70 多个服务相比，Windows 7 系统已经增加到 150 多个服务，这不可避免地加大了系统资源占用，降低了系统速度。

当然，在 Windows 7 的各个版本中，启动默认加载的服务数量是明显不同的，功能最多的是旗舰版（Ultimate 版本），加载的服务也是最多的。Windows 系统的服务加载数量严重影响 Windows 7 的开机与运行速度，因此，优化服务就显得更加重要。

单击“开始”菜单，在搜索框中输入“服务”两个字，或者输入 Services.msc 并按 Enter 键（图 3.22），即可快速打开图 3.23 所示的服务列表。

图 3.22　在搜索框中输入 Services.msc

图 3.23　Windows 7 服务列表

Windows 7 的服务列表中列出了系统可用服务的名称、描述、状态和启动类型等信息。其中，“描述”列表描述服务的功能，“状态”列表表示服务的运行状态，“启动类型”列表说明了该服务的启动类型。用户可通过改变服务的启动类型和状态来调整优化 Windows 7 系统的运行性能。

选中服务列表中的某项服务（基础服务和已禁用的服务除外），可利用窗口工具栏中的启动服务、停止服务、暂停服务或恢复服务等按钮，来改变服务的运行状态。在服务列表中，右击某项服务，并在弹出的快捷菜单中选择“属性”命令或双击某项服务（如 BranchCache），将打开该服务的属性对话框，如图 3.24 所示。对话框的“启动类型”下拉列表框中有 3 种启动类型，即“自动”、“手动”和“已禁用”，用户可根据自己的工作需要确定启动类型。

图 3.24　服务属性对话框

## 四、启动优化

在 Windows 7 系统中按 Win+R 组合键可快速打开“运行”对话框，在其中输入并执行 msconfig 命令，如图 3.25 所示。

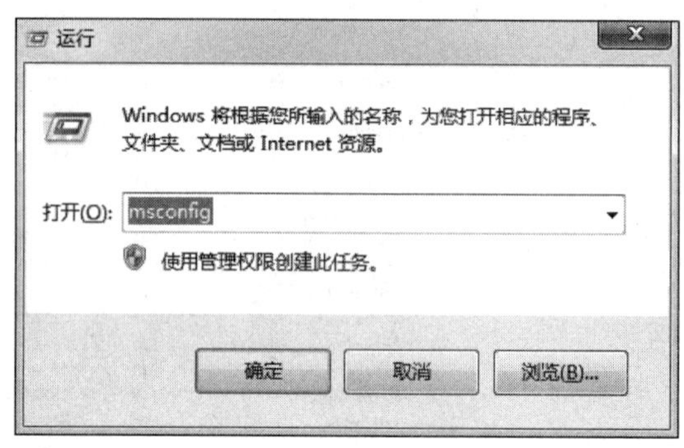


图 3.25 “运行”对话框

单击“确定”按钮执行该命令，在打开的“系统配置”对话框中，切换至“启动”选项卡，如图 3.26 所示，界面中列出了当前系统可用的所有启动项目，被选中的项目将在计算机启动时被自动加载。如果意外加载了不必要的应用程序、病毒或木马等，势必会影响计算机的性能或威胁到数据安全，用户可以通过更改启动项目来优化计算机的启动。

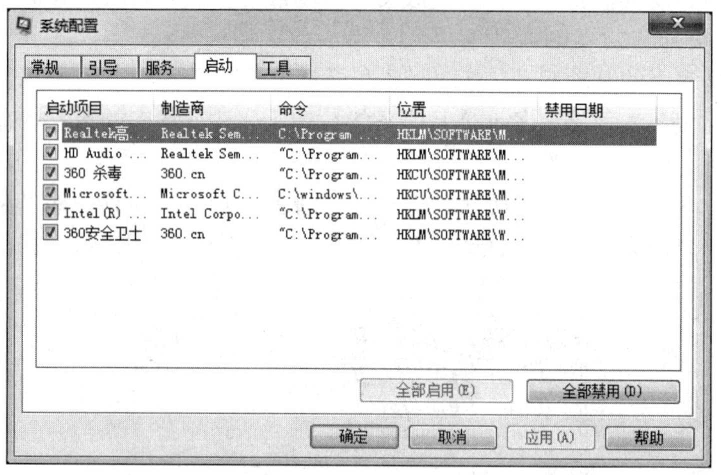


图 3.26 “系统配置”对话框的“启动”选项卡

切换至“服务”选项卡，如图 3.27 所示，界面中列出了当前系统所有可用的服务及其运行状态。列表框中被选中的服务，将在计算机启动时被自动加载，如果有不必要的服务、病毒或木马程序被加载，系统性能同样也会降低，数据安全同样也会受到威胁。

选择“隐藏所有 Microsoft 服务”复选框（图 3.27），列表框中将会屏蔽大量 Microsoft 服务，而余下的非 Microsoft 服务将有利于用户快速判断是否存在可疑服务，以便及时终止该服务。为尽可能优化系统性能，建议仅选用必要的服务，如杀毒、防火墙等服务。

图 3.27　“系统配置”对话框的“服务”选项卡

设置完毕后，单击“应用”或“确定”按钮，关闭“系统配置”对话框。如果改变了设置，计算机将会提示重启系统，用户可视情况进行选择。最新的系统配置将在计算机重启后生效。

## 第二节　计算机高级维护

计算机在日常使用中，由于各种原因，常常会出现运行异常，此时实施高级维护就显得尤为重要。

### 一、高级启动菜单

当遇到 Windows 启动异常或无法正常启动时，用户应首先考虑使用 Windows 的高级启动菜单来尝试修复或排除故障。

计算机加电后，当屏幕上开始显示信息时按键盘上的 F8 键，直至出现“Windows 7 高级选项菜单”界面，如图 3.28 所示。启动菜单将用户常用的 3 个选项列在菜单上方，即“安全模式”、“网络安全模式”和“带命令提示符的安全模式”。

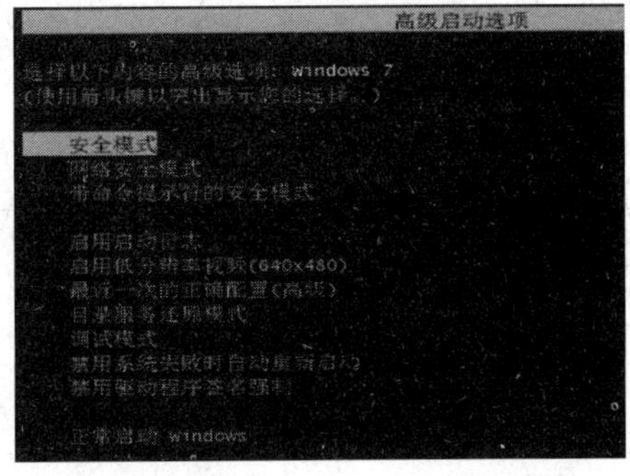


图 3.28　“Windows 7 高级选项菜单”界面

#### 1. 安全模式

安全模式（safe mode）是 Windows 操作系统中的一种特殊模式，经常使用计算机的用户肯定不会感到陌生，在安全模式下用户可以轻松修复系统出现的一些错误，起到事半功倍的效果。安全模式的工作原理是在不加载第三方设备驱动程序的情况下启动计算机，使计算机运行在系统最小模式，这样用户就可以方便地检测与修复计算机系统的错误。

2. 网络安全模式

与安全模式类似，但在安全模式的基础上增加了对网络连接的支持，这有助于用户在网络环境下排除 Windows 7 的运行故障。

3. 带命令提示符的安全模式

顾名思义，就是进入这个模式会弹出命令提示符（CMD）窗口，这种模式主要是为计算机高手或者专业维护人员设计的，该模式对这类用户很有帮助，因为有些问题在命令提示符下很容易解决。

值得注意的是，在安全模式下，Windows 的某些功能和设置将会被禁用，有些应用程序也可能无法正常运行。

## 二、系统还原

Windows 7 系统自带了系统还原功能，能够自动监控系统文件或某些应用程序的变化。利用 Windows 7 系统自带的“系统还原”功能，可以设置还原的时间节点，记录用户对系统所做的更改，当系统出现故障时，可以将系统恢复至之前用户设置好的某个时间节点。方法如下。

（1）首先在“开始”菜单中打开“控制面板”，然后在“控制面板”的众多选择项目中选择“备份和还原”选项，如图 3.29 所示。

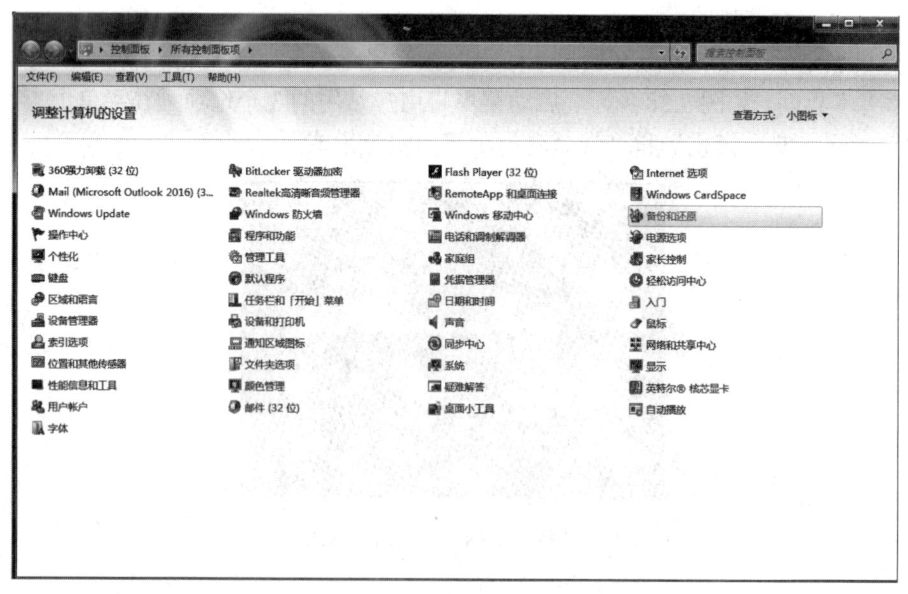


图 3.29 “控制面板”界面

（2）在接下来的界面中选择恢复系统设置或计算机。如果用户的计算机没有开启还原功能，就需要开启该功能，如图 3.30 所示。

图 3.30　“备份或还原文件”界面

（3）打开系统还原功能，即单击图 3.31 所示的“打开系统还原”按钮，如果有账户控制则会有所提示，通过即可，如图 3.31 所示。

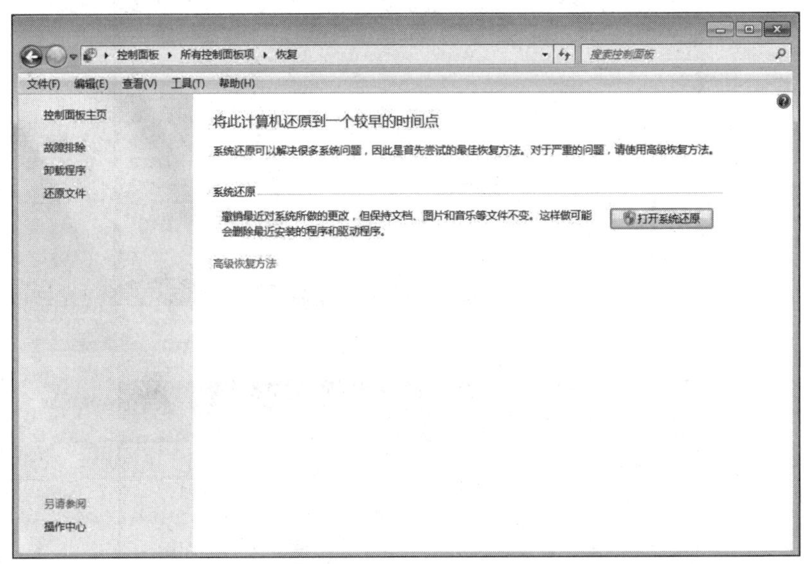


图 3.31　“恢复”界面

（4）接着会出现“还原系统文件和设置”对话框，用户只需按照向导的提示操作即可。直接单击“下一步”按钮，如图 3.32 所示。

（5）图 3.33 所示选项中，选择一个还原点，要确保所选择的还原点是之前系统正常时的还原点，如果选择的是不正常的还原点则会出现问题。

（6）选中还原点之后，将会出现一个确认界面，上面显示关于还原的详细信息，用户确保还原点没有任何错误后单击“完成”按钮，开始系统还原，系统还原过程中会自动重启，之后开始进行系统还原，直至操作结束，如图 3.34 所示。

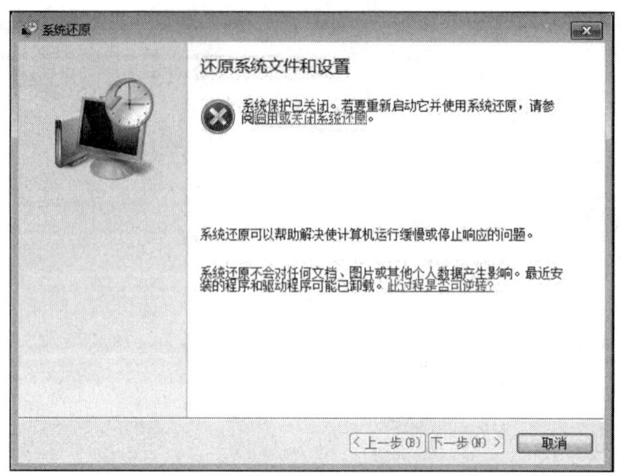


图 3.32 “还原系统文件和设置”对话框

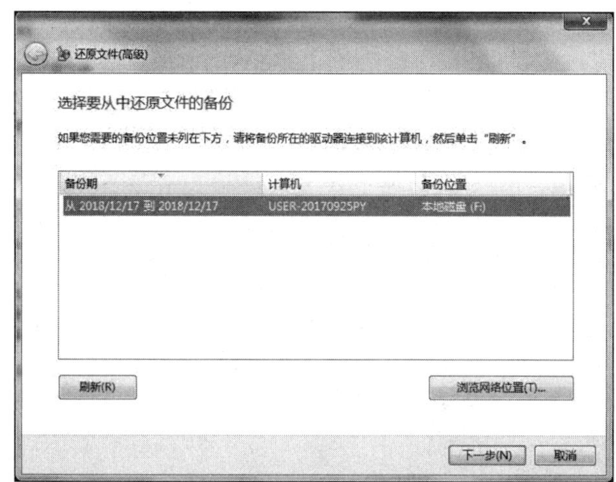


图 3.33 “还原文件”向导的还原点选择界面

图 3.34 “确认还原点”对话框

## 三、系统修复

用户为计算机新增或减少硬件、安装或卸载软件、调整设置后，有时可能会导致 Windows 7 系统启动不正常。除了重装 Windows 7 系统外，系统修复是用户的首选，这样不仅可以有效地避免计算机中的数据丢失，还能节省时间。系统修复方法如下。

（1）单击“开始”菜单，从菜单中调出“运行”对话框，在搜索框中输入“CMD”命令，如图 3.35 和图 3.36 所示。

图 3.35 “开始”菜单

图 3.36 “运行”对话框

（2）调出命令提示符，在命令提示符后输入 Sfc/?并按 Enter 键，如图 3.37 所示，界面将提示用户所有的修复命令。

（3）在提示符后面输入 Sfc/Scannow 并按 Enter 键，执行扫描系统文件并自动修复。此时等待修复完成即可，整个扫描过程大概会持续 10min 左右。扫描结果会详细列出问题点以及修复记录，如图 3.38 所示。

（4）用户还可以对系统的参考文件进行扫描和自动修复，只需在命令提示符后输入 Sfc/Scanfile 并按 Enter 键即可，如图 3.39 所示。

当然，如果使用 Windows 系统自带工具和第三方软件工具还是无法修复系统存在的问题，则用户可以选择重装 Windows 7 系统以全面解决问题。

```
管理员: C:\windows\system32\CMD.exe
Microsoft Windows [版本 6.1.7601]
版权所有 (c) 2009 Microsoft Corporation。保留所有权利。

C:\Users\Administrator>Sfc/?

Microsoft (R) Windows (R) Resource Checker 版本 6.0
版权所有(C) 2006 Microsoft Corporation。保留所有权利。

扫描所有受保护的系统文件的完整性，并用正确的 Microsoft 版本替换不正确的版本。

SFC [/SCANNOW] [/VERIFYONLY] [/SCANFILE=<file>] [/VERIFYFILE=<file>]
    [/OFFWINDIR=<offline windows directory> /OFFBOOTDIR=<offline boot directory>
]

/SCANNOW        扫描所有受保护的系统文件的完整性，并修复出问题的文件(如果出现问
题)。
/VERIFYONLY     扫描所有受保护的系统文件的完整性。不执行修复操作。
/SCANFILE       扫描参考文件的完整性，如果找到问题，则修复文件。
                指定完整路径 <文件>
/VERIFYFILE     验证带有完整路径 <文件> 的文件的完整性。不执行修复。
/OFFBOOTDIR     用于脱机修复指定脱机启动目录的位置
/OFFWINDIR      用于脱机修复指定脱机 Windows 目录的位置

例如

        sfc /SCANNOW
        sfc /VERIFYFILE=c:\windows\system32\kernel32.dll
        sfc /SCANFILE=d:\windows\system32\kernel32.dll /OFFBOOTDIR=d:\ /OFFWINDI
R=d:\windows
        sfc /VERIFYONLY

C:\Users\Administrator>_
```

图 3.37 命令行窗口——Sfc/?

```
管理员: C:\windows\system32\CMD.exe
SFC [/SCANNOW] [/VERIFYONLY] [/SCANFILE=<file>] [/VERIFYFILE=<file>]
    [/OFFWINDIR=<offline windows directory> /OFFBOOTDIR=<offline boot directory>
]

/SCANNOW        扫描所有受保护的系统文件的完整性，并修复出问题的文件(如果出现问
题)。
/VERIFYONLY     扫描所有受保护的系统文件的完整性。不执行修复操作。
/SCANFILE       扫描参考文件的完整性，如果找到问题，则修复文件。
                指定完整路径 <文件>
/VERIFYFILE     验证带有完整路径 <文件> 的文件的完整性。不执行修复。
/OFFBOOTDIR     用于脱机修复指定脱机启动目录的位置
/OFFWINDIR      用于脱机修复指定脱机 Windows 目录的位置

例如

        sfc /SCANNOW
        sfc /VERIFYFILE=c:\windows\system32\kernel32.dll
        sfc /SCANFILE=d:\windows\system32\kernel32.dll /OFFBOOTDIR=d:\ /OFFWINDI
R=d:\windows
        sfc /VERIFYONLY

C:\Users\Administrator>Sfc/Scannow

开始系统扫描。此过程将需要一些时间。

开始系统扫描的验证阶段。
验证 8% 已完成。
Windows 资源保护找到了损坏文件但无法修复其中某些文件。
CBS.Log windir\Logs\CBS\CBS.log 中有详细信息。例如
C:\Windows\Logs\CBS\CBS.log

C:\Users\Administrator>_
```

图 3.38 命令行窗口——Sfc/Scannow

```
管理员: C:\windows\system32\CMD.exe
CBS.Log windir\Logs\CBS\CBS.log 中有详细信息。例如
C:\Windows\Logs\CBS\CBS.log

C:\Users\Administrator>Sfc/Scanfile

Microsoft (R) Windows (R) Resource Checker 版本 6.0
版权所有(C) 2006 Microsoft Corporation。保留所有权利。

扫描所有受保护的系统文件的完整性，并用正确的 Microsoft 版本替换不正确的版本。

SFC [/SCANNOW] [/VERIFYONLY] [/SCANFILE=<file>] [/VERIFYFILE=<file>]
    [/OFFWINDIR=<offline windows directory> /OFFBOOTDIR=<offline boot directory>
]

/SCANNOW        扫描所有受保护的系统文件的完整性，并修复出问题的文件(如果出现问
题)。
/VERIFYONLY     扫描所有受保护的系统文件的完整性。不执行修复操作。
/SCANFILE       扫描参考文件的完整性，如果找到问题，则修复文件。
                指定完整路径 <文件>
/VERIFYFILE     验证带有完整路径 <文件> 的文件的完整性。不执行修复。
/OFFBOOTDIR     用于脱机修复指定脱机启动目录的位置
/OFFWINDIR      用于脱机修复指定脱机 Windows 目录的位置

例如

        sfc /SCANNOW
        sfc /VERIFYFILE=c:\windows\system32\kernel32.dll
        sfc /SCANFILE=d:\windows\system32\kernel32.dll /OFFBOOTDIR=d:\ /OFFWINDI
R=d:\windows
        sfc /VERIFYONLY

C:\Users\Administrator>
```

图 3.39 命令行窗口——Sfc/Scanfile

## 四、BIOS 设置

BIOS（basic input output system，基本输入输出系统）可以完成对计算机硬件的基本设置，它在计算机系统中起着非常重要的作用。自从 Phoenix 被 Award 收购后，主流的 BIOS 主要分为 Award BIOS 和 AMI BIOS 两大系列，这里以 Award BIOS 为例，由于有部分厂商针对自己的产品开发了专门的 BIOS，所以 BIOS 的设置按键也会存在不同（表 3.1）。一般情况下，开机时按 F2 键进入 Award BIOS 设置界面。

**表 3.1　常见 BIOS 的设置键**

| BIOS 型号 | 进入 CMOS SETUP 的按键 | 屏幕是否提示 |
|---|---|---|
| AMI | Del 键或 Esc 键 | 有 |
| AWARD | Del 键或 Ctrl+Alt+Esc 组合键 | 有 |
| MR | Esc 键或 Ctrl+Alt+Esc 组合键 | 无 |
| Quadtel | F2 键 | 有 |
| COMPAQ | 屏幕右上角出现光标时按 F10 键 | 无 |
| AST | Ctrl+Alt+Esc 组合键 | 无 |
| Phoenix | Ctrl+Alt+S 组合键 | 无 |
| Hp | F2 键 | 有 |

开启计算机或重启计算机后，在屏幕上显示“Waiting…”时，及时按 Del 键或 F2 键就可以进入 BIOS 的设置界面，如图 3.40 所示。需要注意的是，如果按得不及时，计算机将会启动系统，这时只有重启计算机了。用户可在开机后立刻按住 Del 键直接进入 CMOS。进入后可以用方向键移动光标选择，以便对相应选项进行设置。图 3.41 所示为标准 CMOS 设定界面，图 3.42 所示为颜色校正设置界面，利用它们可以对计算机硬件参数进行设置。更多 BIOS 的设置信息可查阅相关资料，这里不再赘述。

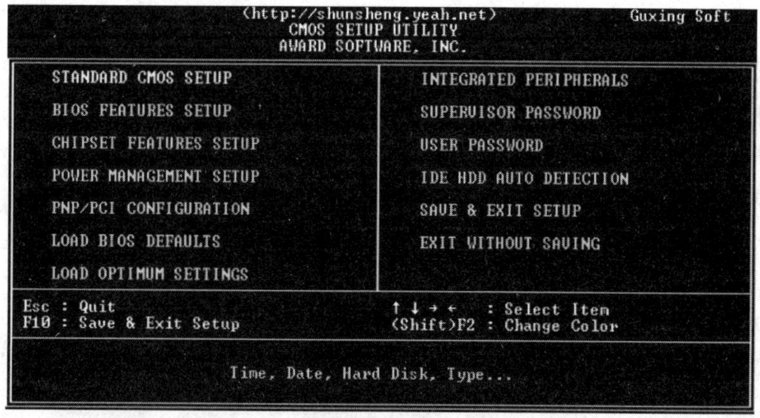


图 3.40　BIOS 设置界面

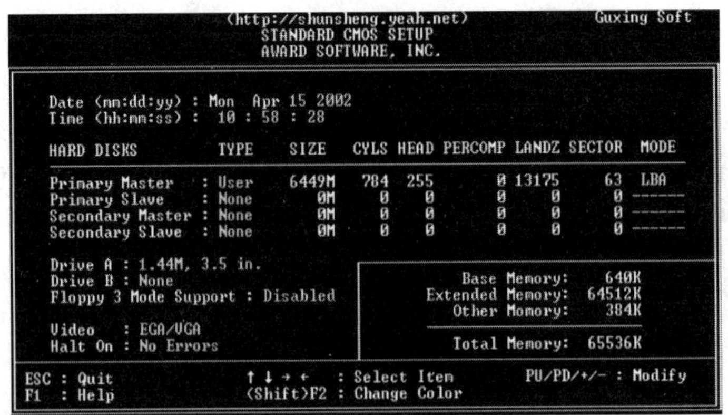


图 3.41 标准 CMOS 设定界面

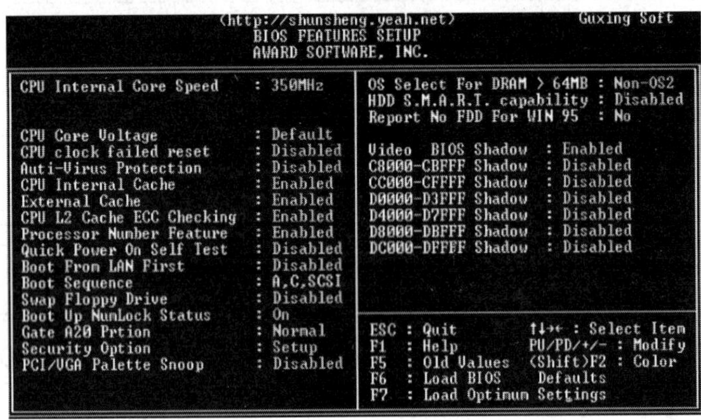


图 3.42 颜色校正设置界面

# 本章练习题

3.1 现代办公领域中常见的计算机有几类？它们分别是什么？它们的优缺点有哪些？

3.2 什么原因造成 Windows 系统卡顿、越来越慢？如何处理？

3.3 为什么要进行磁盘清理？如何对本地磁盘进行磁盘清理？

3.4 为什么要进行磁盘碎片整理？如何对本地磁盘进行磁盘碎片整理？

3.5 在 Windows 7 系统下如何进行计算机性能优化设置？

3.6 什么是虚拟内存？如何修改虚拟内存数值？如何使修改后虚拟内存生效？

3.7 在 Windows 7 系统下如何进行服务优化设置？

3.8 在 Windows 7 系统下如何快速启动优化设置？

3.9 在 Windows 7 系统下高级启动菜单中最常见的 3 个菜单是什么？它们分别有什么功能？

3.10 在 Windows 7 系统下如何进入“安全模式”？“安全模式”的工作原理是什么？

3.11 系统还原有什么好处？在 Windows 7 系统下如何进行系统还原？

3.12 系统修复可以解决什么问题？在 Windows 7 系统下如何进行系统修复？

3.13 什么是 BIOS？常见的 BIOS 设置键有哪些？

# 第四章 打印机

**知识教学目标**

- 了解打印机的分类方法，如按发展过程或印字输出方式、印字原理等的分类。
- 了解打印机的技术指标，如打印质量、打印速度、可靠性、可扩展性、易用性等。其中，打印质量和打印速度是两条重要的性能指标。
- 了解针式打印机、喷墨打印机、激光打印机的结构及工作原理。
- 了解 3D 打印机的工作原理、分类方法及发展限制因素。
- 掌握针式、喷墨、激光打印机的安装方法及相应的调试。
- 掌握针式、喷墨、激光打印机的使用方法，包括熟悉部件功能、开机前检查、选纸、装纸、打印操作等。

**技能培养目标**

- 能够熟练操作针式、喷墨、激光打印机。
- 能够进行针式、喷墨、激光打印机的维护与保养，熟悉工具的使用、保养步骤、保养流程及保养技巧。
- 能够熟练处理针式、喷墨、激光打印机的典型故障，包括面板指示灯不亮、打印时缺点少画、卡纸、打印件有污迹等故障。
- 能够熟练处理针式、喷墨、激光打印机的打印故障，包括机器不能打印、打印缓慢、打印图像歪斜或越过了纸张范围等故障。

## 第一节 打印机概述

### 一、打印机的分类

打印机是各类计算机最主要的输出设备。当前的印字输出设备可分为击打式和非击打式两大类。打印机的具体分类方法如下。

1. 按发展过程或印字输出方式分类

打印机按发展过程或印字输出方式分类，可分为串式、行式和页式。

串式打印方式是指逐字、逐行、逐页地顺序打印，打印的基本单位为一个字符。

行式打印机是逐行、逐页地打印，打印时的基本单位为一行，每次打印缓冲区内一行的内容。

页式打印机是逐页地打印，打印时的基本单位为一页，每次打印缓冲区内一页的内容。

2. 按印字原理分类

打印机按印字原理分类，可分为针式、字模式、喷墨式、热转印式、激光式、LED 式、荧光式、电灼式、磁式、离子式等。

## 二、打印机的技术指标

打印机的打印质量、打印速度、可靠性、可扩展性、易用性等是衡量打印机性能的指标。其中，打印质量和打印速度是两条重要的性能指标。

1. 打印质量

打印质量是指打印机打印出的字符的清晰度和美观度，用打印“分辨率”来表示，单位为每英寸内打印多少个点（dots per inch，DPI）。分辨率是衡量打印机质量的一项重要技术指标。打印机的分辨率一般指最大分辨率，分辨率越大，打印质量越好。

不同打印方式的打印机对印字质量的要求是不同的。高速行式打印机的印字质量一般不高；串式打印机，如点阵式打印机的印字质量则稍高一些，平均打印分辨率为 180DPI，高的达 360DPI；喷墨打印机的分辨率为 720DPI，稍高的为 1440DPI，高的可达 2880DPI；激光打印机的分辨率为 300DPI、600DPI，高的为 1200DPI，甚至可达 2400DPI；精密照排机，低档的为 700～2000DPI，高档的为 2000～3000DPI。

2. 打印速度

打印速度是指打印机打印出字符快慢的程度。根据字符输出方式的不同，其表示方式也有所不同。

串式打印机的打印速度用字/s（cps）表示。串式打印机的打印速度一般不高，平均为 300cps。

行式打印机的打印速度用行/min（lpm）表示。这类打印机的打印速度较快，平均打印速度约为 2000lpm。

页式打印机的打印速度用页/min（ppm）表示（一般以 A4 纸为准）。这类打印机的打印速度为 4～100ppm。

通常所说的打印速度是指激光打印机的引擎速度，在使用过程中，实际输出速度要受到预热技术、打印机控制语言的效率、接口传输速率和内存大小等因素的影响。有些国外品牌的型号在打印英文文档时速度快，但处理汉字时效率太低，因此打印中文文档的速度非常慢。

另外，“首页输出时间”是激光打印机特有的术语，即在执行打印命令后，多长时间可以输出打印的第一页内容。一般的激光打印机在 15s 内都可以完成首页的输出工作，测试基准为 300DPI 的打印分辨率，A4 打印幅面，5%的打印覆盖率，黑白印字。

#### 3. 可靠性

可靠性是指打印机不发生故障的能力，一般用平均无故障时间来衡量。可以用月额定打印量来衡量打印机的可靠性，这个值越大表明打印机的可靠性越好，因此可靠性也是选择打印机的一个参考指标。

#### 4. 可扩展性

很多型号的打印机在标准配置的基础上，可以添加额外的内存、网络服务器、扩展字库、双面打印支持部件等，用户可以根据自己的需求来选购扩展部件，因此可扩展性也是选择打印机的一个参考指标。

#### 5. 易用性

打印机内部结构比较精密，普通用户使用与维护打印机有一定的困难。如果打印机的机械结构、管理软件或功能设计不合理，用户难以正确掌握使用方法，那么不仅会影响工作效率，打印机发生故障的概率也会上升，因此易用性也是选择打印机的一个参考指标。

# 第二节 针式打印机的使用与维护

## 一、针式打印机的组成及工作原理

针式打印机在打印机历史的很长一段时间内曾经占据重要的地位。针式打印机之所以在很长一段时间内能流行不衰，这与它极低的打印成本和很高的易用性及单据打印的特殊用途是分不开的。当然，它很低的打印质量、很大的工作噪声也是其无法满足高质量、高速度的商用打印需要的症结所在，所以现在只有银行、超市等用于票单打印的地方还可以寻觅到它的踪迹。

针式打印机主要由打印机械装置和电路两部分组成，如图 4.1 所示。

### （一）打印机械装置

#### 1. 打印头

（1）打印头，也称印字机构。它装载在字车上，用于印字，是打印机的关键部件，其性能和质量很大程度上决定了打印机的打印速度及打印质量。

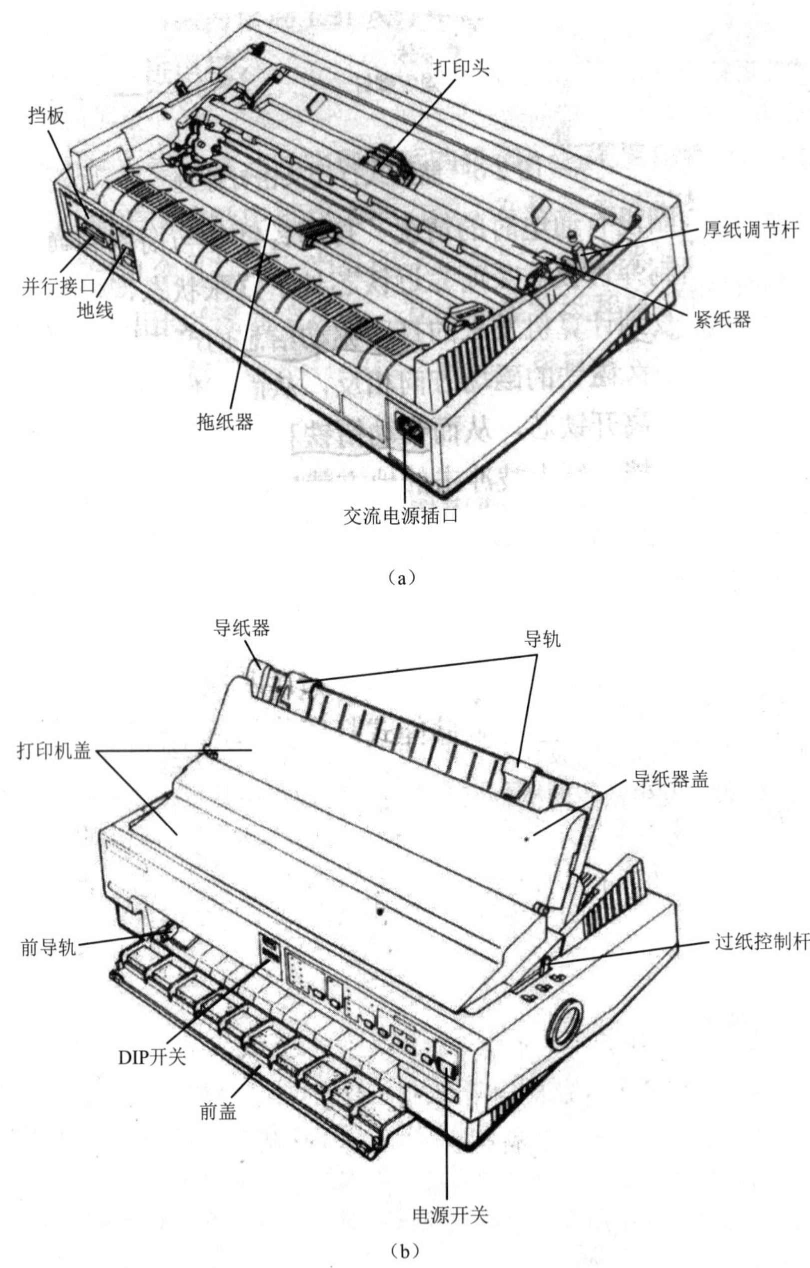


图 4.1　针式打印机的结构

（2）打印头的分类。

① 打印头按针数分类，可分为 1 针、7 针、9 针、16 针、18 针、24 针、32 针、36 针和 48 针等。

② 打印头按结构分类，可分为拍合式和储能式两种。

拍合式打印头的击针原理如图 4.2 所示。电磁线圈通电→电磁铁磁化→电磁力→衔铁吸合→打印针出针→在纸上留下印记→电磁线圈断电→失去磁力→衔铁回位→打印针收回。

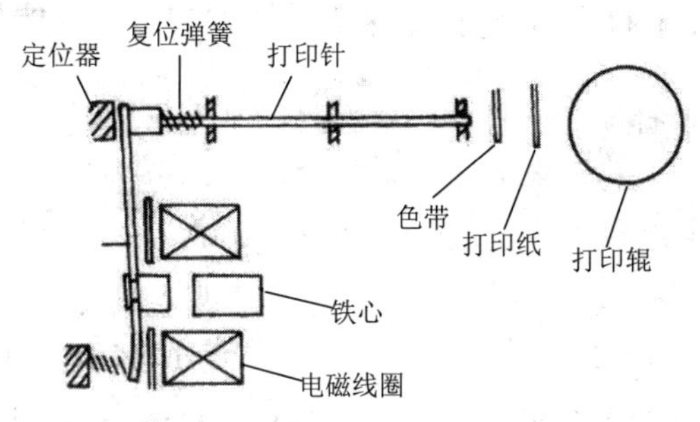


图 4.2　拍合式打印头的击针原理

储能式打印头的击针原理如图 4.3 所示。线圈通电→产生相反的磁场→永久磁铁磁力减小→打印针出针→在纸上留下印记→线圈断电→衔铁回位→打印针收回。

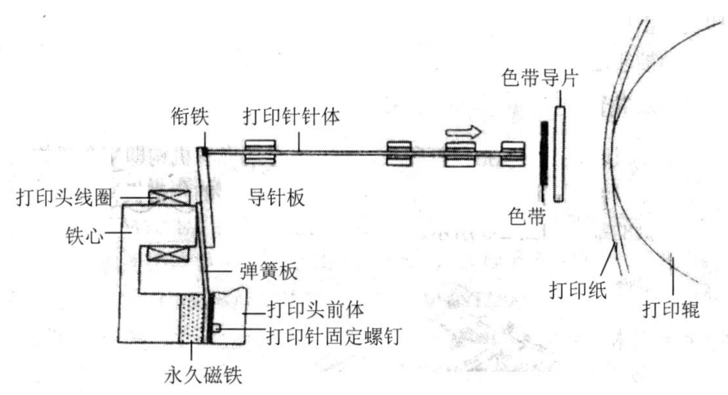


图 4.3　储能式打印头的击针原理

（3）打印头的结构。打印头主要由驱动组件（铁心、线圈和衔铁）、打印组件（打印针和导板）、散热件、支架和垫片等组成。

（4）打印针的排列。根据打印头针数的不同，其排列有单列、双列或三列方式。

### 2. 字车结构

（1）字车作用。实现打印一个点阵字符（汉字）及一行字符（汉字）。

（2）字车工作原理。字车机构中有步进电机，步进电机作为动力源，在传动系统的拖动下，使字车沿导轨做左右往复直线间歇运动，从而使字车上的打印头沿字行方向运动，完成字符、汉字的打印。

### 3. 输纸机构

（1）输纸机构的作用是驱动打印纸沿纵向移动以实现换行。

（2）输纸机构可分为摩擦传动方式（适用于无孔纸传输）和链轮传动方式（适用于有孔纸传输）两种。

#### 4. 色带机构

（1）色带的作用是使打印针击打的点痕在打印纸上显现出来。
（2）色带机构是驱动色带不断做单向移动的装置，分为盘式、窄型和长型等形式。
（3）色带是在带基上涂黑色或蓝色油墨染料制成的带状物，分为薄膜色带和编织色带。

### （二）控制电路

#### 1. 控制电路的功能

（1）连接到计算机，并与计算机通信。
（2）控制字车横向左、右移动。
（3）控制输纸机构工作。
（4）控制打印头出针操作。
（5）通过操作面板上的开关状态，控制打印机联机/脱机、换行、换页等。

#### 2. 控制电路的组成

控制电路一般由微处理器、读/写存储器、只读存储器、地址译码器和输入/输出电路、打印头控制电路、字车电机控制电路和输纸电机控制电路组成。

#### 3. 检测电路

（1）字车初始位置检测电路。
（2）纸尽检测电路。
（3）机盖检测电路。
（4）输纸调整杆位置检测电路。
（5）压纸杆检测电路。
（6）打印辊间隙检测电路。
（7）打印头温度检测电路。

#### 4. 电源电路

（1）作用：将交流输入电压转换为打印机正常工作时所需要的直流电压（+5V 或 ±12V）。
（2）工作电压：～220V（1±0.1）。

### （三）针式打印机的基本工作原理

打印机在联机状态下，通过接口电路接收主机发送的打印控制命令、字符打印命令或图形打印命令，再通过打印机的 CPU 处理后，从字库中找到与该字符或图形相对应的图像编码首列地址（正向打印时）或末列地址（反向打印时），然后按顺序一列一列地找出字符或图形的编码，送往打印头控制与驱动电路，激励打印头出针打印。其打印基本步骤如下。

（1）启动字车。
（2）检查打印头是否进入打印区。
（3）执行打印初始化。
（4）按照字符（汉字）或图形编码驱动打印头打印一列。
（5）产生列间距。
（6）产生字间距。
（7）一行打印完毕，启动输纸电机走纸一行，驱动打印辊转动一行。
（8）换行（单向打印时按 Enter 键），为打印下一行做好准备。

## 二、针式打印机的使用

### （一）针式打印机的使用环境

在安装打印机之前，应选择一个良好的环境放置打印机。选择打印机的安放位置时应注意以下几点。

（1）打印机平放在工作台上，周围应留有足够的走纸空间，与主机的距离不宜过远，工作台应保持水平和稳定。

（2）不要将打印机放置在靠近热源或阳光直接照射的地方，应避免工作环境过度潮湿或灰尘过多。

（3）所用电源应为接有地线的稳定电源，最好使用交流稳压器，避免与大功率电器或有干扰的电器使用同一个电源。

（4）确保电源的电压和打印机的额定电压一致。

（5）将整个计算机系统远离大功率无线电波发射台、音箱等强电场和强磁场等干扰严重的地方。

### （二）针式打印机的日常使用

使用机器之前必须仔细阅读使用说明书，熟悉各部件名称、功能及注意事项。打印机的操作人员应掌握打印机的正确使用方法，以保证打印机尽量少出或不出故障。打印机的使用注意事项如下。

（1）打开计算机时应先开打印机和其他外围设备，后开主机；关机时，应先关主机，后关打印机和其他外围设备。

（2）每次关机后，如需要重新开机，至少应等待 5min 后再开机，因为频繁开关机容易造成机器损坏。

（3）在通电情况下，不要用手推动字车左右移动；否则容易烧毁字车步进电机的线圈。

（4）不要将异物掉入机内；否则打印时会影响机械运动，甚至损坏打印机。不要将液体洒入机内，否则会引起电气短路故障。

（5）打印机使用完毕后用布或罩子盖好，不使用打印机时最好关掉打印机电源，以免打印机受到外界电网冲击而损坏。

（6）应定期检查打印机有无螺钉松动、脱落现象，检查字车机构、走纸机构和色带传动机构的运转是否灵活。若有松动或运转不灵活，应及时给予紧固和调整、润滑，以免引起更大故障。

## 三、针式打印机的维护及典型故障排除

### （一）接口电缆的使用与维护

接口部分是故障率最高的部分，其原因往往是操作人员使用不当而引起的电路和插接件故障。对于接口部分的使用和维护应注意以下几点。

（1）不要随意拉扯打印机接口电缆；否则容易使电缆中的信号线折断或开焊，造成信号开路故障。

（2）不要带电插拔打印机接口电缆。在不断电的情况下，插拔电缆会产生冲击电流，冲击电流过大有可能损坏接口芯片。

（3）打印机电缆在离开插座单独放置时，应注意保护插头中的插针，防止插针折断或弯曲。

（4）主机和打印机两端的电缆插头连接上后，应将电缆主机一端的接口和插头螺钉拧紧，将打印机一端的接口两边的扣杆扣紧。

### （二）色带的使用与维护

色带是针式打印机常用的耗材。色带的质量不仅影响印字的质量，而且对打印头的使用寿命也有很大影响。色带长时间使用后质量会下降，所以应该在固定时间更换色带，而不要等到色带一点颜色也没有或已经起毛后再换。

#### 1. 色带的选购

（1）带基质量。这是色带质量的主要指标，目前一般采用柔韧性好的尼龙带，将色带置于光源下迎光观察时，肉眼基本上看不到透光；劣质色带带基密度达不到上述要求，用肉眼观察时可见到光线从色带中透过，这种色带较容易挂针。另外，不同型号的打印机使用不同规格的色带，不能互换。

（2）油墨。这也是色带质量的重要指标，优质油墨的附着力强，能渗透到带基纤维内部，从表面上看色带是比较干爽的，用手摸色带时油墨基本上不沾手。劣质色带的油墨附着力很差，从表面上看色带上有一层浓浓的油墨，手摸色带时手上会沾上较多墨迹，这种色带初用时墨迹很浓，但字迹很快就会变淡，往往带基还很好时，打印出来的字迹就已不清楚。

#### 2. 色带的更换

（1）在断电的情况下，待打印头冷却以后再更换色带。

（2）把打印头字车移动到中间位置，取下色带盒并拆开。色带盒一般为塑料卡扣结构，拆卸时用小一字旋具轻轻撬起，注意不要硬拆而将塑料卡扣撬坏。

（3）戴上新色带包装盒内的薄塑料手套，避免将油墨沾到手上，将旧色带取出扔掉。

（4）从新色带包装盒内取新色带时，注意不要将已经盘好的新色带弄散，用手掐住盘好的新色带的中间部位放入色带盒内。

（5）盖上色带盒盖并压紧，装到打印头字车上。

（6）将色带置于打印头与色带倒片中间，检查色带盒是否卡紧在打印机上。

（7）转动色带盒上的色带卷动旋钮，将色带拉紧。

3. 使用色带的注意事项

（1）色带上的油墨使用完后，不要将油墨刷在色带上，而应更换新的色带。

（2）在打印蜡纸时，一定不要取下色带，以保护打印头。

（3）如果色带盒内的色带卷动齿轮有磨损，应适时更换色带盒。

（4）当色带出现破洞或起毛后，应立即更换色带，避免打印针被折断。

（三）打印头的维护

打印头在打印一段时间后，特别是经常打印蜡纸的打印机往往出现打印字符不清的现象，这时操作人员可能会认为是打印头有断针。此时不要急于换针，如果是打印针被油墨或蜡纸上的蜡粘住，也会出现打印效果模糊的现象。所以，一般打印头在使用一段时间后，都应进行清洗。清洗有两种方法，即静态清洗和动态清洗。这里分别加以介绍。

1. 静态清洗打印头

（1）将无水酒精倒入一个敞口的容器中，容器的口径应能装入打印头出针板，酒精的高度约为20mm。

（2）从打印机字车上取下打印头，卸下打印头电缆。

（3）把打印头的打印针朝下垂直放置在盛有酒精的敞口容器中，浸泡一段时间（3～5min）后，用小刷子在容器中对打印头头部进行刷洗，直到刷干净为止。

（4）观察打印头出针板，查看是否有明显的断针。如果有断针，可请维修人员给打印头换针。

（5）如果没有断针，先不要急于将打印头装到打印机上，而应用脱脂棉将打印头擦干净或等打印头上的酒精挥发干净后再按原位置装到打印机字车上。

（6）接上打印机电缆后开机自检，如果打印的字迹仍不清楚，可能是打印机驱动部分有故障，采取相应办法维修即可。

2. 动态清洗打印头

（1）将无水酒精倒入一个敞口的容器中，容器的口径应能装入打印头出针板，酒精的高度约为20mm，在容器的底部放置一个厚度为1～2mm的胶皮。

（2）从打印机字车上取下打印头，不要卸下打印头电缆。

（3）用拇指、食指和中指捏住打印头散热外壳，将打印针朝下放置在酒精容器内的胶皮上。

（4）打开打印机电源，用自检操作或打印文章、目录操作驱使打印头做出针运动。

（5）打印2～3min后停止打印，检查打印针缝隙是否干净。如果不满意，可继续清洗，直到干净为止。

**注意**

不论采用什么方法清洗，清洗后待酒精挥发干净再用尖嘴油壶在导针板处加注少量仪表油，以减少摩擦，但不要加注太多，以免滴到机器内。

3. 打印头的调整与润滑

打印机每使用 3 个月或累计打印 5 万字符以后，要检查打印头和打印胶辊之间的间距是否符合要求，若有偏离要进行调整。各种型号的打印机所要求的间距不同。调整间距的方法如下。

（1）将打印头调节杆拨到第一挡的位置。

（2）松开固定打印头与字车上的螺钉几扣，不要取下螺钉，用双手轻轻移动打印头，调整打印头前端和打印胶辊之间的间距，使其达到所要求的间距。

（3）在调整间距时，一般维修人员没有专用测量间距工具，可采用插入几层打印纸结合打印测试的方法，完成间距的调整。调整后，当打印头调整杆在打印单页纸位置时，打印机在单页打印纸上的打印内容应清晰，油墨的浓度应浓淡合适。

打印机在使用 6 个月以后，应对字车机构中的齿轮、活动轴、滑轮和字车导轨加润滑油。对打印头的出针导板孔也需要加少量的润滑油，以保证其处于良好的工作状态。

（四）走纸机构的维护

打印机的走纸机构也是打印机故障率较高的部分，通常都是由用户操作不当而引起的故障。在使用打印机时要求用户做到以下几点。

（1）尽量减少打印机空转。

（2）尽量避免打印蜡纸。

（3）正确使用操作面板上的进纸、退纸、跳行、跳页等按钮，尽量不要用手旋转手柄。

（4）打印机加电后，一定不要使用手动卷纸手柄来调整纸的位置，以免造成走纸电动机的故障。建议将手动卷纸手柄取下收藏。

（5）装纸时，不管是单页纸还是连页纸，不论纸张大小，都应以打印机的左边为基准。选用不同宽度的打印纸，在打印时不要超出安装打印纸的宽度，以免打印针直接击打在打印胶辊上而损坏。

（6）使用连页纸打印时，第一页纸应确保平整干净，使走纸机构能平滑地送纸。

（7）打印信封、多层复印纸、标签或比普通纸厚的打印纸时，应将打印头和打印胶辊的间距调整正确。在打印过程中，应尽量避免使打印头打印纸张的黏合重叠部分；否则会造成打印头损坏。

（8）当打印纸卡纸时，应将打印机设置在连页纸状态，取出卡住的打印纸，注意不要将碎纸屑掉进打印机内。

（五）打印机的日常清洁

打印机在使用一段时间（1～3 个月）后，其内部会有一些纸屑、灰尘，打印机的表面也会有一些污垢，需要定时进行清洁。清洁工作的内容如下。

（1）用吸尘器吸除打印机周围、底部的灰尘和纸屑。取下打印机上盖板，用小口径连接吸尘器，吸除打印机内部的灰尘和纸屑。

（2）用无水酒精或专用仪器表面清洁剂擦净打印机外壳表面的污垢。切忌使用丙酮、香蕉水等有机溶剂擦洗塑料部件，以免降低塑料表面的光洁度。机械部件上的油污可用钟表油清洗干净，机械部件清洗后应加入新的润滑油。

（六）打印机典型故障的排除

针式打印机典型故障及处理方法见表 4.1。

**表 4.1　针式打印机典型故障及处理方法**

| 故障现象 | 原因和处理方法 |
|---|---|
| 面板指示灯不亮 | 原因：电源插座受外部开关或自动定时器控制为关闭状态。处理方法：打开电源开关或使用另外的电源插座，在插座中插入另外的电气设备，以确认电源插座是否正常工作 |
| 电源打开但不能打印 | 原因：“暂停”指示灯不亮但打印机不打印。处理方法：检查是否正确安装了打印机的软件；检查软件的打印机设定值；检查接口电缆的两端，确认该电缆是否适合打印机和计算机的规格 |
| | 原因：“暂停”指示灯和“缺纸”指示灯闪烁且打印机鸣叫三声。处理方法：打印机可能缺纸，在打印机中装入打印纸 |
| 打印模糊或不均匀 | 原因：打印字符的底部部分丢失，可能未正确安装色带盒。处理方法：重新安装色带盒 |
| | 原因：纸厚调节杆可能未正确设定或色带已旧。处理方法：重新设定调节杆或更换色带 |
| 打印时缺点少画 | 原因：打印头太脏；打印头断针；打印头电缆断线；打印头控制和驱动电路有故障。处理方法：清洗打印头；更换打印头；检查打印头控制和驱动电路并修复 |
| 打印的字符不对 | 原因：打印机不打印应用软件传送的字体或字符。处理方法：检查是否为打印机正确安装了软件 |
| 打印时出现乱码 | 原因：打印机存在硬件故障或软件故障。处理方法：打印机自检，测试页正常表明已经正确安装打印机驱动程序；进一步检查应用程序是否存在问题 |
| 打印机自检正常，在联机情况下不能打印或打印有错误 | 原因：DOS 系统或中文操作系统有病毒。处理方法：用一张无病毒的 DOS 引导盘引导计算机，然后按屏幕硬拷贝键，如果能打印出西文，说明系统有毒，杀毒后故障可排除 |
| | 原因：主机打印卡故障。处理方法：更换另一台主机，进入 DOS 状态后，如果能打印出西文，说明问题出在原来的那台主机的打印卡上，更换打印卡可排除故障 |
| | 原因：打印电缆或打印机故障。处理方法：更换打印电缆或与经销商联系处理 |

# 第三节　喷墨打印机的使用与维护

## 一、喷墨打印机的组成及工作原理

喷墨打印机具有良好的打印效果与较低价位的优点，因而其占领了广大中低端市场。此外，喷墨打印机还具有更为灵活的纸张处理能力，在打印介质的选择上，喷墨打印机也具有一定的优势：既可以打印信封、信纸等普通介质，也可以打印各种胶片、照片纸、光盘封面、卷纸、T 恤转印纸等特殊介质。喷墨打印机根据喷墨方式不同可分为连续式和随机式两种。

（一）连续式喷墨打印机

图 4.4 所示为电荷控制式喷墨打印机的工作原理。电荷控制式喷墨打印机主要由喷嘴、充电电极、偏转电极、墨水泵与墨水过滤回收系统（包括墨水槽、过滤器、收集槽、回收器等）及控制电路与电源组成。工作时，墨水泵对墨水施以高压，通过喷嘴形成一束极细的高速射流。射流通过高频振荡器断裂成连续、均匀的墨滴流，在充电电极的电场作用下，墨滴被充电，墨滴的充电受字符集点阵的调制，墨滴所充电荷的多少与在纸上的位置高低成正比，带有不同电荷量的墨滴在偏转电场作用下偏转，射到纸上相应的位置。对那些不参与印字的墨滴不进行充电，这些不带电荷的墨滴在偏转电场中不发生偏转，按原方向射入回收器，经过滤器过滤后再次利用。

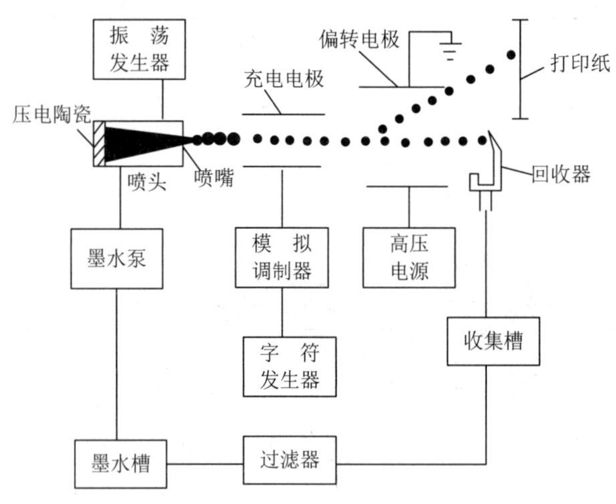


图 4.4 电荷控制式喷墨打印机的工作原理

电荷控制式喷墨打印机的优点是喷射结构简单，速度快，一般可为 250～750 字符/s，印刷质量好。但由于通常有 95%～98%的墨滴印字时用不上，因此需要设计一套墨水回收系统。

（二）随机式喷墨打印机

随机式喷墨打印机的墨滴只有在需要打印时才从喷嘴中喷出，因此不需要墨水泵及墨水的过滤回收系统。受射流惯性的影响，墨水的喷射速度低于连续式，为了提高打印速度，将喷头设计成由多个喷嘴构成，其结构和排列与针式打印机的打印头相似。根据墨水喷射时选用的激励方式不同，随机式喷墨打印机又分为压电式和气泡式。

1. 压电式

压电式喷墨打印机的工作原理是在压电晶体上施加脉冲电压，使其变形后产生一个瞬时压力，从而挤压墨水盒喷出一滴墨水在纸上形成一个小点，如图 4.5 所示。每个喷头上的压电晶体通过电路连接到打印数据形成电路，为了避免墨水干涸和灰尘堵塞喷嘴，在喷嘴头部装有一块挡板，平时盖住喷嘴，开始打印前做两次往复运动以清除脏物。在喷嘴的头部还有一块保持恒温的喷嘴导孔板，以保持墨水在喷嘴尖端的温度始终不变，从而使打印出来的点阵大小不受环境温度的影响。

2. 气泡式

气泡式喷墨打印机的工作原理如图 4.6 所示。在喷头的管壁上装有加热元件，加在加热元件上的电脉冲信号由打印数据形成电路提供。由数据形成的电脉冲信号使喷嘴上的加热元件快速升温，促使喷嘴内的墨水迅速汽化，形成气泡。气泡膨胀产生的压力使墨水形成一个个墨滴从喷嘴中喷出。脉冲过后，墨水蒸气凝聚，喷嘴内的墨水由于表面张力维持齐口的平面，因而内部会产生负压从墨水盒内吸入一滴新的墨水。

目前市场上见到的多是随机式喷墨打印机，惠普（HP）和佳能（Canon）两家公司采用气泡式；爱普生（EPSON）公司采用压电式。

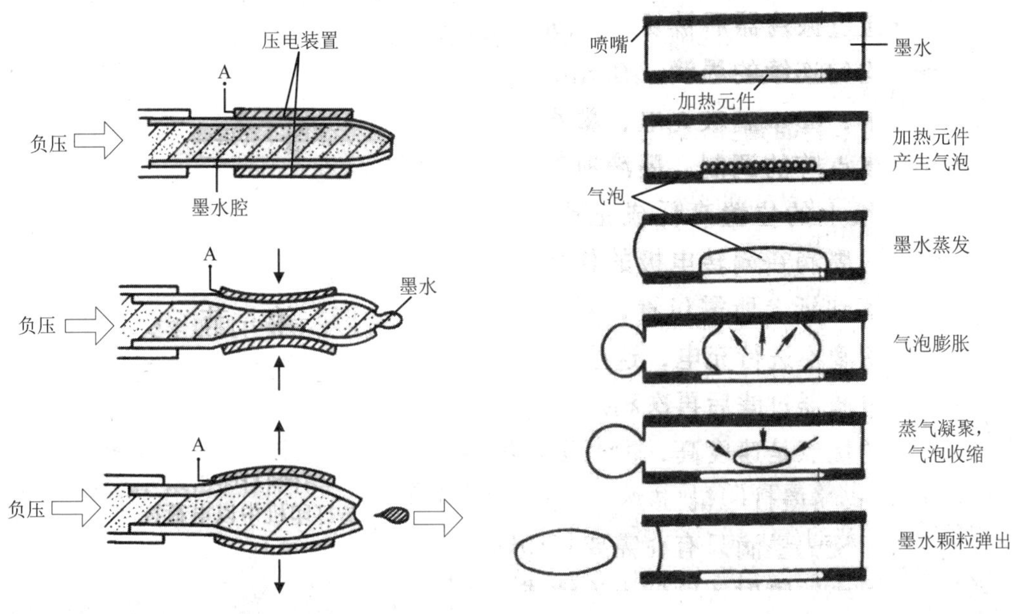


图 4.5 压电式喷墨打印机的工作原理

图 4.6 气泡式喷墨打印机的工作原理

（三）喷墨打印机的结构

喷墨打印机的结构可以分成机械和电气两部分。

1. 机械结构

（1）喷头和墨盒。喷头和墨盒是打印机的关键部件，打印的质量和速度在很大程度上取决于该部分的质量和性能。喷头和墨盒的结构分为两类：一类是喷头和墨盒做在一起，墨盒内既有墨水又有喷头，墨盒本身为消耗品，当墨水用完时，需更换整个墨盒，所以耗材成本较高；另一类是喷头和墨盒分开，当墨水用完时，仅需更换墨盒，耗材成本较低。

（2）清洁机构。BJ（barrage jammer，遮断式干扰发射器）型喷墨打印机中均设有清洁机构，它的作用就是清洁和保护喷嘴。清洁喷嘴的过程包括抽吸和擦拭两种操作，抽吸是借助防止喷嘴内的墨水干涸与泄漏的橡皮盖实现的，利用与喷头相连的泵单元的抽吸作用，将喷嘴中的残余墨水排到放弃墨水吸收器中，目的是用新的墨水替换含有气泡和杂质的残余墨水，保证打印质量；擦拭是通过擦刷在喷嘴表面的移动，去除喷嘴表面的残存墨水和纸纤维，达到清洗喷嘴表面的目的。

（3）字车机构。这一部分与针式打印机相似，字车电动机通过齿轮的传动作用，使字车引导丝杆转动，从而带动字车在丝杆的方向上移动，实现打印位置的变化。当字车复位时引导丝杆又转动，推动清洁机构齿轮完成清洁工作。

（4）走纸机构。走纸机构用于实现打印中纵向送纸的目的，通过这部分的纵向送纸和字车的横向移动，实现整张纸打印。

### 2. 控制电路的组成

控制电路一般由微处理器、读/写存储器、只读存储器、地址译码器和输入/输出电路、打印头控制电路、字车电机控制电路和输纸电机控制电路组成。

### 3. 检测电路

（1）纸宽检测电路。

（2）字车初始位置检测电路。

（3）纸尽检测电路。

（4）墨盒检测电路。

（5）打印头内部温度检测电路。

（6）墨水检测电路。

### 4. 电源电路

（1）作用：将交流输入电压转换为打印机正常工作时所需要的直流电压（+5V 或±12V 以及用于喷头加热的高压）。

（2）工作电压：～220V（1±0.1）。

## 二、喷墨打印机的使用

喷墨打印机的使用环境、使用方法与针式打印机相似，这里不再赘述。需要注意的是打印纸张的选择和使用。

（1）所使用的纸张、信封、明信片和透明胶片等必须符合打印机技术规格中所列的重量、类型和规格。

（2）每次只在打印机纸匣中装入一种纸张、信封或透明胶片。

（3）应用软件设定的打印参数必须和所装纸张、信封或透明胶片的类型和规格相同。

（4）纸张绝对不能有撕裂、灰尘、卷边。

（5）不能使用复写纸。

（6）每张胶片打印完成以后，输送辊上可能有残留的墨水，应输送两张普通纸，以去除输送辊上的墨水。

（7）胶片打印干燥后，不要用手触摸打印胶片，避免摸掉墨水。每张透明胶片打印完后立刻取走，不要叠放在一起，以免粘连。

（8）要保存胶片，必须完全晾干，用一张干净的普通纸盖在打印面上再保存。

## 三、喷墨打印机的维护及典型故障排除

### （一）接口电缆的使用维护

喷墨打印机与主机的连接有串行接口和并行接口两种。串行接口是选配件，一般用于300m以内的通信；并行接口一般用于3m以内的通信，每次传送8位数据，所以通信速度快。接口是故障率最高的部分，往往是操作人员使用不当而引起的电路或插接件故障，此部分的使用和维护与针式打印机一样。

### （二）打印头的维护

喷头是打印机的关键部件，通常采用半导体薄膜工艺制成，细微的喷嘴孔高密度排列，需要定期对喷头进行维护和保养。在进行维护和保养时应特别注意以下几点。

（1）禁止用手推动安装在打印机上的墨盒或墨盒支架。

（2）不要将喷头从主机上拆下，并单独放在高温低湿的地方，这样会造成喷嘴内的墨水干涸，导致堵塞喷嘴。

（3）不要碰撞喷头，以免造成喷嘴变形或喷嘴内的部件损坏。

（4）拆卸打印头时要采取防静电措施，以免损坏喷头部件的印制电路板及相应器件。

（5）在喷头没有复位前，不要关闭电源，以免喷嘴不能被盖帽，导致墨水干涸。

（6）如果喷头发生堵塞，应及时清洗，根据实际情况，可以采用内置清洗功能或手工清洗方法，以免墨水凝聚而固化，造成喷头报废。

（7）清洗喷头时一定要关闭电源，不要用水清洗喷头。擦拭喷嘴时，只能使用柔软干净的布蘸无水酒精擦拭。

（8）如果长时间不打印，可将喷头取下，在喷嘴处贴上塑料薄膜或购买墨盒时带来的原封装膜。

（9）有些墨盒与喷头为分离结构，在拆卸喷头和墨盒时，不要损坏墨水管；不要造成墨水管密封不良等情况。

### （三）墨盒的维护

（1）墨水盒在不使用时应装入密闭的塑料容器中，置于阴凉处。开封前应置于10～35℃背阴处；否则会引起墨水冻结或发生化学变化。

（2）换墨盒时，有的打印机一定要在电源打开的状态下，并按照操作手册的步骤进行。因为重新更换墨盒后，打印机将对墨水输送系统进行充墨，而这一过程在关机状态下是无法进行的，因为打印机无法检测到重新安装上的墨盒。而有的打印机更换墨盒，一定要在电源断开的状态下，并按照操作手册的步骤进行。

（3）墨水本身具有导电性，所以应避免废弃的墨水洒落到打印机的印制电路板上造成短路。若不慎将墨水洒落到印制电路板上，应立即断电，使用无水酒精棉球擦拭洒落在元

器件及电路板上的墨水，擦拭干净并待酒精挥发后再通电。

### （四）墨水的选择使用及空墨盒的二次利用

#### 1. 墨水选用

墨水是喷墨打印机的主要消耗材料，墨水的好坏直接影响着打印质量。喷墨打印机的墨水是专用墨水，不能用一般的书写墨水或绘图墨水代替。非专用墨水含有一定的胶质，而且浓度大，容易堵塞喷嘴；专用墨水的浓度低，不易堵塞喷嘴。鉴别墨水质量好坏的方法如下。

方法一：简易方法。

（1）取一根干净的火柴棒，放入墨水中浸透。

（2）取出火柴棒，在纸上不间断地画线，画的线条越细且无断线现象、颜色越深的墨水质量越好。

方法二：采用实际打印检验，其可靠性最高。

（1）将墨水按要求加入完好的空墨盒中。

（2）将加好墨水的墨盒装到打印机上进行喷墨清洗，如果自检打印不正常，就要立即清洗掉不合适的墨水，重新换墨；如果自检打印正常，则进行下一步操作。

（3）用中文操作系统进行排版，设定 0 号各种字体的后背景，并加网线。

（4）用 LQ（letter quality，信函体，也就是普通打印质量）模式和 HQ（high quality，高品质）模式两种打印方式在纸上进行打印试验。如果没有明显的断线问题，则说明这类墨水属于优质墨水。

#### 2. 空墨盒的利用

喷嘴和墨水一体化的墨水盒，用完墨水以后，其喷头的电极部分基本没有损坏，可以再次利用，以降低打印费用。符合下列几点的墨盒可以重复使用。

（1）墨盒没有发生过打印质量问题。

（2）在各种打印方式下，打印层次分明，打印出的字形、图像精美，无锯齿、断线和缺口现象。

（3）第二次加入墨水后，打印出的测试墨线清晰、平直、无断线。

向墨水盒中加入墨水的方法如下。

（1）加入墨水前应该清洗墨盒。

（2）将墨盒正面的不干胶铭牌轻轻撕下，在对应 Canon 商标的字母 C 处，用直径 3mm 的钻头钻一小孔，钻孔时注意不要将墨盒钻穿，钻透一层外壳即可，也不要让钻屑掉进墨盒内。

（3）用直径为 1mm 左右的锥子，扎入墨盒右侧的气压调节孔内的气压调节塞，将塞子从孔中拔出来。

（4）用 30～50mL 的注射器吸入温度为 30～40℃的蒸馏水，通过气压调节孔注入墨盒内，使蒸馏水和残余墨水一起从钻孔中排出。重复此操作几次，直到清洗干净为止。

（5）墨盒洗净后，用针管向墨盒内迅速充气，趁热将海绵中的水从钻孔中吹出，当吹不出水时，将墨盒表面的水渍擦拭干净，用胶纸封住钻孔。用针管从气压调节孔中回抽气，将喷头中的残余水吸干。

（6）将购买的高质量墨水用针管从气孔中缓慢注入，墨水灌满后将气压调节塞塞紧。

（7）压平钻孔上的胶纸，重新贴上 Canon 商标的不干胶铭牌。

（8）将墨盒装入打印机，先进行打印头清洗操作，然后进行喷头打印测试。如果打印的测试墨线有断线现象，可以再次进行喷头的清洗操作。

## （五）喷墨打印机典型故障的排除

喷墨打印机典型故障及处理方法，如表 4.2 所示。

**表 4.2 喷墨打印机典型故障及处理方法**

| 故障现象 | 原因和处理方法 |
|---|---|
| 所有指示灯不亮 | 原因：电源插座受外部开关或自动定时器控制为关闭状态。处理方法：打开电源开关或使用另外的电源插座，在插座中插入另外的电气设备，以确认电源插座是否正常工作 |
| 缺纸指示灯闪烁或亮 | 原因：指示灯闪烁，说明有卡纸存在。处理方法：从打印机中取出所有可能卡住的打印纸 |
| | 原因：指示灯亮，说明缺纸。处理方法：在打印机送纸器中装入打印纸 |
| 某个墨尽指示灯闪烁或亮 | 原因：某个墨尽指示灯闪烁，说明墨水快用完。处理方法：准备一个新墨盒 |
| | 原因：某个墨尽指示灯亮，说明墨水用完。处理方法：重新更换墨盒 |
| 一次送入多张打印纸 | 原因：纸张太薄或装入了不同厚度的打印纸。处理方法：使用合格纸张 |
| | 原因：纸张间粘连、无空气。处理方法：在清洁的桌面上，将纸抖松后反复搓齐，这样可以避免卡纸及一次送入多张纸 |
| 不能拾起进纸匣内的纸张 | 原因：纸匣内的纸张没有贴住搓纸辊。处理方法：将纸推向打印机直至贴住搓纸辊 |
| 卡纸 | 原因：纸张的皱褶、卷曲或纸边不整齐，使得纸卡在打印机中。处理方法：关机后，打开打印机上盖，取出出纸匣，清除卡纸，仔细检查并清除纸路上的碎纸或异物，重新装入出纸匣、装入打印纸，盖上顶盖 |
| 打印机有打印动作，但是不能打印出字符 | 原因：安装喷头时未能安装到位，使喷头与喷头底座上的电路板接触不良，造成喷头不能正常喷墨，引起不能打印字符的故障。处理方法：重新安装喷头 |
| | 原因：喷嘴上的保护胶带没有撕掉。处理方法：喷墨打印机在第一次安装打印之前一定要撕掉保护喷嘴的胶带，并且不要触摸、碰撞喷嘴和铜触点 |
| 打印机有打印动作，但是不能打印出字符 | 原因：喷头中的墨水用完。处理方法：更换喷头（喷嘴和墨盒是一体的） |
| | 原因：喷嘴被堵塞。处理方法：按照前述方法取下喷头，将喷嘴浸泡于酒精内 10min，然后用名片一类的硬纸片对喷嘴表面进行清洗，注意不要用毛刷刷洗喷嘴，以免毛丝掉进喷嘴中造成新的堵塞 |
| 打印机有打印动作，打印出的字符缺点少画 | 原因：一般为喷头和底座板接触不良或是个别喷嘴堵塞。喷头上的铜触点接触不良，造成相应的喷嘴不能得到喷墨信号，使打印出的字符缺点少画。处理方法：在关机状态下，打开顶盖取下喷头，用脱脂棉蘸酒精轻轻擦洗喷头和底座板接触面，待酒精挥发后正确安装好喷头即可。若个别喷嘴堵塞，执行清洗喷嘴操作，不要用酒精棉擦洗喷嘴 |
| 打印时墨迹稀少，字迹无法辨认 | 原因：该故障多数是打印机长期未用或其他原因，造成墨水输送系统障碍或喷头堵塞。如果喷头堵塞得不严重，那么直接执行打印机上的清洗操作即可。如果多次清洗后仍没有效果，则可以取下墨盒（对于墨盒喷嘴非一体的打印机，需要取下喷嘴），把喷嘴放在温水中浸泡一会儿。注意，一定不要把电路板部分浸在水中；否则后果不堪设想。用吸水纸吸走吸附的水滴，装上后再清洗几次喷嘴即可 |

# 第四节　激光打印机的使用与维护

## 一、激光打印机的组成及工作原理

激光打印机是高科技发展的一种新产物，也是有望代替喷墨打印机的一种机型，分为黑白和彩色两种，它为用户提供了更高质量、更快速度、更低成本的打印方式。其中低端黑白激光打印机的价格已经降到了几百元，达到了普通用户可以接受的水平。虽然激光打印机的价格要比喷墨打印机昂贵得多，但从单页的打印成本来讲，激光打印机则要便宜很多。

激光打印机主要由激光器、激光扫描系统、感光鼓、输入设备、接口电路、字形发生器、电子照相转印机构和输出部分组成，如图 4.7 所示。

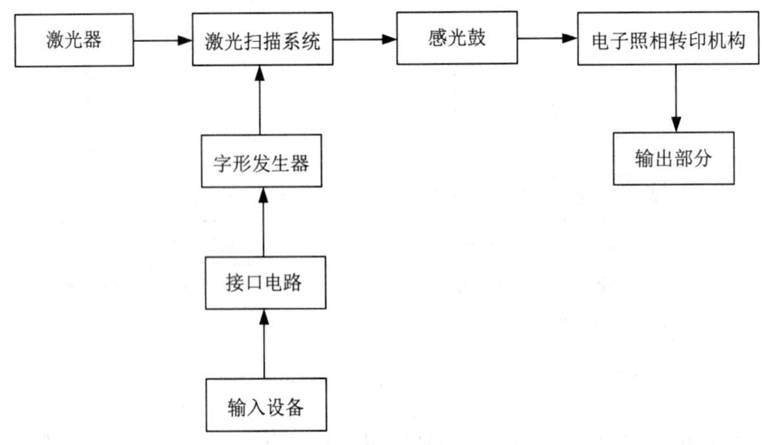


图 4.7　激光打印机组成框图

### （一）激光扫描系统

激光扫描系统是对激光器产生的激光束进行调制，控制其扫描、偏转的机构，由光调制器、光速扩展器、柱面镜、多面转镜、环面透镜、双球面透镜和扫描起始检测器等组成，如图 4.8 所示。

工作原理：由激光器产生激光束，经反射镜射入光调制器。同时，由计算机送来的二进制图文点阵信息，经接口电路送到字形发生器，产生所需要的二进制脉冲信号，然后送入高频驱动电路，由同步器产生的同步信号进行同步控制，再经频率合成器和功率放大器进行合成、放大后也送入光调制器，并进一步对反射镜反射过来的激光束进行调制。经光调制器调制后的激光束射入多面转镜，再经广角聚焦后扫描到感光鼓上，将多面转镜的角速度扫描变成感光鼓上的线速度扫描，从而完成激光束的横向（或行）扫描过程；再配合感光鼓的转动，完成激光束的纵向（或列）扫描过程，从而生成一幅二维电子潜像。

其电子成像、静电潜像、色粉像、转印、分离、定影等过程，与静电复印机原理相似，具体可参考第五章，这里不再赘述。

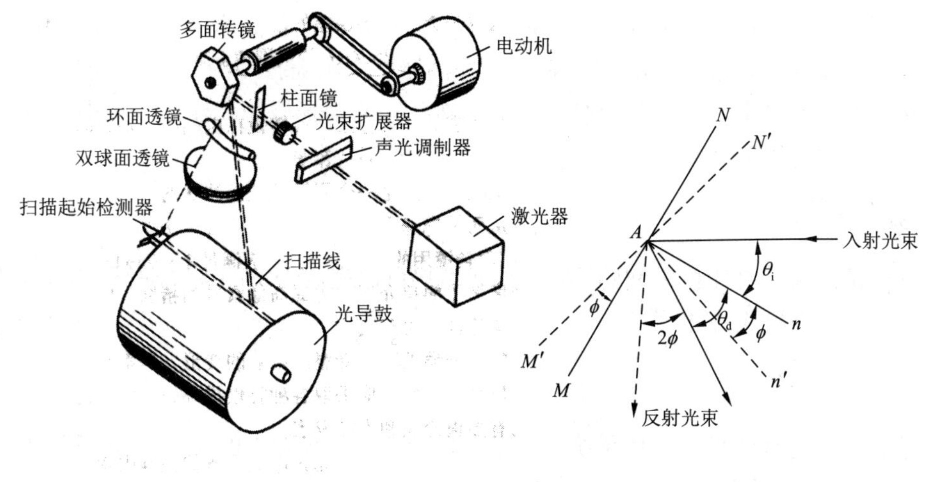


（a）多面转镜结构示意图　　（b）扫描原理

图 4.8　激光扫描系统结构及扫描原理

（二）激光打印机的机械部分

1. 墨粉盒

激光打印机的重要部件，如炭粉、感光鼓、显影辊、电晕电极、清洁器等都装在炭粉盒内，构成一体化结构，当炭粉用完后可以将整个炭粉盒卸下来更换。有的感光鼓完好，还可以加粉重复使用。但是，有一些激光打印机的感光鼓和炭粉盒是分离的。

2. 纸张传送机构

激光打印机的纸张传送机构与静电复印机的相似，具体可参考第五章，这里不再赘述。

（三）激光打印机的电路部分

激光打印机的电路部分包括控制电路和电源电路。

控制电路是一个完整的被扩展了的微型计算机系统，一般包括通信接口、存储器、控制板和主逻辑电路四个功能区。

1. 通信接口

打印机必须和计算机主机进行通信，以接收必须打印的字符或图形，代表字符或图形信息的二进制数通过并行口或串行口从主机送到打印机。计算机主机也要接收从打印机传送过来的命令和状态信息。

2. 存储器

存储器是存放打印数据的地方，既可以存入数据又可以读出数据。计算机传输过来的数据不可能直接输出到打印纸上，只能传输一个数据打印一个数据，这样会大大降低打印速度。因此，计算机传输过来的大量数据必须先暂时存放在存储器中（存放数据的多少取决于打印机存储器的容量），然后打印机再从存储器中取出需打印的数据，经过一系列的打印操作输出到打印纸上，完成整个打印过程。注意：通信速度与打印速度是不同的，通信速度比打印速度快得多。

3. 控制板

控制板是用户和打印机之间的接口，它使用户可以完成一定的即时动作功能，如进纸、纸盒选择、复位或联机/脱机等。

4. 主逻辑电路

主逻辑电路是打印机的指挥系统，一般包括一个主处理器 CPU、一个或多个从处理器 ASIC、一个时钟振荡器及其他逻辑器件。

（四）电源电路

电源电路为激光打印机中的各种电器、电子电路提供电能，以保证它们正常运行。激光打印机中有三种电源，即交流电源、直流低压电源和直流高压电源。

交流电源：它为定影机构和删除灯组件提供电能。

直流低压电源：把市电变换为一种或几种直流低电压，向控制电路的各个部分提供电能。

直流高压电源：把市电变换为一种或几种直流高电压，向主充电电极、转印电极提供电能。

## 二、激光打印机的使用

激光打印机的安装环境、打印测试及日常使用方法与喷墨打印机、针式打印机相似，这里不再赘述。

## 三、激光打印机的维护及典型故障排除

由于激光技术和电子照相技术的不断发展，激光打印机产品的更新换代非常迅速，加上各种新技术的不断采用，从根本上提高了激光打印机的打印速度及自动化程度，打印质量大大提高。

激光打印机的许多部件，如墨粉盒、定影器组件、臭氧过滤器及感光鼓等都是易损、易耗品，具有一定的寿命。所以，它们会出现老化、失效等现象，造成打印机打印质量方面的问题，甚至造成打印机无法使用。因此，必须对打印机进行定期保养和维护。HP、Canon 等公司的激光打印机产品将感光鼓、电晕组件、墨粉盒等部件做成一个整体，易于更换，使用起来非常干净，也便于日常维护。而有些激光打印机的感光鼓和墨粉盒是分离的，维护起来非常不方便。

1. 延长 EP 盒的使用寿命

为了延长激光打印机墨粉盒（又称 EP 盒）的使用寿命，必须注意以下事项。

（1）使用前不要打开密封的包装袋。因为墨粉盒放在包装袋里可保质储存两年半，一

旦打开包装袋，则只有半年的自然寿命。

（2）墨粉盒应储存在常温干燥的地方，不要被强光直接照射。

（3）为保护激光打印机，千万不要使用有缺陷的墨粉盒。

（4）有些墨粉盒可以二次填充粉（即换粉）。但是，一定要保证粉的质量；否则会严重影响打印质量。

### 2. 电极丝的维护

由于打印机内有残余的墨粉、灰尘及纸屑等的飞扬，充电、转印、分离和消电电极将被污染，使电晕现象减弱，而影响打印质量。其维护方式与复印机的电极丝相似（详见第五章）。

### 3. 定影器的维护

定影器的维护主要包括对定影压力辊、加热辊、分离爪、热敏电阻和热敏开关的维护。其维护方式与复印机的定影器部件相似（详见第五章）。

### 4. 感光鼓的维护

不同型号激光打印机感光鼓的寿命是不一样的，一般在 6000～10000 张。当发现打印的文件深浅不一致、成像淡薄时，经检查确定不是电晕组件及墨粉盒等部件的故障所致，可考虑更换感光鼓。

当打印量很大时，打印一段时间后要让打印机休息一会儿再继续打印。有的用户采用两个墨粉盒交替工作，让感光鼓得到休息也是一种办法。感光鼓的保养和维护方法与复印机的感光鼓部件相似（详见第五章）。

### 5. 输纸道的维护

输纸道位于墨粉盒的下方，其作用是使纸张通过墨粉盒传输到定影组件。清洁保养时用清水将软布洗净后擦拭纸道中的灰尘，以确保打印件清洁干净。注意：千万不要用吸尘器清理打印机内的灰尘，这样做会彻底将打印机毁坏。最好的方法是使用打印机自带的自动清洗功能，启动该功能后将会清洗打印机内部。

### 6. 光电传感器的维护

若光电传感器被污染，则将导致打印机检测失灵。例如，输纸传感器被污染后，打印机的控制系统检测不到纸张，送纸功能便失效。因此，应定期用脱脂棉或者不掉毛的干净棉布把相关的各种传感器表面擦拭干净，使传感器保持洁净，以工作在正常状态。

### 7. 其他部件的维护

搓纸轮、传动齿轮、传动链等部件不需要特殊的维护，只要平时保持清洁即可。其保养和维护方法与复印机部件相似（详见第五章）。

### 8. 激光打印机典型故障的排除

激光打印机典型故障及处理方法如表 4.3 所示。

**表 4.3　激光打印机典型故障及处理方法**

| 故 障 现 象 | 原因和处理方法 |
| --- | --- |
| 所有指示灯不亮 | 原因：电源插座受外部开关或自动定时器控制为关闭状态。处理方法：打开电源开关或使用另外的电源插座，在插座中插入另外的电气设备，以确认电源插座是否正常工作 |
| | 原因：电源熔断器烧断。处理方法：打开打印机检查熔断器是否被烧断，用万用表测量其电阻。若电阻为无穷大，表明熔断器已经烧断，可换一个新的同型号的熔断器；如果熔断器连续被烧断，应做进一步的检查；如果电阻为零，表明熔断器完好 |
| | 原因：打印机的低压直流电源故障。处理方法：打开打印机，用万用表检查低压直流电源各输出端电压是否正常。如果输出电压过低或无输出，说明电源出现问题，应做进一步的检查或更换一个新电源 |
| 电源指示灯时亮时灭 | 原因：电源电压不正常。处理方法：检查电源线与插座、打印机的连接是否松动或内部断线，造成接触不良 |
| | 原因：电源内部接触不良的元件、印制线断线或电源过电压、过电流保护。处理方法：做进一步的检查处理 |
| 打印机持续出现一个 TONER LOW 信号 | 原因：出现 TONER LOW 信号时，说明 EP 盒中的墨粉快用完了。处理方法：取出 EP 盒轻轻摇晃，使墨粉分布均匀，再装入打印机中继续使用。准备一个新墨盒，若还出现该信号，则更换 EP 盒 |
| | 原因：高压电源故障。处理方法：对高压电源做进一步的检查处理或重新更换控制器 |
| 打印机自检出纸正常，但页面有三条白道，其余全黑 | 原因：控制器电路故障。处理方法：检查控制电路和激光扫描系统。如果控制电路正常，需进一步检查激光扫描系统，发现光缆出现问题、行同步信号传送不过去、CPU 等不到行同步信号时，就按自己的程序，在延时时间内完成自检，所以就会出现上述故障现象，更换光缆后此故障可以排除 |
| 开机后需预热 2h | 原因：打印机定影部分故障。处理方法：检查热敏电阻是否开路或加热石英灯接触不良，无法让定影辊达到正常温度。所以，更换热敏电阻或让加热石英灯接触良好，故障可以排除 |
| 定影效果不好 | 原因：定影辊有损伤、黏有污物或热敏电阻有问题、供电不足，加热石英灯有问题。处理方法：关机后清洁定影辊并检查是否有损伤。如果无损伤、无污物，则更换热敏电阻，若还不能解决问题，则要进一步检查电源和加热石英灯 |
| 在打印页面上有一个或多个空白条纹 | 原因：墨粉在墨粉盒内分布不均匀。处理方法：拔下打印机电源，卸下墨粉盒轻轻摇晃墨粉盒，使墨粉重新分布。如果打印质量有所改善，就意味着很快就要更换墨粉盒；如果未得到改善，就进行下一步检查 |
| | 原因：传输电晕及其周围区域是否有污染，因为污垢、纸屑会影响传输电晕正常工作。处理方法：用清洁刷非常小心地清洁传输电晕组件 |
| 纸张输出时静电太大，造成纸路堵塞 | 原因：一般是纸张本身有问题或打印机内部的静电消除器无法正常工作。处理方法：更换标准的静电复印纸。如果仍然不正常，检查静电消除器并排除故障 |

## 第五节　击打式与非击打式打印机的比较

目前，从市场销售的角度看，击打式打印机的市场占有率较低，主流产品有富士通、映美、实达、得实、OKI、四通、南天、STAR 系列针式打印机；而喷墨、激光打印机的市场占有率较高，喷墨打印机主流产品有 EPSON 彩色喷墨打印机、Canon 彩色喷墨打印机、

HP喷墨多功能一体机、兄弟喷墨一体机；激光打印机主流产品有HP黑白激光打印机、Canon黑白激光打印机、三星激光打印机、联想激光打印机、施乐黑白激光打印机、兄弟激光打印机。针式打印机多用于银行、商场财务等常进行多份复制的场所；喷墨打印机多用于平面图像处理；激光打印机多用于机关、公司、各类办公室。

非击打式打印机的四个主要指标为高印字速度、高分辨率字符和图形、高印字质量、产生混合图形和原文。高速的打印机能产生密集型的页原文，这是非击打式打印机的最大优点。另外，非击打式打印机可以在不同的独立部分进行格式打印，包括原来的打印格式、空格备份等，并且打印噪声小。非击打式打印机的主要缺点是不能进行多份复制，必须打印序列格式，必须在超高速下工作才能赶上击打式打印机的速度。

击打式打印机可以多份复制一次完成，并且具有高速跳行功能；非击打式打印机不管每页打印一行还是多行，都只能在恒定速度下工作。

从价格来说，除喷墨打印机外，通常非击打式打印机的价格都高于击打式打印机。

从耗材费来说，除热转印打印机外，通常非击打式打印机的耗材费都高于击打式打印机。相对而言，色带的使用成本最便宜，不足之处是打印效果不理想，不能打印彩色图文；激光打印机墨粉和硒鼓使用成本最贵，打印精度最高，但打印彩色效果不如喷墨打印机；喷墨打印机墨水和墨盒使用成本适中，打印彩色效果最好，打印精度较高，但一般喷墨打印机打印的彩色保持时间不及激光打印机，时间长容易褪色，受潮也易褪色。

非击打式打印机的印字质量与打印纸的质量有关。例如，喷墨打印机使用质量差的纸时，墨滴喷到纸面上会发生浸润、洇开现象；激光打印机采用性能不好的纸时，会产生纸面某些区域不能接受墨粉，造成打印色粉偏淡或出现无规律的白区。几种非击打式打印机与针式打印机的主要性能比较如表4.4所示。

**表4.4 几种非击打式打印机与针式打印机的主要性能比较**

| 打印机类型 | 打印速度 | 印字质量 | 纸张要求 | 胶片要求 | 噪声 | 价格 | 耗材费用 | 褪色程度 | 应用范围 |
|---|---|---|---|---|---|---|---|---|---|
| 针式 | 慢 | 低 | 无 | 不能打印 | 大 | 低 | 最低 | 褪色 | 较广 |
| 喷墨 | 慢 | 中 | 略有 | 专用胶片 | 小 | 中 | 中 | 易褪色 | 广泛 |
| 热转印（热蜡） | 快 | 中 | 无 | 无 | 极小 | 中 | 低 | 不褪色 | 广泛 |
| 热转印（染料升华） | 慢 | 高 | 多 | 多 | 小 | 高 | 高 | 不褪色 | 个别 |
| 激光 | 快 | 高 | 有 | 专用胶片 | 极小 | 高 | 高 | 不褪色 | 较广 |

# 第六节 3D打印机简介

## 一、3D打印机的工作原理简介

3D（three-dimensional）就是三维图形。日常生活中使用的普通打印机可以打印计算机设计的平面物品，而3D打印机与普通打印机工作原理基本相同，只是打印材料有所不同，普通打印机的打印材料是墨水和纸张，而3D打印机内装有金属、陶瓷、塑料、砂等不同的“打印材料”，是实实在在的原材料，打印机与计算机连接后，通过计算机控制可以把“打印材料”一层层叠加起来，最终把计算机上的蓝图变成实物。通俗地说，3D 打印机是可以“打印”出真实的 3D 物体的一种设备，如打印一个机器人、打印玩具车、打印各种模型，甚至食物等。之所以通俗地称其为“打印机”，是参照了普通打印机的技术原理，因为分层加工的过程与喷墨打印十分相似，这项打印技术称为 3D 立体打印技术。3D 打印技术是一系列快速原型成型技术的统称，其基本原理都是叠层制造，由快速原型机在 *X-Y* 平面内通过扫描形成工件的截面形状，而在 *Z* 坐标间断地做层面厚度的位移，最终生成三维物体。

## 二、3D 打印机的分类

### （一）按照成型材料的形态、特征和性能分类

#### 1. 液态聚合固化技术

原材料为液态聚合物，固化方式为采用光能、热能等。

#### 2. 烧结与黏结技术

原材料为固态粉末物，通过激光烧结或者黏结剂黏结等方式形成实体。

#### 3. 丝材、线材熔化黏结技术

原材料为丝材或线材，黏结技术是升温熔融，按照事先制订好的路线将各层堆积起来生成三维实体。

#### 4. 板材层合技术

原材料是固态板材或膜，通过塑料膜光聚合作用将各个薄层进行黏结，或者直接黏结。

### （二）按照加工制造原理分类

目前，市场上的快速成型技术分为 3DP（three dimensions printing，三维粉末黏结）技术、FDM（fused deposition modeling，熔融层积成型）技术、SLA（stereo lithography apparatus，立体平版印刷）技术、SLS（selective laser sintering，选择性激光烧结）技术、LOM（laminated object manufacturing，分层实体成型）技术、DLP（激光成型）技术和 UV（紫外线成型）技术等。真正高精度、工业级应用的是 SLS 技术。

#### 1. 3DP 技术

3DP 技术是使用标准喷墨打印技术，通过将液态连接体铺放在粉末薄层上，以打印横截面数据的方式逐层创建各部件，创建三维实体模型。采用 3DP 技术打印成型的样品模型与实际产品具有同样的色彩，还可以将彩色分析结果直接描绘在模型上，模型样品所传递的信息量较大。

#### 2. FDM 技术

FDM 技术是将丝状的热熔性材料加热熔化，同时三维喷头在计算机的控制下，根据截

面轮廓信息，将材料选择性地涂敷在工作台上，快速冷却后形成一层截面。一层成型完成后，机器工作台下降一个高度（即分层厚度）再成型下一层，直至生成整个实体造型。其成型材料种类多，成型件强度高、精度较高，主要适用于成型小塑料件。

3. SLA 技术

SLA 技术是以光敏树脂为原料，通过计算机控制激光，按零件的各分层截面信息在液态的光敏树脂表面进行逐点扫描，被扫描区域的树脂薄层产生光聚合反应而固化，形成零件的一个薄层。一层固化完成后，工作台下移一个层厚的距离，然后在原先固化好的树脂表面再敷上一层新的液态树脂，直至得到三维实体模型。该方法成型速度快，自动化程度高，可成型任意复杂形状，尺寸精度高，主要应用于复杂、高精度的精细工件快速成型。

4. SLS 技术

SLS 技术是通过预先在工作台上铺一层粉末材料（金属粉末或非金属粉末），然后让激光在计算机控制下按照界面轮廓信息对实心部分粉末进行烧结，不断循环，层层堆积成型。该方法制造工艺简单，材料选择范围广，成本较低，成型速度快，主要应用于铸造业直接制作快速模具。

5. LOM 技术

LOM 技术是依据二维分层模型的数据结果，采用激光束将成型材料按照产品模型的内部和外部轮廓进行切割，并同时进行加热，使得刚刚完成切割的薄层和其下方已经被切割的薄层黏结起来。如此不断循环，最终生成三维产品原型。

6. DLP 技术

DLP 技术和 SLA 技术比较相似，不过它是使用高分辨率的数字光处理器（DLP）投影仪来固化液态光聚合物，逐层进行光固化，由于每层固化时通过幻灯片似的片状固化，因此速度比同类型的 SLA 立体平版印刷技术速度更快。该技术成型精度高，在材料属性、细节和表面光洁度方面可匹敌注塑成型的耐用塑料部件。

7. UV 技术

UV 技术和 SLA 技术比较相似，不同的是它利用 UV 紫外线照射液态光敏树脂，一层一层自下而上堆栈成型，成型的过程中没有噪声产生，在同类技术中成型的精度最高，通常应用于精度要求高的珠宝和手机外壳等方面。

## 三、3D 打印限制因素

1. 材料的限制

虽然高端工业印刷可以实现塑料、某些金属或者陶瓷打印，但无法实现打印的材料都是比较昂贵和稀缺的。另外，打印机也没有达到成熟的水平，无法支持日常生活中所接触到的各种各样的材料。研究者在多材料打印上已经取得了一定的进展，但除非这些进展达到成熟并有效；否则材料依然会是3D打印的一大障碍。

2. 机器的限制

3D打印技术在重建物体的几何形状和机能上已经达到了一定的水平，几乎任何静态的形状都可以被打印出来，但是运动的物体和它们的清晰度就难以实现了。这个困难对于制造商来说或许是可以解决的，但是3D打印技术要想进入普通家庭，使每个人都能随意打印想要的东西，机器的限制就必须加以解决。

## 本章练习题

4.1 打印机按印字输出方式和印字原理分类各有哪些？

4.2 简述针式打印机的基本结构和工作原理。

4.3 简述针式打印机打印程序的安装。

4.4 简述针式打印机的基本操作方法和技巧。

4.5 简述喷墨打印机的基本结构和工作原理。

4.6 简述喷墨打印机的基本操作方法和技巧。

4.7 简述激光打印机的基本结构和工作原理。

4.8 简述激光打印机的基本操作方法和技巧。

4.9 简述针式、喷墨、激光打印机的维护和保养方法。

4.10 简述针式打印机打印时，电源打开但不能打印；打印模糊或不均匀；打印时缺点少画；打印机自检正常，在联机情况下不能打印或打印有错误等故障的处理方法。

4.11 简述喷墨打印机打印时，机器不能打印；某个墨尽指示灯闪烁或亮；打印机有打印动作，但是不能打印出字符；打印机有打印动作，打印出的字符缺点少画；打印图像歪斜或越过了纸张范围等故障的处理方法。

4.12 简述激光打印机打印时，机器不能打印；电源指示灯时亮时灭；打印机持续出现一个TONER LOW信号；开机后，需预热2h；定影效果不好；在打印页面上有一个或多个空白条纹；纸张输出时静电太大造成纸路堵塞；打印图像歪斜或越过了纸张范围等故障的处理方法。

4.13 简述3D打印机的工作原理及分类方法。

# 第五章 复印机

**知识教学目标**

- 了解复印机的分类方法，按用途、显影方式、成像原理、工作原理、结构、功能等的分类。
- 了解复印机的基本复印过程和工作原理，即充电、曝光、显影、转印、分离、定影、清洁、消电等过程的作用及物理意义。
- 掌握数码复印机的功能，包括复印、打印、传真、网络扫描及其他功能。
- 掌握数码复印机的安装方法，包括设备的安装、打印程序的安装。
- 掌握数码复印机的使用方法，包括熟悉部件功能、开机前检查、选纸、装纸、复印操作、打印操作、传真操作、扫描操作等。
- 掌握数码复印机的维护和保养方法，包括工具的使用、保养步骤、保养流程及保养方法。

**技能培养目标**

- 能够熟练维护和保养数码复印机。
- 能够熟练处理数码复印机典型故障，包括复印件墨迹过深或过浅、空白复印件等故障。
- 能够熟练处理数码复印机的打印故障，包括机器不能打印、打印图像歪斜或越过了纸张范围等故障。
- 能够熟练操作复印机进行手动双面复印、中途插入复印等技巧。
- 能够熟练分析及排除复印机卡纸、复印件有污迹等故障。

## 第一节 复印机概述

### 一、复印机的分类

复印机按用途分类，可分为家用复印机、办公复印机、大幅面工程图样复印机、传真复印机和胶印板复印机。

复印机按显影方式分类，可分为干法显影方式复印机和湿法显影方式复印机两种。

复印机按工作原理分类，可分为普通复印机和数码复印机两种。

复印机按复印介质分类，可分为特殊涂层复印机和普通纸复印机两种。

复印机按成像原理分类，可分为卡尔逊法（又称放电成像法）复印机、电容成像复印机、逆充电成像复印机、电荷移动成像复印机四种。

另外，还可按结构和功能分类。按稿台方式分类，可分为稿台移动式复印机、稿台固定式复印机两种；按外形分类，可分为便携式、台式和落地式三种复印机；按复印速度分类，可分为超高速、高速、中速和低速四种复印机；按复印幅面分类，可分为大幅面、中幅面和小幅面三种复印机；按复印色彩分类，可分为黑白、单彩色和全彩色三种复印机；按缩放功能分类，可分为固定倍率、无级变倍率和等倍率三种复印机。

## 二、复印机的组成及工作原理

如图 5.1 所示，复印机主要由电晕放电组件、光学组件、光导体感光鼓、显影组件、定影组件、供/输纸组件、清洁组件和传动控制组件八大系统组成。

### 1. 电晕放电组件

电晕放电组件包括高压发生器和电晕放电器，一般安装在光导体感光鼓的附近，大多数复印机都安装有三个电晕放电器，即充电电晕器、转印电晕器和消电电晕器（消电灯等）。电晕放电器组件的作用是控制光导体感光鼓带电和消电，以完成复印机的充电、转印和消电过程。如图 5.2 所示，充电使感光鼓表面均匀地带上一定极性和数量的静电荷，即以鼓基为参考点，使表面具有一定的电位。如图 5.3 所示，转印是利用电场力将感光鼓上表面的色粉图形转移到复印介质（复印纸）上。如图 5.4 所示，分离是消除转印时充在复印纸上的电荷，将复印纸从感光鼓上分离下来。如图 5.5 所示，消电是指消除感光鼓表面的残余电荷。

### 2. 光学组件

光学组件是复印机曝光成像的装置，主要由原稿台、曝光灯管、反光镜、光学透镜、滤色镜、扫描架等组成，用来照亮扫描原稿，改变光线传播方向，在感光鼓上形成光像。如图 5.6 所示，曝光是用光学方法把原稿的图像投射到感光鼓表面，改变感光鼓表面的电荷分布，形成静电潜像。

### 3. 光导体感光鼓

光导体感光鼓是复印机的重要器件，它具有光导体特性，即在光线暗淡的状态下是绝缘体，但在光照较强的情况下则为导体，而且对光的反应相当敏感。光导体感光鼓的作用是在高压作用下，在其表面形成一定极性的、均匀的表面电荷，并在光像的作用下将均匀的表面电荷转换为静电潜像。

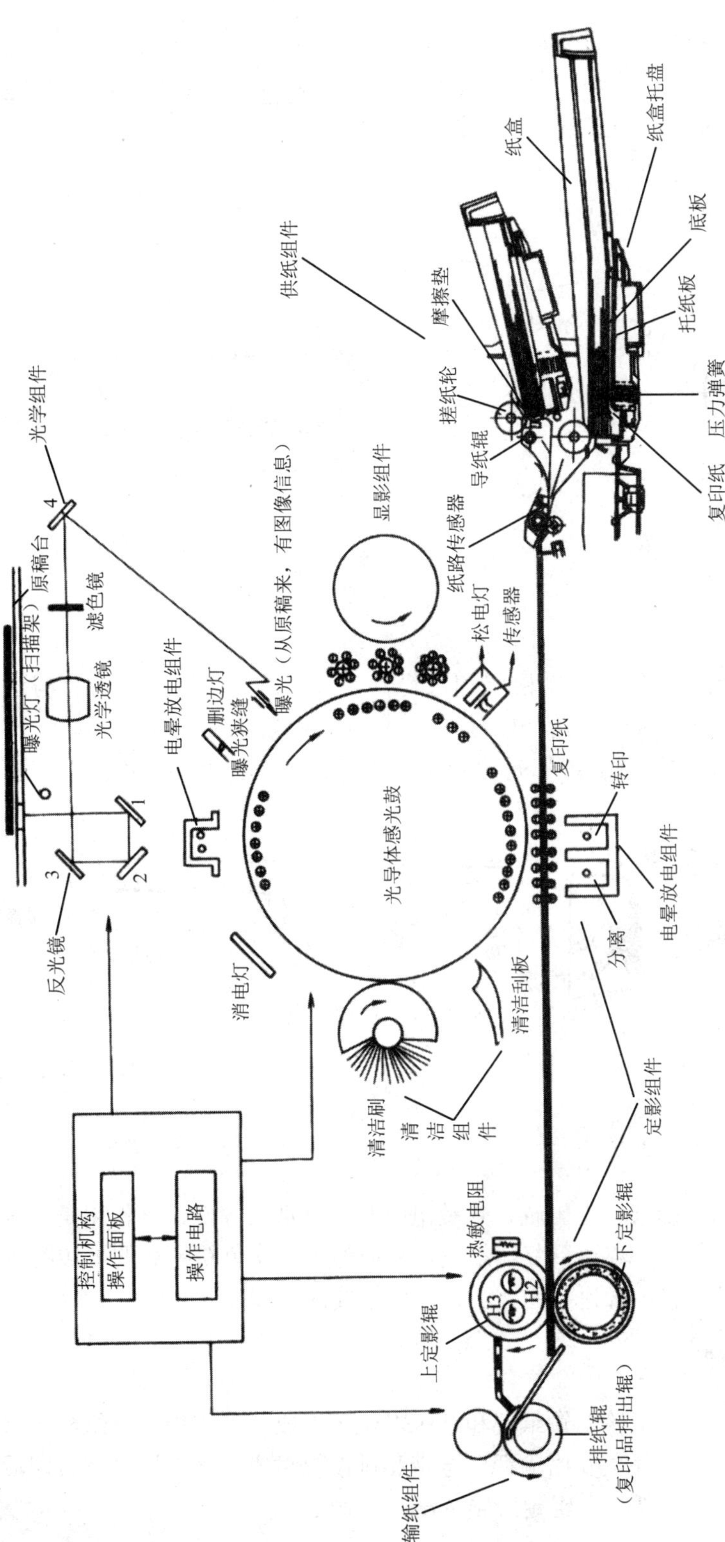


图 5.1 复印机工作原理示意图

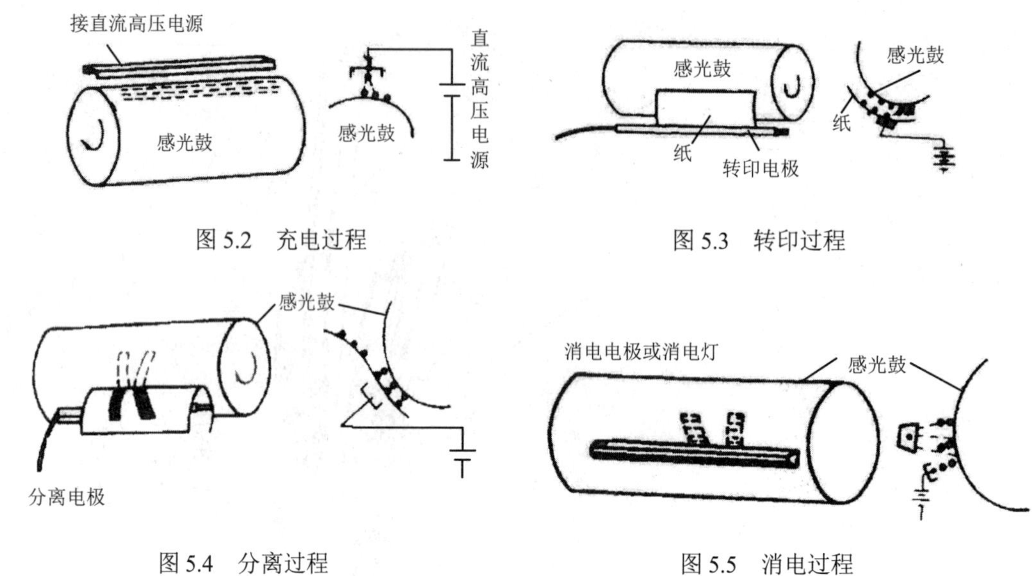


图 5.2　充电过程

图 5.3　转印过程

图 5.4　分离过程

图 5.5　消电过程

4. 显影组件

显影组件包括显影箱、显影磁辊和色粉盒等部分，其作用是将带有与光导体电荷相反的静电色粉剂接触光导体的静电潜像，使色粉剂吸附在光导体感光鼓表面，形成可见的色粉图像。如图 5.7 所示，显影是用带电的色粉使感光鼓上的静电潜像转变成可见的色粉图像。

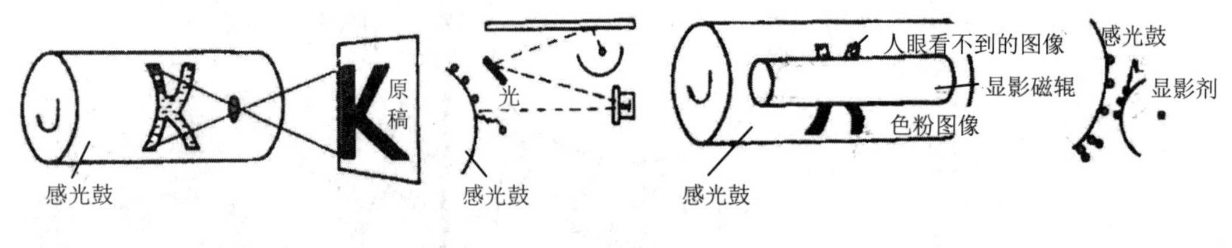


图 5.6　曝光过程

图 5.7　显影过程

5. 定影组件

定影组件包括定影灯、定影辊、热敏电阻和分离爪等部件，其作用是将复印纸上的色粉经过加热熔化、加压并渗透到复印纸里，从而达到固化色粉的目的。如图 5.8 所示，定影是将复印纸上的色粉图像进行固化，以形成最终的复印品。

6. 供/输纸组件

供纸组件主要由搓纸轮、输纸辊和纸张对位辊组成，其作用是将纸从纸盒中搓出，并送到转印区域。输纸组件主要由输纸传送带和排纸辊组成，其作用是将转印后的复印纸送到定影组件进行定影，然后再经定影辊从出纸口输出。

7. 清洁组件

清洁组件包括清洁刮板、清洁刷和废粉回收装置等部件，其作用是将转印后残留在感光鼓上的色粉刮下来，并消除感光鼓上的残留电荷，以便感光鼓下次充电复印，如此周而复始。如图 5.9 所示，清洁主要是清除经转印后还留在感光鼓表面的色粉。

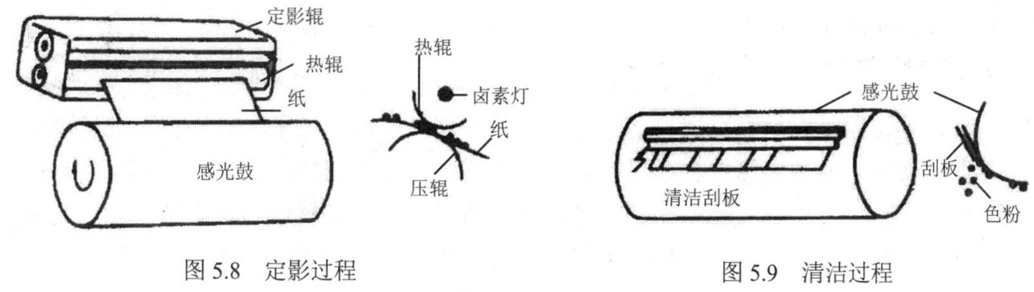


图 5.8　定影过程

图 5.9　清洁过程

8. 传动控制组件

复印机的控制机构较复杂，它包括电气控制和传动控制两部分。电气控制部分主要由电源电路、操作显示电路、微处理器控制电路、传感器电路和高压发生器电路等组成，它是复印机的指挥中心。传动控制部分主要由主轴驱动电机、传动链条、传动齿轮和驱动离合器等组成，其作用是控制各机械部件完成电气控制的各种指令动作。

## 第二节　模拟复印机和数码复印机的工作原理及区别

数码复印机的结构及工作原理如图 5.10 所示。简单地说，模拟复印机与数码复印机在工作原理上的差别在于感光鼓曝光前的工作过程，数码复印机显影以后部分的基本工作原理和机械设备则与模拟复印机相同。

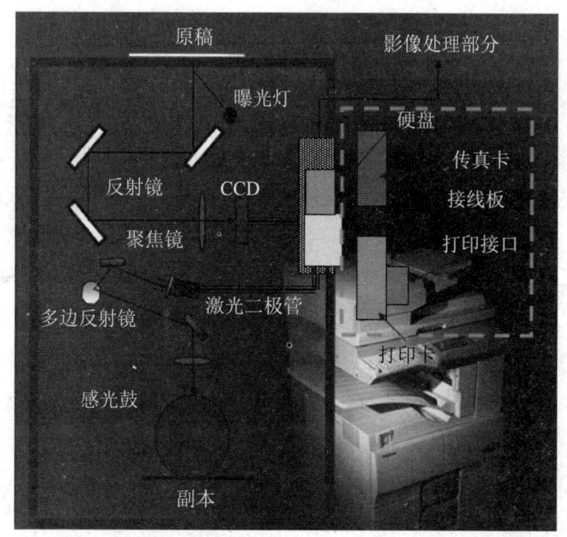


图 5.10　数码复印机的结构及工作原理示意图

## 一、模拟复印机的工作原理

以曝光、扫描方式将原稿的光学模拟图像通过光学系统（如反光镜、凸透镜）直接投射到已被充电的感光鼓上，产生静电潜像，再经过显影、转印、定影等步骤完成整个复印过程。

## 二、数码复印机的工作原理

首先通过 CCD（电荷耦合器件）传感器对以曝光、扫描方式产生的原稿的光学模拟图像信号进行光电转换，然后将经过数字技术处理的图像数码信号输入激光调制器，调制后的激光束对被充电的感光鼓进行扫描，在感光鼓上产生静电潜像，图像处理设备（存储器）对图像模式、放大、图像重叠等做数码处理后，再经过显影、转印、定影等步骤，完成整个复印过程。数码复印机基本上相当于把扫描仪和激光打印机的功能融合在一起了。

## 三、模拟复印机与数码复印机工作原理的区别

模拟复印机与数码复印机最大的区别在于数码复印机复印时，只需对原稿进行一次性扫描，存入复印机存储器中，即可随时复印所需的多页份数。而模拟复印机复印时，每印一张复印品都要重新扫描。数码复印机是通过激光扫描、数字化图像处理技术成像的，既是一台复印设备，又可作为输入输出设备与计算机及其他办公自动化（OA）设备联机使用，或成为网络的终端。

由于数码复印机采用了先进的数码技术，所有原稿经一次性扫描存入复印机存储器中，使其可以进行复杂的图文编辑，大大提高了复印机的工作效率和复印质量，降低了复印机的故障发生概率。数码复印机与模拟复印机相比，其优点主要有以下几点。

（1）数码复印机只需对原稿进行一次性扫描，存入复印机存储器中，即可随时复印所需的多页份数。它与模拟复印机相比，减少了扫描次数，因此也就降低了扫描器产生的磨损及噪声，同时减少了卡纸的机会。

（2）由于传统的模拟复印机是通过光反射原理成像，因此会有正常的物理性偏差，造成图像与文字不能同时清晰地表达。数码复印机就具有图像和文字分离识别功能，在处理图像与文字混合的文稿时，复印机能以不同的处理方式进行复印，因此文字可以鲜明地复印出来，而照片则以细腻的层次变化方式复印出来。而且数码复印机还支持文稿、图片/文稿、图片、复印稿、低密度稿、浅色稿等多种模式及多达 256 级的灰色浓度，充分体现出复印件的清晰、整洁。

（3）很容易实现电子分页，并且一次复印后的分页数量远远大于模拟复印机加分页器所能达到的份数。

（4）由于数码复印机采用数码处理，因此能提供强大的图像编辑功能，如自动缩放、单向缩放、自动启动、双面复印、组合复印、重叠复印、图像旋转、黑白反转、25%～400%缩放倍率等多种编辑效果。

（5）采用先进的环保系统设计，使数码复印机无废粉、低臭氧、自动关机节能，图像自动旋转，减少废纸的产生。

（6）配备传真组件，即可升级成为 A3 幅面的高速激光传真机，可以直接传送书本、

杂志，装订文件，甚至可以直接传送三维稿件。配备打印组件，即可升级成为 A3 幅面的高速双面激光打印机。安装网络打印卡并连接局域网后便可作为高速网络打印机实现网络打印。

## 第三节　数码复印机的技术指标

### 一、夏普 MX-M3658N 型数码复印机技术指标简介

夏普 MX-M3658N 型数码复印机的技术指标如表 5.1 所示。

**表 5.1　夏普 MX-M3658N 型数码复印机的技术指标**

| 产品基本参数 | |
|---|---|
| 产品类型 | 黑白数码复合机 |
| 涵盖功能 | 打印/复印/扫描 |
| 速度类型 | 中速 |
| 最大原稿尺寸 | A3 |
| 内存容量 | 3GB，可选购 1GB 内存 |
| 供纸容量 | 标配纸盒：500 页（1 个）；手送纸盘：100 页；最大容量：6600 页 |
| 介质重量 | 纸盒：60～220g/$m^2$；手送纸盘：55～300g/$m^2$ |
| 双面器 | 标配 |
| 自动输稿器 | 标配，容量 150 页 |
| 网络功能 | 支持无线/有线网络打印 |
| 接口类型 | USB 2.0，10Base-T/100 Base-TX/1000 Base-T（RJ-45 网络接口）；IEEE 802.11b/g/n |
| 复印功能 | |
| 复印速度 | 36cpm（A4，长边送纸） |
| 连续复印页数 | 1～999 页 |
| 复印分辨率 | 读取：600×600DPI，600×400DPI，600×300DPI（使用 RSPF 时不适用）<br>输出：1200×1200DPI，600×600DPI，9600（相当于）×600DPI |
| 复印尺寸 | A3～A5 |
| 预热时间/s | 12 |
| 首页复印时间/s | 4.5 |
| 缩放范围 | 25%～400%（以 1%为单位） |
| 复印倍率 | 10 个（5 个缩小 +5 个放大） |
| 灰度等级 | 256 级 |
| 打印功能 | |
| 打印控制器 | 标准配置 |
| 打印速度 | 36ppm（A4，长边送纸） |

续表

| | |
|---|---|
| 打印分辨率 | 1200×1200DPI |
| 打印语音 | PCL6，PS3 仿真，可选 XPS |
| 打印其他性能 | 网络协议：TCP/IP（IPv4、IPv6），IPX/SPX，EtherTalk<br>打印协议：LPR，RawTCP，POP3（E-mail 打印），HTTP，Novell 打印服务应用，用于下载打印文件的 FTP，EtherTalk 打印，IPP<br>可用字体：PCL 的 80 种，PS3 仿真的 139 种 |
| 扫描功能 | |
| 扫描控制器 | 标准配置 |
| 扫描分辨率 | 推扫描：100DPI、200DPI、300DPI、400DPI、600DPI<br>拉扫描：75DPI、100DPI、150DPI、200DPI、300DPI、400DPI、600DPI，50～9600DPI（自定义） |
| 输出格式 | TIFF，PDF，PDF/A，加密 PDF，压缩 PDF，JPEG，XPS |
| 扫描其他性能 | 扫描终端：扫描到 E-mail、桌面、FTP 服务器、网络文件夹、USB 存储器<br>扫描方式：推扫描（通过操作面板），拉扫描（通过支持 TWAIN 应用程序）<br>扫描工具：Sharpdesk |
| 传真功能 | |
| 传真控制器 | 选配 |
| 传真发送速度/s | <3 |
| 调制解调器速度 | 2.4～33.6Kb/s |
| 数据压缩方式 | MH/MR/MMR/JBIG |
| 传真其他性能 | 传输分辨率：标准 203.2×97.8DPI，超精细 406.4×391DPI<br>记录宽度：A3～A5<br>灰度等级：相当于 256 级 |
| 其他特性 | |
| 液晶显示屏 | 10.1 in（1in≈2.54cm）彩色液晶触摸屏 |
| 主机尺寸/mm | 618×713×843 |
| 质量/kg | 约 77 |
| 电源 | 220V（±10%），50Hz |
| 功耗/W | 1840 |
| 系统平台 | Windows 8.1/8.1 64bit/8/7/XP/Vista/Server 2003/2008/2012<br>Mac OS X v10.4、10.5、10.6、10.7、10.8、10.9 |
| 复印件附件 | |
| 包装清单 | 主机×1；墨粉盒×1；电源线×1；CD-ROM 光盘×1；保修卡×1 |

## 二、夏普 MX-M3658N 型数码复印机功能简介

夏普 MX-M3658N 型数码复印机采用 10.1in 彩色 LCD 触摸屏，支持全彩色网络扫描功能——提供轻松的导航和直观的操作界面，配备 150 页高速 RSPF 双面反转送稿器，带来平顺的送纸效果和出色的工作效率。另外，还包括多种性能超群的文件装订选购件、标准

配备的安全功能及便利的移动设备接入功能。

MX-M3658N 标配 150 页 RSPF 双面反转送稿器，支持 Sharpdesk Mobile 移动打印和扫描应用，通过加入选购件，组成各种不同类型的配置，灵活满足各种企业不断增长的商务需求。此外，这种系列机型注重环保，具备出色的环保性能和易操作性，如图 5.11 所示。

图 5.11 夏普 MX-M3658N 型数码复印机外观

（一）复印和网络打印功能

1. 高度的文件输出效率

（1）高效率输出。能够实现 36 页/min 的黑白文件快速复印/打印输出。首页复印时间仅 4.5s，无须等待，即时取用。当执行多个短时作业时可以节约宝贵的时间。

（2）高速原稿读取。MX-M3658N 标配高效的 150 页 RSPF 双面反转送稿器，可以一次性读取最大 A3 尺寸原稿的正反两面。纸张无须反向传输，有效减少卡纸，大大提高了工作的可靠性。同时，双面原稿读取速度可达 170 面/min，单面原稿读取速度可达 85 面/min，轻松处理大批量原稿读取。

（3）内置无堆叠双面模块。采用内置无堆叠双面模块进行双面复印和双面打印，有效节省纸张费用的同时可节约归档空间。

（4）自动化装订。提供丰富的装订选购件，适合各种工作场所。对于 50 页文件的装订，配备两种装订分页器：节省空间的内置装订分页器 MX-FN17 和配置托盘的 4000 页大容量装订分页器 MX-FN11。鞍式装订分页器也有两种：MXFN10（容量达 1000 页），MX-FN18（容量达 4000 页）。除了基本的分套装订功能外，还可将最多 15 张文档装订成一本完整小册子。选购件打孔组件可对文档打孔，以方便文件归档。

（5）广泛的复印打印应用。

① 多合一复印打印/手册制作。多合一复印打印，可以将多页文件的 2 页或 4 页复印

到一页上，或者将最多 16 页打印到一页上，减少纸张消耗。选购鞍式装订分页器，可进一步自动将多页文件装订成一本手册。

② 定制图像。客户可以根据自身需要准备好定制的图像，如公司 Logo 或"绝密"水印等，可直接输出显示在复印件上，简单明了。

③ 书籍分割。当复印扫描手册、书本时，书籍分割功能可将一张两页原稿左右或上下分割，并按照原稿页面顺序输出。

④ 图像定位。该功能使得用户在复印文件时，将图片或示意图扫描并放置在用户预先确定好的位置。输出效果可以通过 LCD 图像预览功能事前确认。

（6）长纸（横幅）打印。选购长尺寸给纸托盘，通过手送可轻松打印最长达 1200mm 的长纸，能够扩大可打印范围，适合打印全景照片、大尺寸橱窗广告及横幅标语等。

（7）支持各种办公环境。适用于 Windows、Mac 等大部分网络操作系统和网络协议，包括 IPv6，甚至混合型的网络 OS 环境。另外，标配 1000Base-T Gigabit 以太网接口，可实现快速强大的网络打印。

#### 2. 出色的图像品质

（1）高分辨率输出。在不降低输出速度的情况下，MX-M3658N 复印分辨率为 600DPI，打印分辨率达到 1200DPI。数字平滑处理技术可以将打印、复印分辨率增加到 9600×600DPI，使细小线条照片、示意图和图表及细微文字都能清晰呈现。

（2）稳定的半色调和平滑色调输出。半色调图像处理控制采用了图像密度传感器，可提高图像的稳定性和精确度，从而获得高画质复印/打印输出。同时，4bit 图像深度、600DPI 的分辨率可确保生成精细像素和丰富的灰度等级，提供平滑的图像色调。

（3）标配 PCL6 打印和真正的 Adobe® PostScript 3。标配 PCL6 打印和真正的 Adobe PostScript 3，可改进图形处理并增强字体的兼容性。

#### 3. 丰富多样的操作应用

（1）直接打印。无须安装打印驱动程序或应用软件，即可打印 PDF、TIFF、JPEG 或 XPS 文件（注：直接打印 XPS 格式文件需选购 MX-PUX1 和 1GB 内存）。同时，机器正面的操作面板下面设有 USB 接口，插入 USB 存储器即可直接打印，这对忙碌的用户及想尽快打印却没有 PC 的用户来说是非常重要的功能。

（2）多任务同时处理。MX-M3658N 能同时处理多项工作，可以同时复印文件和发送 E-mail，也可以同时打印和传真。

### （二）图像发送功能

#### 1. A3 彩色网络扫描

将包含彩色图片的纸质原稿做电子化处理，可以像复印一样轻松地把最大 A3 尺寸的任意纸质文档转换为数字文件，支持 TIFF、PDF、PDF/A、加密 PDF、压缩 PDF（需选购 MX-EB11）、JPEG、XPS 文件格式，从而推进无纸化办公。

2. 扫描文件的发送

只需轻触屏幕按钮，就可将扫描文件发送至 E-mail、FTP 服务器、计算机桌面、网络文件夹、外部存储器等，使信息传输畅行无阻，如图 5.12 所示。

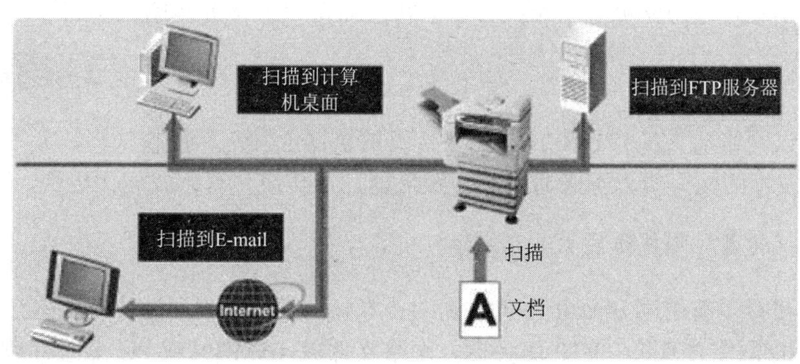


图 5.12 网络扫描

3. 一次扫描/多种格式

该功能使每一种广播模式分别指定图像分辨率或颜色。例如，将相同图像数据发送到 E-mail 和传真时，传真发送黑白版本，E-mail 发送彩色版本。

4. 自动拆分文件

若要以 E-mail 发送较大的数据文件，只需设置 MFP（multi-functional peripheral，多功能数码复合一体机）将文件自动拆分成几个单独的文件。拆分后的文件可自动添加标题/文件名，并以单独的电子邮件自动发送，而附加的数据文件将被自动命名。

5. 支持 LDAP

内置的 LDAP（轻便目录存取协议）不需要输入或登记一个完整的 E-mail 地址，只需输入接收者姓名的前几个字母，复印机就会自动显示 LDAP 服务器上相匹配的地址列表，并将所选地址存放在地址簿中。

6. 消除底色

该功能可从扫描图像中去除底色，从而减少数据大小以便压缩存储，并且使黑色文字更加清晰易读，增加 OCR（optical character recognition，提取数字图像中的文字信息并转换为文本，称为光学字符识别）识别率。

7. 高速传真

选购 MX-FX11 传真扩充组件，即可实现 Super G3 高速传真，传真速度可达 33.6Kb/s。采用 JBIG 数据压缩技术，能够在 3s 内[注：基于夏普标准图表来衡量（A4 横向、标准分辨率）]发送一张 A4 尺寸原稿，并且快速在线发送功能可以在第一页被扫描进内存后就开始拨号和发送，能以更短时间完成发送，从而大大提高传真效率。

8. PC-传真/PC-网络传真

通过电话线或网络将在 PC 上创建的文件直接发送到接收方的传真机上，无须打印。既节省了时间和费用，又提高了传真效率，传真质量也更接近原稿。

9. 网络传真

可以通过网络从支持 ITU-T T-37 网络传真的机器上发送和接收传真。另外，还支持直接 SMTP，发出的网络传真不必通过邮件服务器，与传统传真方式相比更快、更方便。

10. 无纸传真（邮件转发）

让用户在打印前通过 E-mail 检查收到的传真，也可以将收到的传真数据转到用户指定的其他传真机/网络传真机、FTP 服务器、网络文件夹（SMB）或 PC 桌面。当传真数据通过文件转发时，将自动添加传真发送者姓名到文件中，使接收方知道是谁发送的传真。

11. 硬盘传真数据存储

复印机自动将接收到的数据和网络传真数据存储在硬盘上，便于数据传入的确认和 PC 打印。

注：PC-传真需选购 MX-FX11；PC-网络传真需选购 MX-FWX1，并需要网络运营商的支持。

（三）操作简便

1. 采用先进的两点触控 10.1in 彩色 LCD 触摸屏

复印机操作直观、简单。MX-M3658N 控制面板采用宽大清晰的 WSVGA 分辨率 LCD 触摸屏，只需轻轻触摸或点击屏幕，然后用指尖拖曳或滑动，文件、功能和设置都尽在掌控。高效的两点触控和手指操控可实现流畅的网页浏览，轻松放大或缩小图像预览。用户界面采用平滑醒目的字体，字体大小合适，使用户观看起来更轻松、省力。

2. 模式栏

通过屏幕上方的模式栏可以很容易地改变工作模式，包括复印、E-mail、文件归档及夏普 OSA 等。

3. 屏幕定制

该功能为特定用户定制主屏幕，用于放置最常用的功能和设置，并且创建快捷键用于快速访问，可以使用图标、记号、背景图片等。大字体模式使可读性大大增强。

4. 功能面板

触摸屏右侧显示有功能面板，通过操作步骤对用户加以引导。操作复印机跟随功能面板显示的快捷键和信息提示即可。

5. 高级图像预览

该功能将扫描图像显示在 LCD 上，以便确认和编辑，可节省时间和精力。类似页面排序、装订等文件整理工作，也可在输出之前检查。同时，还能在 LCD 上简单拖曳预览图像轻松旋转、换位和删除，甚至去掉图像中某一部分后插入空白页。

## 第四节 数码复印机的安装

### 一、设备安装

由于复印机品牌和结构不同，其安装方法也不同，一般按照其安装说明书操作即可，这里不再赘述。不正确的安装容易损坏机器，故初次安装或移动机器时应注意以下事项。

1. 安装场所注意事项

（1）机器从较冷的地方移到较热的地方时，容易在机器内部引起雾化，在此环境下使用复印机会导致复印质量下降和产生故障。所以，复印机在使用前应在室温下放置。

（2）不要在以下场所安装机器。

① 灰尘很多的地方。避免在灰尘或粉尘较多的场所进行安装；否则容易引起灰尘进入机器，从而导致复印图面脏乱或发生其他机器故障。

② 通风条件较差的地方。

③ 阳光直射的地方。避免在阳光直射的场所进行安装，直射的阳光会使塑料零部件变形、变色和品质下降，从而造成机器故障及图像的不清晰或其他缺陷。

④ 高温、高湿度、低温或低湿度等温湿度变化较大的场所。避免在高温、高湿度、低温或低湿度等温湿度变化较大的场所进行安装；否则会引起纸张受潮，并且在机器内部产生结霜，从而导致机器卡纸和复印品缺陷。

⑤ 震动较大的场所。避免在震动较大的场所进行安装，震动会引起机器故障。

⑥ 充满氨气等有机气体的场所。避免在有氨气等有机气体的场所进行安装；否则，复印机会造成复印图面脏乱。

⑦ 确保机器周围留有足够的空间。确保在机器周围留有所需的空间，以便售后维修保养和保障机器通风良好。

2. 电源要求

（1）使用的电源必须在 15A 以上、220V 的专用插座（带接地端）。当然，不同机型要求不同。

（2）机器应该在靠近电源插座的地方安装，以便插拔电源插头。如果在同一个电源插座上连有其他照明设备，那么在接插机器电源插头时可能会引起灯光闪动。所以，应将机器电源插头连接到未被其他照明设备占用的独立电源插座上。

（3）机器必须连接地线，以避免发生危险事故。如果不作接地连接，出现漏电时会发生爆炸、火灾和触电等事故。

## 二、打印程序安装

### （一）夏普 MX-M3658N 机型

#### 1. 硬件和软件要求

在安装软件之前，先检查表 5.2 所列的硬件和软件要求。

表 5.2 计算机硬件和软件要求

| 计算机类型 | IBM PC/AT 或者配备了 USB 2.0 及以上①或双向并行接口（IEEE 1284）的兼容计算机 |
|---|---|
| 操作系统② | Windows 7 高级版③<br>Windows 7 家庭版③ |
| 其他硬件要求 | 上面列出的全部操作系统都能完全运行的一个环境 |

① 与预先安装的 Windows 7 高级版或 Windows 7 家庭版的型号相兼容，并且还配有标准的 USB 接口。

② 在 MS-DOS 模式下不能打印。

③ 通过安装程序安装软件，必须具有管理员权限。

#### 2. 安装环境和安装步骤

根据计算机的操作系统和电缆类型，选择合适的安装步骤（不同的操作系统和电缆类型，其安装步骤不同）。若在 Windows 7 中安装（USB/并行接口电缆），其安装步骤如下。

（1）确定在继续安装之前没有连接电缆。如果已经接好电缆，会显示即插即用窗口。发生这种情况时，单击“取消”按钮关闭窗口，并断开电缆连接（注：USB 或并行接口电缆绝对不能与机器连接）。

（2）在计算机光驱中插入光盘。

（3）单击“开始”菜单，选择“计算机”，然后右击“以管理员身份运行”光盘图标。

（4）如果运行“Setup”文件后出现语言选择界面，则选择想用的语言，然后单击“下一步”按钮（一般情况下系统会自动选择正确的语言）。

（5）在“欢迎”窗口中阅读信息，然后单击“下一步”按钮。

（6）当询问如何连接计算机时，选择“连接到这台计算机”，然后单击“下一步”按钮。

（7）当出现完成界面时，单击“确定”按钮。安装结束后可能会出现信息提示重新启动计算机。此时，单击“是”按钮重新启动计算机。

（8）用接口电缆将机器和计算机连接起来。如果使用 USB 电缆，确定机器的电源打开，然后连接电缆。如果使用并行接口电缆，则需关闭机器和计算机电源，然后连接电缆。连接完成后打开机器电源，再打开计算机电源，Windows 会检测机器并显示即插即用屏幕。

（9）开始安装打印机驱动程序。在“发现新硬件向导”对话框中出现“SHARP MX-XXXX”。选择“自动安装软件（推荐）”，然后单击“下一步”按钮。按照屏幕上的提示操作，请务必单击“仍然继续”按钮。

（二）打印机驱动程序设置

安装好打印机驱动程序后，必须根据机器上纸盒的数量及每个纸盒中所放纸张的规格，合理配置打印机驱动程序。

（1）单击“开始”菜单，选择“控制面板”→“打印机和其他硬件”→“打印机和传真”命令。在 Windows 7 以外的操作系统中，单击“开始”菜单，选择“设置和打印机”→“打印机和传真”命令。

（2）单击“SHARP MX-XXXX”打印机图标，然后从“文件”菜单中选择“属性”命令。

（3）单击“配置”选项卡，正确设置打印机配置。如果配置不正确，可能无法正确打印。

（4）单击“设置进纸盒状态”按钮，选择放在每个纸盒中的纸张规格。在“纸张来源”中选择一个纸盒，然后从“设置纸张大小”中选择要放置的纸张规格。每个纸盒都要重复这些步骤。

确认上面“设置进纸盒状态”设定的配置，然后从打印机驱动程序设置屏幕的“纸张”选项卡的“纸张来源”中指定一个除“自动选择”以外的纸盒执行打印。

（5）在“设置进纸盒状态”窗口中单击“确定”按钮。

（6）在打印机属性窗口中单击“确定”按钮。

## 三、网络打印安装

为了充分发挥局域网的功能，许多用户都会尽量使用网络打印机来让局域网中的其他用户也共享打印功能。由于网络打印机对所有的打印任务都按照先后顺序进行排队执行，因此众多打印材料何时能打印完毕很难确定。如果各用户使用的都是 Windows 7 系统，就可以按照下面的方法让网络打印机自动提醒何时才能完成打印任务。

（1）首先，在 Windows 7 系统桌面中，用鼠标依次单击“开始”→“设置和打印机”命令，然后打开“打印机和传真”窗口。

（2）在该窗口中，双击当前可以使用的网络打印机图标，在随后打开的网络打印机设置窗口中，依次执行菜单栏中的“打印机”→“属性”命令，在随后出现的属性设置界面中选中“高级”选项卡。

（3）接着系统会弹出“高级”页面，在该页面选中“使用后台打印，以便程序更快地结束打印”单选按钮，选中该单选按钮下的“立即开始打印”单选按钮，这样可以以最快的速度完成打印任务。

当执行打印命令后，Windows 7 系统会自动将打印任务保存到硬盘的假脱机文件夹中，以便系统在完成打印任务后迅速将控制权交还给应用程序。由于在默认状态下，Windows 7 系统的假脱机文件夹是存放在系统文件夹 C:\Windows\System32\Spool\Printers 中的，因此会影响操作系统的整体性能。为了提高系统整体运行性能，可以通过下面的方法将假脱机文件夹移到其他目录中。

（1）首先在 Windows 7 系统中，以系统管理员身份登录，然后在系统桌面上单击“开始”按钮，再单击“计算机”选项，打开“计算机”窗口。

（2）找到准备用于存放假脱机文件夹的分区或者目录，并在其中创建一个新文件夹，如在 D 盘目录下创建一个名为“Printers”的新文件夹。

（3）打开“打印机和传真”窗口，并在其中执行“文件”菜单中的“服务器属性”命令，在随后出现的“打印服务器 属性”对话框中单击“高级”选项卡。

（4）在“高级”选项卡的“假脱机文件夹”文本框中，输入前面新建的假脱机文件夹的完整路径，如“D:\Printers”。

（5）最后单击该界面中的“确定”按钮，随后系统会弹出提示框提醒“对假脱机文件夹的更改将立即生效，并且将不打印任何当前活动的文档”。建议将所有打印任务处理完毕后，再重新定制假脱机文件夹，以保证当前打印任务不丢失。

# 第五节 数码复印机的使用方法

## 一、准备工作

使用机器前必须仔细阅读使用说明书，熟悉各部件名称、功能及注意事项。

## 二、复印机的操作

### （一）开机前检查

#### 1. 电源检查

机器通电前，首先应检查电源电压是否符合机器的额定标准，特别是在有附加电源设备（如稳压器、变压器等）时更应该认真检查，防止有人误动后使电压增高或降低。每天开机前，必须认真检查机器的地线是否良好。

#### 2. 检查并清洁纸路

认真检查机器的输纸系统，包括供纸盒、纸道、转印分离和定影单元等。应清除所有异物，并且使原稿台盖板及原稿台玻璃保持清洁。

#### 3. 检查控制功能

以上两项检查确认无问题后可接通电源，同时仔细听机器运转是否正常，如有异常声，应停机检查。此外，要检查操作板上的各种显示，如按动供纸选择键、按动各种复印倍率键等，观察其变化是否正常。

开机前检查

### （二）纸的选择

操作说明书中列出了纸的重量标准，一般是65～85g/m$^2$。但是，只按重量标准还不够，实际工作中还应考虑以下因素。

#### 1. 含水量适中

纸张的含水量随温度的变化较大。受潮的纸，其电阻率降低，挺度变小，容易变形，使用这种纸，不但容易卡纸，而且复制品的图像效果差；反之，如果纸张过于干燥，其电阻率就会增加，特别是在干燥季节使用，可能会出现静电过大而卡纸。因此，选择纸时应考虑使用的季节。在夏季潮湿的南方，最好选择有防潮包装的北方纸；而在干燥季节的北方，最好选择含水量较大的纸。

纸的含水量应该为多少，用户一般不易测得，也无须测得。只要掌握上述基本关系，在实际工作中注意总结经验，根据不同情况及时调整用纸，就会达到好的效果。

2. 选择适宜的纸

同一种重量的纸，因产地、厂家的不同，纸的电性能、吸水性、表面光泽度及挺度等也不相同。操作者可根据自己的用纸习惯来选择纸张。

（三）装纸（装盒）

1. 检查纸

（1）打开纸包，用手抓住同一刀纸的纸角抖动几下，然后再换拿纸的对角再抖动几次，若纸内有缺损残纸或异物即可掉出。

（2）在清洁的桌面上将纸抖松，然后反复搓齐，这样可减少纸毛，同时也可减少卡纸或进双纸现象。

2. 装纸

装纸

（1）将搓好的纸最上面的一张去掉后，放入供纸盒。装纸数量不要超过规定标准。最好同一刀纸一起装入，这样可减少进双纸现象。

（2）装纸时要注意纸在纸盒内的位置。有的复印机，由于纸的分离部件是机械式的分离带或分离压轮，是靠在光导体一端的，装纸时必须使纸靠在有分离部件的一边；否则会出现卡纸现象。

（3）复印机有多种供纸盒。如果纸盒内有压角器，应将纸前端两角放在压角器下，并且一定要将前端对齐。纸两侧和后挡板距离纸 1～3mm，不能将纸夹得过紧或过松；否则也容易卡纸。

（4）纸盒内用剩下的纸，不要同新装的纸放在一起；否则，在新旧两种纸的分界部分容易进双张或多张。剩下的纸可先取出存放起来，作为手送用纸。

（四）复印操作

按照以下步骤从主屏幕或各模式切换为复印模式。从主屏幕切换模式：轻击“复印”模式图标，将显示初始复印模式屏幕。从各模式切换模式：轻击模式显示；轻击“复印”，将显示初始复印模式屏幕。如果显示各模式的切换键，轻击“复印”键以选择复印模式。一般复印操作顺序如下。

① 轻击主屏幕上的“复印”图标以进入复印模式。

② 将原稿置于送稿器托盘中或原稿台上。

③ 轻击“预览”键扫描原稿。若要进行双面复印，应在扫描原稿前配置双面复印设置。无须检查预览图像，轻击“开始”键开始复印。

④ 显示扫描原稿的预览图像。在预览屏幕中确认双面复印或装订位置等设置。

⑤ 轻击“开始”键。仅复印一套时，不需要指定复印份数；要复印两套或多套，可轻击“复印显示”键以指定份数。若要取消所有设置，可轻击“CA”键。轻击“CA”键时，所有选择的设置被清除，并且将返回至初始屏幕。若要取消复印，可轻击“停止”键。

开始复印前，轻击操作面板上的“归档”键或“临时保存”键，将扫描原稿保存为数据。如果在扫描原稿前轻击“预览”键，则可以在预览屏幕中检查扫描图像的状态。查看预览屏幕时可以调节浓度及配置图像中的预览，也可以拖曳预览图像进行编辑，如更改、旋转或删除原稿页面。

### 1. 使用送稿器复印

（1）单面复印。

① 将原稿置于送稿器托盘中，然后轻击“预览”键。

② 确认要使用的纸张。确保选择所需的纸张（纸盒）。如需改变纸张（纸盒），轻击“选纸”键；选择复印时的纸盒。注：根据所放置的原稿尺寸，有可能不自动选择与原稿相同的纸张尺寸。出现此情况时，可手动改变纸盒。

③ 轻击“开始”键开始复印。仅复印一套时，不需要指定复印份数；要复印两套或多套时，可轻击“复印显示”键以指定份数。

（2）双面复印。

① 轻击“双面复印”键，然后选择双面复印的类型。若要进行双面复印，应在扫描原稿前配置双面复印设置，如图 5.13 所示；完成设置后，轻击“OK”键。

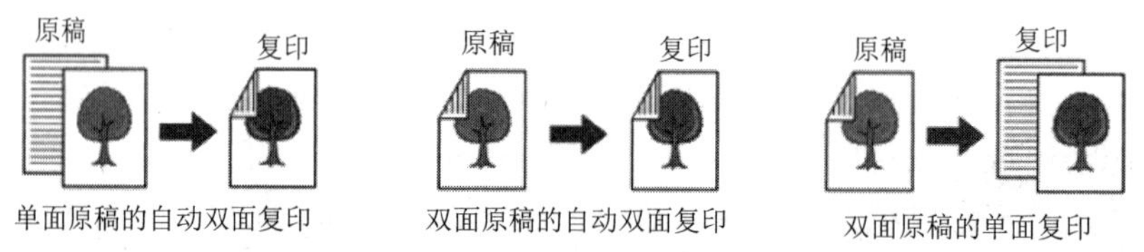


图 5.13　复印类型示意图

② 将原稿放在送稿器上，然后轻击“预览”键。

③ 确保选择所需的纸张（纸盒）。如需改变纸张（纸盒），轻击“选纸”键；选择复印时的纸盒。注：根据所放置的原稿尺寸，有可能不自动选择与原稿相同的纸张尺寸。出现此情况时手动改变纸盒。

④ 轻击“开始”键开始复印。仅复印一套时，不需要指定复印份数；要复印两套或多套时，可轻击“复印显示”键以指定份数。

### 2. 使用原稿台复印

（1）单面复印。

① 将原稿放在原稿台上，然后轻击“预览”键。

② 放置下一张原稿，然后轻击“附加扫描”键扫描原稿。重复该步骤，直至扫描完所有原稿。

③ 确保选择所需的纸张（纸盒）。如需改变纸张（纸盒），轻击“选纸”键；选择复印时的纸盒。注：根据所放置的原稿尺寸，有可能不自动选择与原稿相同的纸张尺寸。出现此情况时可手动改变纸盒。

④ 轻击“开始”键开始复印。仅复印一套时，不需要指定复印份数；要复印两套或多套时，可轻击“复印显示”键以指定份数。

（2）双面复印。

① 轻击“双面复印”键，然后轻击“单面”→“双面”键。完成设置后，轻击“OK”键。

② 将原稿放在原稿台上，然后轻击“预览”键。从原稿台进行复印时，无法使用“双面→双面”键和“双面→单面”键。

③ 确保选择所需的纸张（纸盒）。如需改变纸张（纸盒），轻击“选纸”键；选择复印时的纸盒。注：根据所放置的原稿尺寸，有可能不自动选择与原稿相同的纸张尺寸。出现此情况时可手动改变纸盒。

④ 轻击“开始”键开始复印。仅复印一套时，不需要指定复印份数；要复印两套或多套时，可轻击“复印显示”键以指定份数。

### 3. 中断复印

中断复印功能可将正在进行的任务暂停，然后优先打印使用中断复印指定的原稿。当需要紧急复印资料，但机器正忙于时间较长的复印任务或其他任务时，可使用中断复印功能。具体操作步骤如下。

（1）轻击“中断”键，出现中断模式屏幕。如果启用了用户认证，轻击“中断”键以显示用户认证屏幕，输入用户名和密码以执行用户认证。

（2）放置原稿。将原稿置于送稿器托盘中或原稿台上。若要取消中断复印，可轻击“取消”键。

（3）轻击“开始”键开始中断复印。中断复印任务完成后，被中断的任务将恢复。注：中断复印功能不会显示扫描原稿的预览。

### 4. 更改复印浓度和原稿类型

（1）复印浓度和原稿类型的自动调整。默认状态下执行复印浓度自动调整，从而根据所需复印的原稿自动调整复印浓度等级。显示“自动”，该功能可在复印期间自动调整图像以获得最佳复印效果。

① 要更改默认浓度：在“设置模式”下，选择“系统设置”→“复印设置”→“初始状态设置”→“浓度模式”。

② 若要在复印浓度使用“自动”时调节浓度等级：在“设置模式”下，选择“系统设置”→“复印设置”→“浓度调整”。

（2）复印浓度和原稿类型的手动调整。

① 轻击“复印浓度”键。

② 轻击所需原稿图像类型键以指定原稿类型。轻击符合原稿的键，如表 5.3 所示。

表 5.3　原稿类型选择键功能

| 项　目 | 说　明 |
| --- | --- |
| 文字 | 为常规的文本文件使用本模式 |
| 文字 / 打印照片 | 复印同时包含文字和打印照片的原稿，如杂志或目录，使用本模式可实现最佳平衡效果 |
| 文字 / 照片 | 复印同时包含文字和照片的原稿，如贴有照片的文本文档，使用本模式可实现最佳平衡效果 |
| 打印照片 | 本模式适合于复印打印照片，如杂志或目录上的照片 |
| 照片 | 使用本模式复印照片 |
| 地图 | 本模式适用于复印大多数地图上的浅色阴影和精细文字 |
| 淡原稿 | 对使用浅色铅笔书写的原稿使用该模式 |

③ 轻击“-”“+”键或者滑动滑杆以调整要消除的范围。如果在将原稿类型选择为“自动”时调整浓度，原稿图像类型会自动被选择为“文字 / 打印照片”。调整后，轻击“OK”键。

5. 使用手送纸盒复印

除普通纸外，手送纸盒还可以在投影胶片、信封、标签纸和其他特殊纸张上复印。具体操作步骤如下。

① 在手送纸盒中装入纸张。

② 轻击“选纸”键，然后轻击“手送纸盒”键。

③ 轻击“类型和尺寸”键，然后选择纸张的尺寸和类型。

④ 放置原稿并轻击“预览”键，将原稿置于送稿器托盘中或原稿台上。

⑤ 轻击“开始”键开始复印。仅复印一套时，不需要指定复印份数；要复印两套或多套时，可轻击“复印显示”键以指定份数。

6. 将多页原稿当作单页复印（多画面合一）

该功能可以将多页原稿以相同的布局复印到一张纸上。选择二合一将两页原稿页面复印到一张纸上；选择四合一将四页原稿复印到一张纸上，如图 5.14 所示；或者选择八合一将八页原稿复印到一张纸上。此功能可以紧凑样式展示多个页面或者浏览文件所有页面。具体操作步骤如下。

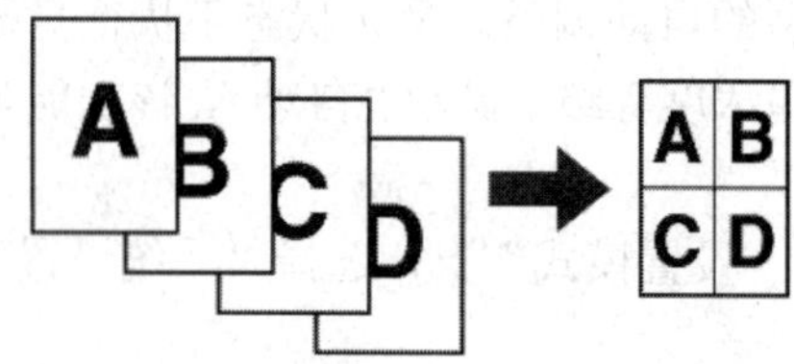


图 5.14　四合一复印示意图

① 放置原稿并轻击“预览”键。将原稿置于送稿器托盘中或原稿台上。在使用原稿台扫描多页原稿时，更换原稿并轻击“附加扫描”键。

② 轻击“其他”键，然后轻击“多画面合一”键。

③ 轻击想使用的多画面合一纸张的键。必要时可旋转图像。

④ 选择布局。

⑤ 选择边线。可在页面上各页之间插入线条，完成设置后依次轻击“OK”键和“后退”键。若要取消二合一、四合一或八合一设置，可轻击“关”键。

⑥ 在预览屏幕中检查预览图像。检查设置是否产生需要的结果。要取消所有设置，可轻击“CA”键。

⑦ 轻击“开始”键开始复印。仅复印一套时，不需要指定复印份数；要复印两套或多套时，可轻击“复印显示”键以指定份数。

7. 复印装订成册的文稿的每个对页（双页复印）

本功能可连续复印原稿的左侧和右侧。复印书籍或其他装订成册的文稿对页时，该功能是非常有用的，如图 5.15 所示。扫描原稿前指定双页复印；要消除因装订书籍或其他装订成册的文稿产生的阴影，可使用边缘消除功能；该功能不能与中央消除功能联用。具体操作步骤如下。

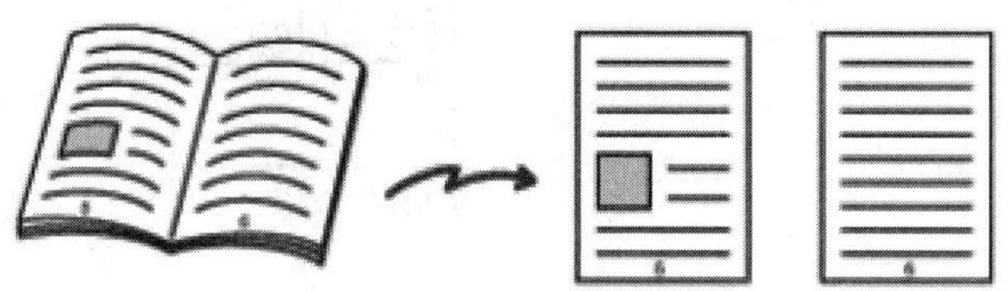

图 5.15 书籍或装订成册的文稿对页复印在两张单独页上

① 轻击“其他”键，然后轻击“双页复印”键。图标上会显示复选标志，完成设置后，轻击“后退”键。若要取消双页复印，可轻击“双页复印”键清除检选标志。

② 将原稿放在原稿台上，然后轻击“预览”键。将原稿中心线与相应的尺寸标记（▼）对齐，如图 5.16 所示。

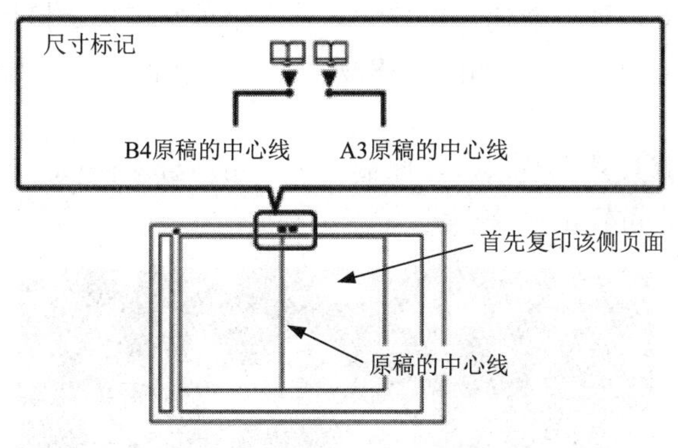


图 5.16 原稿放置示意图

③ 选择 A4 尺寸纸张。

④ 在“预览”屏幕中检查预览图像。检查设置是否产生需要的结果。若要取消所有设置，可轻击“CA”键。

⑤ 轻击“开始”键开始复印。仅复印一套时，不需要指定复印份数；要复印两套或多套时，可轻击“复印显示”键以指定份数。

### 8. 将卡片的正反面作为一页复印（卡片制作/身份证复印）

该功能可将卡片/身份证的正反面复印到一张纸上，而不是复印在单独的纸上，如图 5.17 所示。该功能对供识别使用的复印是非常便捷的，并能够节约纸张。要在卡片制作过程中更改默认原稿尺寸，可在“设置模式”下，选择“系统设置”→“复印设置”→“卡片制作设置”。具体操作步骤如下。

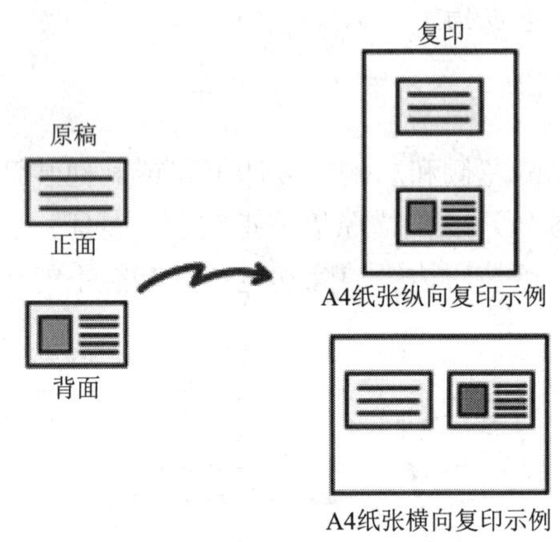


图 5.17　身份证复印示意图

① 选择卡片制作所用纸张。若要复印身份证，可轻击“身份证复印”键；“身份证复印”键可通过“设置模式”（网页版）中的“系统设置”→“操作设置”→“自定义键设置”创建。

② 轻击“其他”键，然后轻击“卡片制作”键。

③ 轻击“开”键，并指定所需的原稿尺寸。轻击显示宽度和高度尺寸的对应区域，然后使用数字键输入尺寸。若要快速设置尺寸，首先用数字键指定接近所需比率值的数值，然后轻击“-”“+”键进行调整，如图 5.18 所示。完成设置后，依次轻击“OK”键和“后退”键。

选择“调整到纸张尺寸”复选框，原稿会被使用适合原稿尺寸的比率放大或缩小。若要取消卡片制作设置，可轻击“关”键。

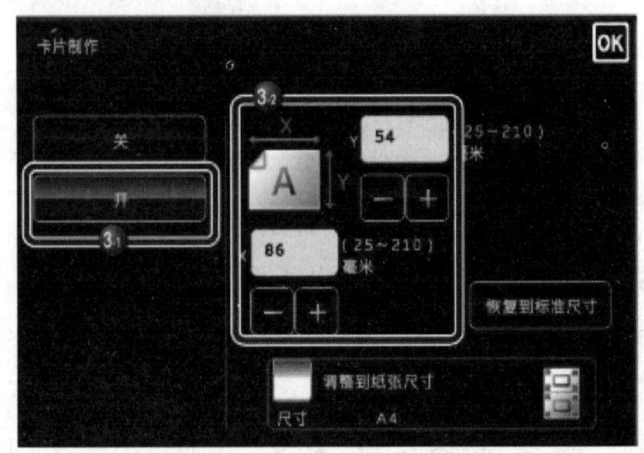


图 5.18　指定原稿尺寸示意图

④ 将卡片正面朝下放在原稿台上，然后轻击“预览”键。

⑤ 将卡片正面朝上放在原稿台上，然后轻击“附加扫描”键扫描反面。

⑥ 在“预览”屏幕中检查预览图像。检查设置是否产生需要的结果。若要取消所有设置，可轻击“CA”键。

⑦ 轻击“开始”键开始复印。仅复印一套时，不需要指定复印份数；要复印两套或多套时，可轻击“复印显示”键以指定份数。

### 9. 在一张纸上重复相同的图像（重复布局）

该功能可将多张相同的原稿图像复印到一张纸上，如图 5.19 所示。有三种重复复印功能可供选择（表 5.4）。该功能无法与混合尺寸原稿或双面复印同时使用。具体操作步骤如下。

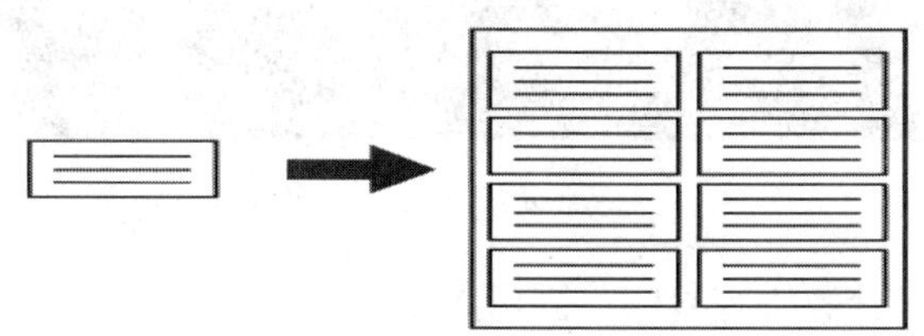

图 5.19　在一张纸上重复相同图像复印示意图

**表 5.4　重复复印功能**

| 重复方式 | 说　明 |
| --- | --- |
| 自动 | 一张纸上复印图像的最大重复计数根据从初始屏幕中所选的原稿尺寸、纸张尺寸和复印倍率自动计算 |
| 固定重复 | 选择重复计数时，原稿尺寸和将图像复印到纸张上的纸张尺寸、复印倍率会自动计算并将原稿复印 |
| 照片重复 | 该功能可反复地在 A4 或 A3 纸上复印，而无须更改照片尺寸原稿的复印倍率。可以选择下列五种原稿尺寸之一：<br>原稿尺寸最大 148mm×105mm<br>原稿尺寸最大 70mm×100mm<br>原稿尺寸最大 57mm×100mm<br>原稿尺寸最大 100mm×150mm<br>原稿尺寸最大 65mm×70mm |

注：必须在扫描原稿前指定重复布局。如果在“固定重复”中自动获得的复印倍率在 25%～400%之外，则会产生错误，应再次选择要重复的面数。务必将原稿置于原稿台上进行重复布局。

（1）通过自动计算重复计数进行复印（自动），如图 5.20 所示。

① 轻击“其他”键，然后轻击“重复布局”键。

② 轻击“自动”键。

③ 检查已自动计算的重复面，需要时分别轻击“原稿”、“选纸”或“倍率”键，更改原稿尺寸、纸张尺寸或复印倍率。

④ 指定重复分界线。完成设置后，依次轻击“OK”键和“后退”键。若要取消自动设置，可轻击“关”键。

⑤ 放置原稿并轻击“预览”键，将原稿置于送稿器托盘中或原稿台上。

⑥ 在“预览”屏幕中检查预览图像。检查设置是否产生需要的结果。若要取消所有设

置，可轻击“CA”键。

⑦ 轻击“开始”键开始复印。仅复印一套时，不需要指定复印份数；要复印两套或多套时，可轻击“复印显示”键以指定份数。

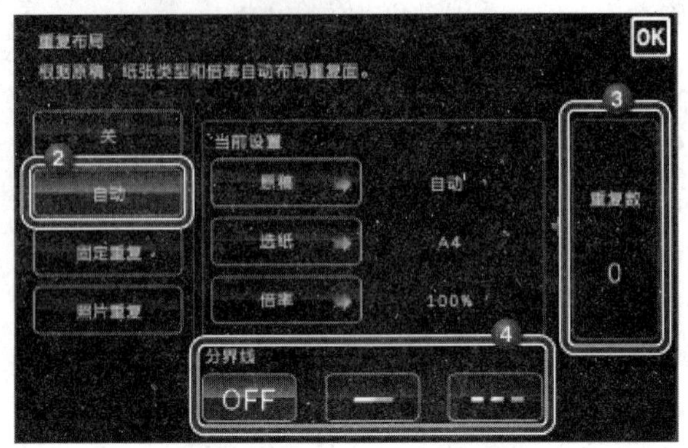


图 5.20　自动重复复印控制面板示意图

（2）通过指定重复计数进行复印（固定重复）。

① 轻击“其他”键，然后轻击“重复布局”键。

② 轻击“固定重复”键。

③ 轻击“原稿”和“选纸”键，分别选择原稿尺寸和纸张尺寸。

④ 轻击“面数”键，设置重复页数。完成设置后轻击“OK”键。自动计算结果显示为复印倍率。如果计算的复印倍率在25%～400%之外，则会发生错误。

⑤ 指定重复分界线。完成设置后，依次轻击“OK”键和“后退”键。若要取消自动设置，可轻击“关”键。

⑥ 放置原稿并轻击“预览”键，将原稿置于送稿器托盘中或原稿台上。

⑦ 在“预览”屏幕中检查预览图像。检查设置是否产生需要的结果。若要取消所有设置，可轻击“CA”键。

⑧ 轻击“开始”键开始复印。仅复印一套时，不需要指定复印份数；要复印两套或多套时，可轻击“复印显示”键以指定份数。

（3）以实际尺寸重复照片尺寸原稿（照片重复）。

① 轻击“其他”键，然后轻击“重复布局”键。

② 轻击“照片重复”键。

③ 轻击“原稿”键并选择原稿尺寸，轻击原稿尺寸键时，原稿方向显示在“如何设置”中。原稿放置时应符合所显示的方向。完成设置后，轻击“OK”键。

④ 轻击“选纸”键并选择纸张尺寸。完成设置后，依次轻击“OK”键和“后退”键。若要取消自动设置，可轻击“关”键。

⑤ 将原稿放在原稿台上，然后轻击“预览”键。在原稿屏幕上读取“方向”后，可以检查原稿方向。

⑥ 在“预览”屏幕中检查预览图像，检查设置是否产生需要的结果。若要取消所有设置，可轻击“CA”键。

⑦ 轻击“开始”键开始复印。仅复印一套时，不需要指定复印份数；要复印两套或多

套时，可轻击“复印显示”键以指定份数。

10. 特殊功能

（1）将标题复印到标签纸上（标签复印）。

将标签纸装入手送纸盒，然后在标签上复印，为标签标题准备合适的原稿，如图 5.21 所示。

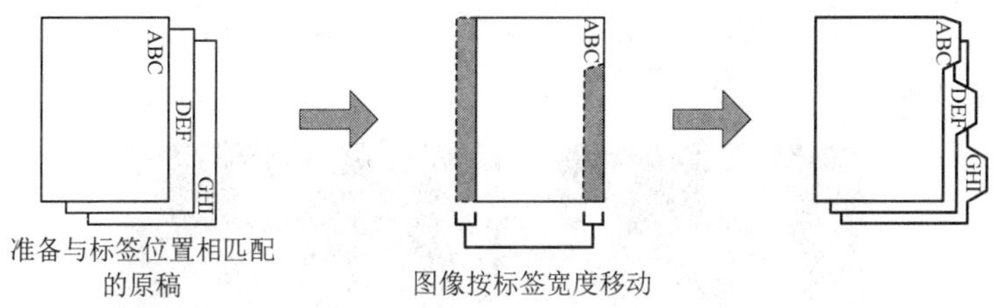


图 5.21 为标签标题准备合适的原稿示意图

原稿和标签纸的关系有两种：左装订的标签复印（表 5.5）、右装订的标签复印（表 5.6）。

表 5.5 左装订的标签复印

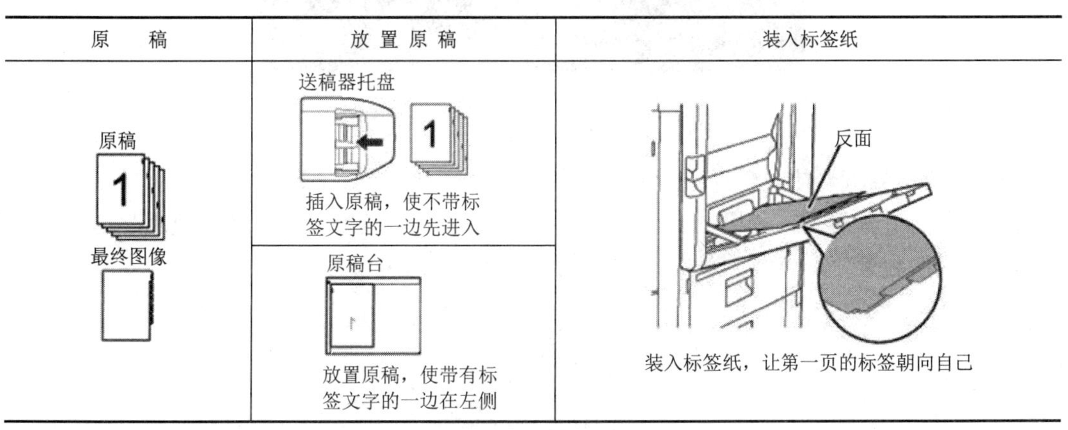

| 原 稿 | 放 置 原 稿 | 装入标签纸 |
|---|---|---|
| 原稿<br>最终图像 | 送稿器托盘<br>插入原稿，使不带标签文字的一边先进入 | 反面<br>装入标签纸，让第一页的标签朝向自己 |
| | 原稿台<br>放置原稿，使带有标签文字的一边在左侧 | |

表 5.6 右装订的标签复印

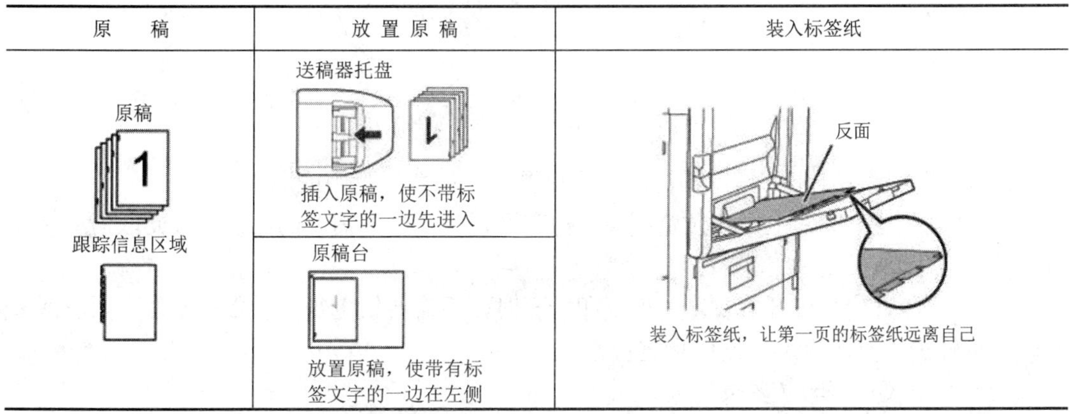

| 原 稿 | 放 置 原 稿 | 装入标签纸 |
|---|---|---|
| 原稿<br>跟踪信息区域 | 送稿器托盘<br>插入原稿，使不带标签文字的一边先进入 | 反面<br>装入标签纸，让第一页的标签纸远离自己 |
| | 原稿台<br>放置原稿，使带有标签文字的一边在左侧 | |

必须在扫描原稿前指定标签复印。要更改标签复印的默认图像移位宽度，可在“设置

模式”下，选择“系统设置”→“复印设置”→“初始标签宽度设置”。默认图像移动宽度可设置为0～20mm。工厂默认设置是10mm。具体操作步骤如下。

① 轻击“其他”键，然后轻击“标签复印”键。

② 轻击“开”键。

③ 设置图像移位宽度（标签宽度），轻击表示图像移位宽度的数值显示，然后使用数字键输入移位宽度。要快速设置该区域，首先用数字键指定接近所需值的数值，然后使用“-”“+”键进行调整，如图 5.22 所示。完成设置后，依次轻击“OK”键和“后退”键。若要取消标签复印设置，可轻击“关”键。

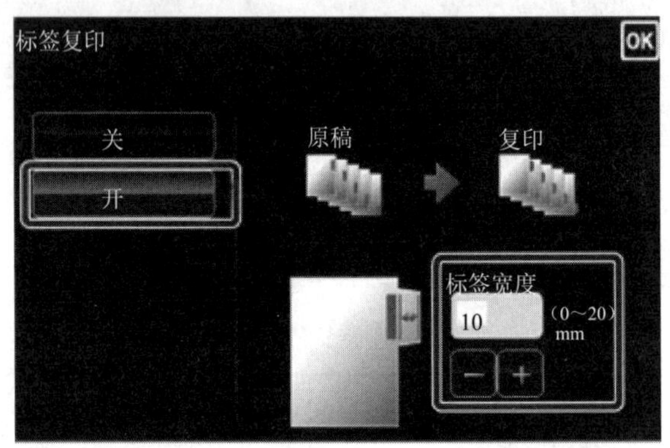


图 5.22 设置图像移位宽度示意图

④ 装入标签纸。使用手送纸盒时，将纸张打印面朝下放入纸盒，装入纸张，使带有标签的一边最后进入机器，如图 5.23 所示。将标签纸装入手送纸盒后，按“使用手送纸盒复印”中的说明配置手送纸盒设置。标签纸的宽度可以与 A4 宽度（210mm）+20mm 一样。

图 5.23 装入标签纸示意图

⑤ 放置原稿并轻击“预览”键，将原稿置于送稿器托盘中或原稿台上。

⑥ 在“预览”屏幕中检查预览图像，检查设置是否产生需要的结果。若要取消所有设置，可轻击“CA”键。

⑦ 轻击“开始”键开始复印。仅复印一套时，不需要指定复印份数；要复印两套或多套时，可轻击“复印显示”键以指定份数。

（2）海报尺寸复印（多页扩大）。

该功能可将放大的原稿图像分别复印到多页上，如图 5.24 所示。

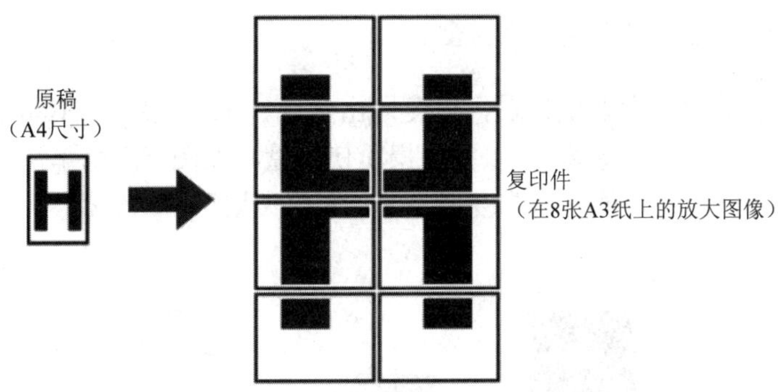


图 5.24 海报尺寸复印示意图

必须在扫描原稿前指定多页放大。将原稿置于原稿台上，部分图像有重叠（每份复印件的边缘都有边位，将在每份复印件的前端和尾端生成复印件重叠区域）。根据所选的原稿尺寸和扩大尺寸自动选择纸张尺寸、放大图像所需的纸张数及倍率（无法手动选择纸张尺寸和倍率）。具体操作步骤如下。

① 轻击“其他”键，然后轻击“多页扩大”键。

② 选择“AB”或“英寸”标签以符合多页扩大的原稿尺寸，然后轻击符合原稿尺寸的键，如图 5.25 所示。轻击原稿尺寸键将显示可用的放大尺寸、复印纸张尺寸和纸张数的键。

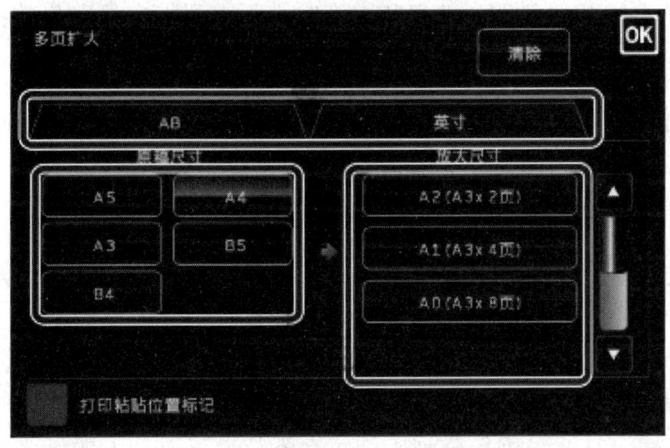


图 5.25 多页扩大复印设置示意图

③ 轻击想要将原稿放大到的尺寸的键，出现原稿方向，完成设置后，依次轻击“OK”键和“后退”键。打印复印图像和边位边线时，选择“打印粘贴位置标记”复选框。要取消多页扩大设置，可轻击“清除”键。虽然取消了多页扩大设置，但是自动选择的倍率仍然有效。要将倍率恢复至 100%，可轻击“初始”屏幕上的“倍率”键显示倍率菜单，然后轻击“100%”键。

④ 按照屏幕上显示的方向将原稿放在原稿台上，然后轻击“预览”键。

⑤ 在“预览”屏幕中检查预览图像，检查设置是否产生需要的结果。

⑥ 轻击“开始”键开始复印。仅复印一套时，不需要指定复印份数；要复印两套或多套时，可轻击“复印显示”键以指定份数。

11. 反转复印件上的黑白色（黑白翻转）

此功能可在复印过程中颠倒黑白，以复印出负像。可以使用黑白翻转复印带有大面积黑色区域的原稿（使用大量墨粉），以减少墨粉使用量，如图 5.26 所示。必须在扫描原稿前指定黑白翻转。使用此功能时，浓度调整的“原稿类型”自动切换为“文字”。具体操作步骤如下。

图 5.26　黑白翻转复印示意图

① 轻击“其他”键，然后轻击“黑白翻转”键。图标上会显示检选标志。完成设置后，轻击“后退”键。若要取消黑白翻转，可轻击“黑白翻转”键将其取消。

② 放置原稿并轻击“预览”键，将原稿置于送稿器托盘中或原稿台上。

③ 在“预览”屏幕中检查预览图像，检查设置是否产生需要的结果。要取消所有设置，轻击“CA”键即可。

④ 轻击“开始”键开始复印。仅复印一套时，不需要指定复印份数；要复印两套或多套时，可轻击“复印显示”键以指定份数。

（五）扫描操作

1. 一次性扫描大量原稿（大量原稿模式）

在扫描大量原稿时，该功能可将原稿分成套并一次性通过送稿器送入各套。想一次复印所有原稿，但原稿页数超过可以插入的最多纸张数时可以使用此功能。想将大量原稿复印件整理成多套时，此功能是非常方便的。因为一次性复印所有原稿时，可省去整理复印件的麻烦；如果将原稿分割成多个复印任务，将需要整理复印件。

按套扫描原稿时应对纸张进行分割，使每套不超过可以装入的纸张数，然后从第一套的第一页开始扫描。可以对分别扫描的各套原稿进行单独的复印设置。

扫描原稿前必须指定大量原稿模式。如果文件归档模式的临时保存文件夹已满，大量原稿模式下的复印将会受影响，应删除临时保存文件夹中不需要的文件。大量原稿模式不能与其他功能（双页复印、书籍复印、书籍分割、卡片制作、重复布局等）同时使用。具体操作步骤如下。

（1）以大量原稿模式复印。

① 轻击“其他”键，然后轻击“大量原稿模式”键。图标上会显示检选标志。若要取消大量原稿模式，可轻击“大量原稿模式”键将其取消。完成设置后，轻击“后退”键。

② 将原稿置于送稿器托盘中，然后轻击“预览”键以扫描第一套原稿。应将原稿径直插入送稿器托盘，可以将原稿堆叠到标志线。

③ 根据需要更改复印设置。更改复印设置（复印浓度、纸张尺寸/类型等）时，轻击“更改以下原稿的设置”键。不更改任何设置便扫描下一张原稿时，请转至步骤⑤。

④ 放置下一套原稿并轻击“附加扫描”键。重复该步骤，直至扫描完所有原稿。

⑤ 在“预览”屏幕中检查预览图像，检查设置是否产生需要的结果。若要取消所有设置，可轻击“CA”键。

⑥ 轻击“开始打印”键，开始复印。仅复印一套时，不需要指定复印份数；要复印两套或多套时，可轻击“复印显示”键以指定份数。

（2）根据需要更改复印设置。根据不同需要，更改每套原稿的复印设置，在上述步骤④中扫描下一页原稿前执行以下步骤。

① 轻击操作面板上的“更改以下原稿的设置”，然后选择复选框。

② 更改复印设置。

③ 放置下一套原稿并轻击“附加扫描”键，重复该步骤直至扫描完所有原稿。

### 2. 扫描不同尺寸的原稿（混合尺寸原稿）

该功能可同时复印不同尺寸的原稿，如当B4尺寸与A3尺寸的原稿混合在一起时也可复印。扫描原稿时，机器自动检测每份原稿的尺寸，并使用适合各自尺寸的纸张，如图5.27所示。混合尺寸原稿与自动倍率选择功能同时使用时，将根据所选纸张尺寸分别调整每张原稿倍率，以便以相同尺寸的纸张打印，如图5.28所示。必须在扫描原稿前指定混合尺寸原稿。具体操作步骤如下。

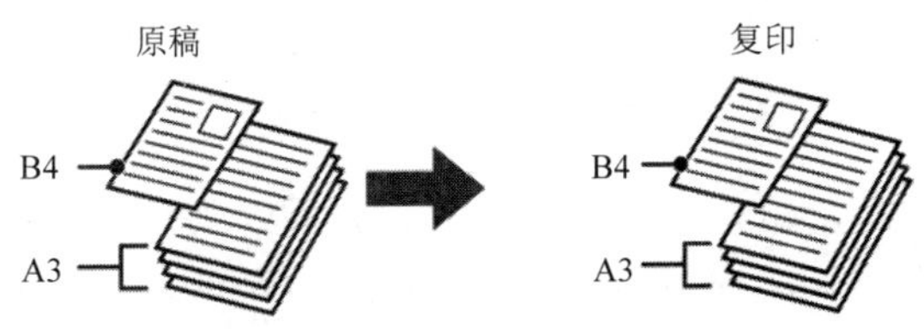


图5.27 混合尺寸原稿复印示意图

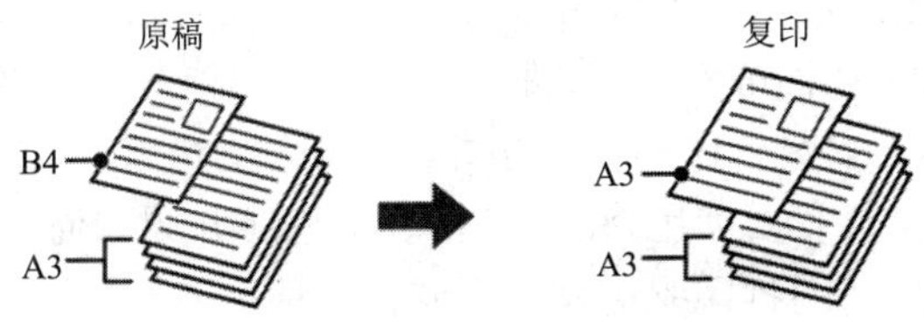


图5.28 混合尺寸原稿复印在相同尺寸纸张示意图

① 轻击“其他”键，然后轻击“混合尺寸原稿”键。对于混合尺寸原稿，将“原稿”设置为“自动”。

② 轻击原稿适用的“等宽”键或“非等宽”键。完成设置后，依次轻击“OK”键和“后退”键。若要取消混合尺寸原稿设置，可轻击“关”键。

③ 将原稿正面朝上放在送稿器托盘中，然后轻击“预览”键，按图5.29所示的混合

尺寸原稿屏幕放置原稿。

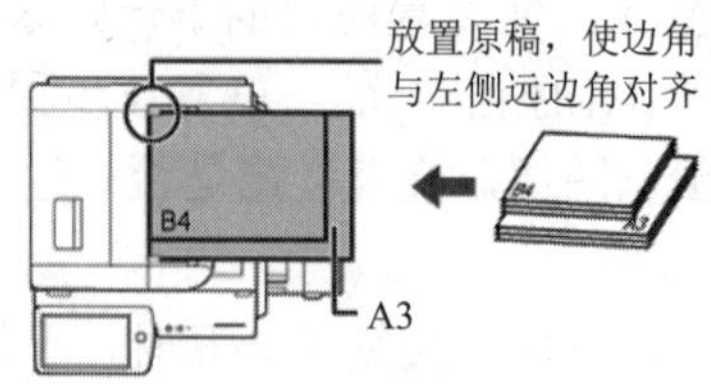


图 5.29　混合尺寸原稿放置示意图

④ 轻击“开始”键开始复印。仅复印一套时，不需要指定复印份数；要复印两套或多套时，可轻击“复印显示”键以指定份数。

3. 扫描时调整分辨率（分辨率）

该功能可在扫描原稿时调整分辨率，从而根据应用实现高质量输出或速度优先输出。必须在扫描原稿前指定分辨率。

① 轻击“其他”键，然后轻击“扫描分辨率”键。

② 选择分辨率。送稿器和原稿台都可以设置分辨率，完成设置后依次轻击“OK”键和“后退”键。

③ 放置原稿并轻击“预览”键，将原稿置于送稿器托盘中或原稿台上。

④ 轻击“开始”键开始复印。仅复印一套时，不需要指定复印份数；要复印两套或多套时，可轻击“复印显示”键以指定份数。

（六）打印操作

机器标准配置了打印功能。要启用从计算机打印，则必须安装打印驱动程序。参阅下列方案，选择适合计算机环境使用的打印驱动程序。Windows 环境下的打印驱动程序类型如下。

① PCL6 打印驱动程序。机器支持 Hewlett-Packard PCL6 打印机控制语言。

② PS 打印驱动程序。本程序支持由 Adobe 系统公司开发的 PostScript 3™ 页面描述语言。如果需要使用 Windows 标准 PS 打印驱动程序，则必须使用 PPD 驱动程序。

要在 Windows 环境下安装打印驱动程序并配置设置，可参阅“打印程序安装”中的“2. 安装环境和安装步骤”。这里主要使用 PCL6 打印驱动程序介绍如何在 Windows 环境下打印。打印驱动程序界面因所使用的打印驱动程序不同，可能会有所不同。

1. 基本打印步骤

在 Windows 环境下打印，用于执行打印的菜单可能会因应用程序而异。用于打开打印驱动程序属性窗口的按钮（通常为“属性”或“首选项”）可能会因应用程序而异。在“打印机”菜单中出现的机器名称通常为［MX-xxxx］（“xxxx”为一串字符，因机器型号而异）。以下示例讲述了如何从 Windows 中的标准附件应用程序中的“写字板”打印文稿。具体操作步骤如下。

① 单击写字板中的按钮，然后选择“打印”。在 Windows 7/Server 2003/Vista 中，

从“文件”菜单中选择“打印”命令。

② 选择本机的打印驱动程序，并单击“首选项”按钮。如果打印驱动程序以列表形式显示，则从列表中选择需使用的打印驱动程序的名称。可单击“打印”对话框中的选项卡以调整设置，如图 5.30 所示。

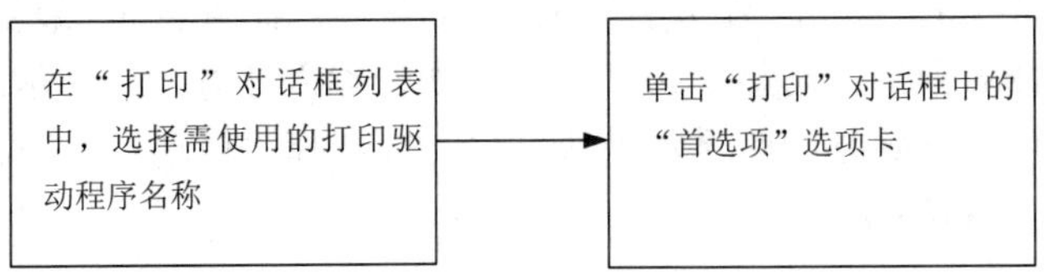


图 5.30 “打印”对话框中选项卡的设置流程

③ 单击“纸张”选项卡并选择纸张尺寸，确保纸张尺寸与应用程序中设置的纸张尺寸一致。下拉菜单中最多可创建七种用户定义尺寸。要保存纸张尺寸，应选择“自定义纸张”或从下拉列表框的“用户 1”～“用户 7”中任选一个，然后单击“自定义”按钮，如图 5.31 所示。也可选择其他选项卡进行设置。

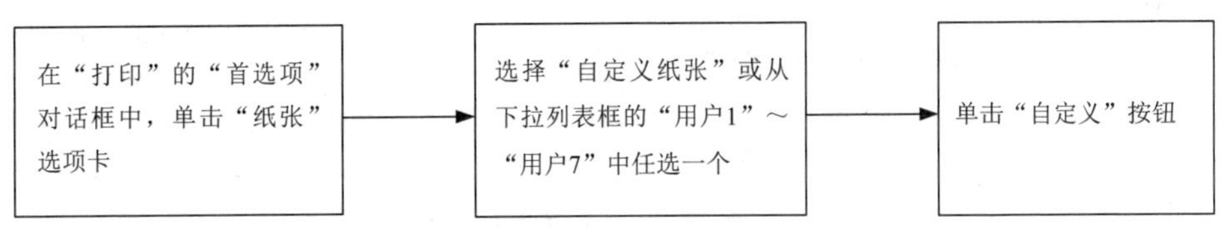


图 5.31 “首选项”对话框设置流程

④ 单击“确定”按钮执行打印。

### 2. 启用用户认证功能时打印

在 Windows 环境下打印（使用用户认证时），必须输入的用户信息（如登录名和密码）因所使用的认证方法而异，因此在打印之前应与机器管理员确认。用于打开打印驱动程序属性窗口的按钮（通常为“属性”或“首选项”）可能会因应用程序而异。此时打印页数将添加到“其他”计数中。在这种情况下，其他打印功能将受到限制。

如果在“配置”选项卡中配置了“打印功能限制”以始终执行用户认证，则每项打印任务都需要认证用户。安装了 PPD 驱动程序并且使用 Windows 标准 PS 打印驱动程序时，无法使用机器的用户认证功能。因此，可以将机器配置为禁止用户执行打印，除非用户信息已保存在机器中。若要禁止在机器中未保存用户信息的用户打印，应在“设置模式”中选择“用户控制”→“默认设置”→“无效用户禁止打印”。具体操作步骤如下。

① 在应用程序的打印驱动程序属性窗口中，选择本机的打印驱动程序并单击“首选项”按钮。

② 单击“任务处理”选项卡。

③ 输入用户信息。使用登录名/密码进行认证时，选择“登录名”和“密码”复选框，并输入登录名和密码。输入使用 1～32 个字符组成的登录名。使用用户编号进行认证时，选择“用户编号”复选框，并输入 5～8 位数字组成的密码。如果在“配置”选项卡中配置

了“打印功能限制”以始终执行用户认证，则无法在此输入用户信息，必须在每次用户开始打印任务时出现的对话框中输入用户信息。

④ 根据需要输入用户名和任务名称，如图 5.32 所示。单击“用户名”复选框，并输入用户名（最多使用 32 个字符）。输入的用户名将显示在机器触摸屏上。如未输入用户名，显示的是计算机的登录名。单击“任务名”复选框，并输入任务名称（最多使用 80 个字符）。输入的任务名在机器触摸屏上将显示为文件名。如未输入任务名，显示的是在应用程序中设置的文件名。如需在开始打印前显示确认窗口，应选择“自动任务控制检查”复选框。

⑤ 单击“确定”按钮执行打印。

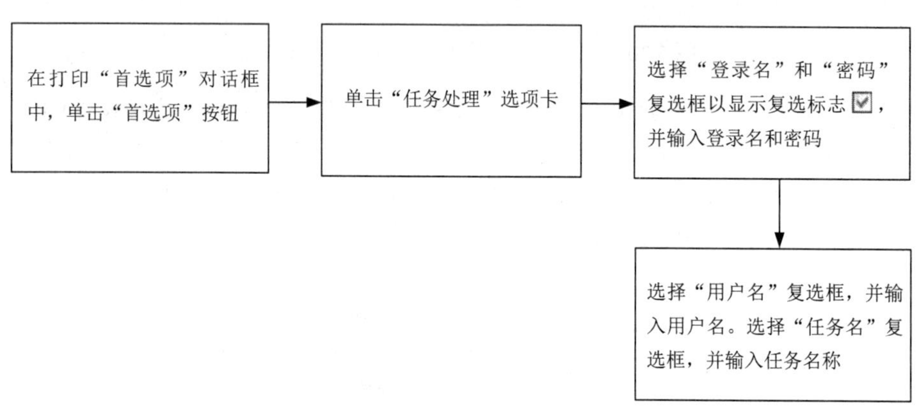


图 5.32　用户信息输入对话框设置流程

### 3. 选择纸张

在 Windows 环境下送纸，打印前需先检查纸张尺寸、纸张类型以及机器纸盒内剩余的纸张。要确认最近的纸盒信息，单击“纸张”选项卡上“纸张选择”中的“纸盒状态”按钮。“纸张尺寸”设置和“纸张选择”设置的关系如下。

（1）当“纸张选择”中的“纸张来源”被设置为“自动选择”时，自动选择包含纸张与“纸张尺寸”和“纸张类型”中选择的纸张尺寸和类型相符的纸盒。

（2）当“纸张选择”中的“纸张来源”被设置为“自动选择”以外的设置时，无论“纸张尺寸”的设置如何，均将指定的纸盒用于打印。将“纸张来源”设置为“手送纸盒”时，应务必选择“纸张类型”。确认为机器手送纸盒所设置的纸张类型，并且该类型的纸张已实际装在手送纸盒中，然后选择适当的纸张类型。

（3）当“纸张选择”中的“纸张类型”被设置为“自动选择”时，自动选择所装的普通纸或再生纸的尺寸与“纸张尺寸”中指定的尺寸相符的纸盒（工厂默认设置仅为普通纸）。

（4）当“纸张选择”中的“纸张类型”被设置为“自动选择”以外的设置时，使用指定纸张类型以及在“纸张尺寸”中指定尺寸的纸盒进行打印。

当选择“设置模式”下的“系统设置”→“打印机设置”→“条件设置”→“手送纸盒设置”后，启用“手送纸盒中启用所检测的纸张尺寸”（工厂默认值为禁用）或“手送纸盒中启用所选择的纸张类型”（工厂默认值为启用）时，如果打印驱动程序中指定的纸张尺寸或纸张类型与手送纸盒设置中指定的纸张尺寸或纸张类型不同，则不会进行打印。

若要将手送纸盒在选择“自动选择”时从选择纸盒中排除，在“设置模式”下，选择“系统设置”→“打印机设置”→“条件设置”→“手送纸盒设置”→“自动选择纸张时禁止选择手送纸盒”。如果经常在手送纸盒中装入特殊纸，建议启用该设置。

### 4. 打印信封

在 Windows 环境下打印信封，可以使用手送纸盒打印信封。在应用程序的设置（大多数应用程序中为“页面设置”）中选择信封尺寸，然后执行下列步骤。

① 单击“纸张”选项卡，并从“纸张尺寸”下拉列表框中选择信封尺寸。

② 从“纸张选择”的“纸张来源”下拉列表框中选择“手送纸盒”。

③ 从“纸张类型”下拉列表框中选择“信封”。将手送纸盒的纸张类型设置为“信封”，并将信封装入手送纸盒中，如图 5.33 所示。

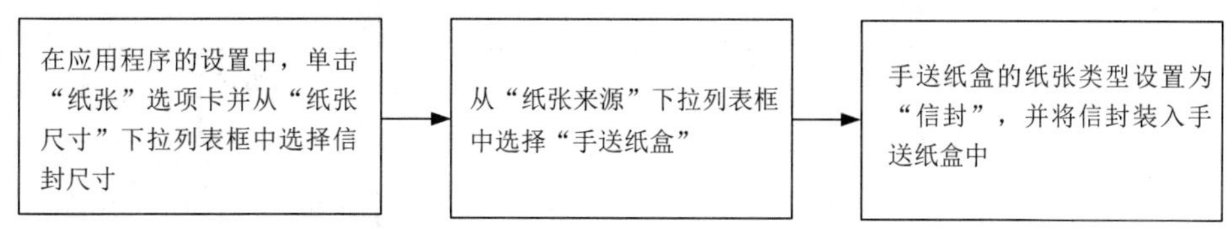


图 5.33 信封尺寸选择对话框设置流程

### 5. 浏览打印驱动程序帮助

要想在 Windows 环境下浏览打印驱动程序设置的说明，则必须显示打印驱动程序的“帮助”窗口。要在 Windows 7/Server 2003 环境下浏览某一设置的帮助，应单击“打印驱动程序属性窗口”右上角的?按钮，然后单击该设置。“打印驱动程序属性”窗口中可以选择的设置组合存在一些限制。对所选的设置加以限制时，在设置旁将显示信息图标，单击此图标可浏览限制说明。具体操作步骤如下。

① 从应用程序的“打印”窗口中选择机器的打印驱动程序，然后单击“首选项”按钮。用于打开“打印驱动程序属性”窗口的按钮（通常为“属性”或“打印首选项”）可能会因应用程序而异。

② 单击“帮助”按钮，如图 5.34 所示，打开“帮助”窗口，可以浏览标签上的设置说明。要浏览对话框中设置的帮助，应单击“帮助”窗口顶部的下划线文本。

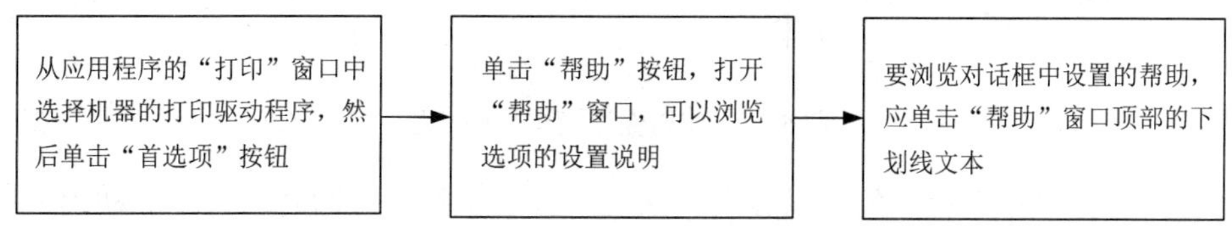


图 5.34 浏览打印驱动程序的“帮助”流程

### 6. 保存常用的打印设置

（1）保存打印时的设置。可将打印时在每个标签上配置的设置保存为用户设置，以一个指定的名称保存常用的设置或复杂的设置，便于在下次需要使用时选择这些设置。可在“打印驱动程序属性”窗口的任何标签上保存设置。保存时会列出每个标签上配置的设置，使用户可以检查所保存的设置。具体操作步骤如下。

① 从应用程序的“打印”窗口中选择机器的打印驱动程序，然后单击“首选项”按钮。用于打开“打印驱动程序属性”窗口的按钮（通常为“属性”或“打印首选项”）可能会因应用程序而异。

② 配置各标签上的打印设置并单击“保存”按钮。

③ 检查显示的设置。

④ 为设置输入 1～20 个字符组成的名称，并单击“确定”按钮，如图 5.35 所示。

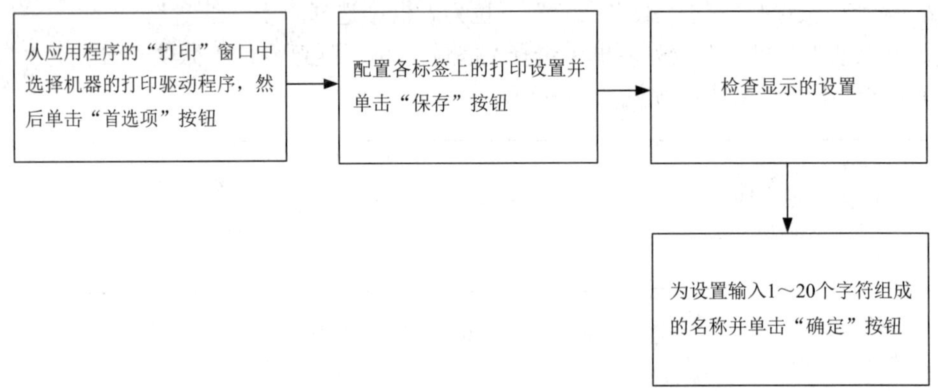


图 5.35　保存打印设置流程

（2）使用保存的设置。只需单击即可指定保存的用户设置，将常用设置或复杂的设置应用到打印。具体操作步骤如下。

① 从应用程序的“打印”窗口中选择机器的打印驱动程序，然后单击“首选项”按钮。用于打开“打印驱动程序属性”窗口的按钮（通常为“属性”或“打印首选项”）可能会因应用程序而异。

② 选择想使用的用户设置，然后单击“确定”按钮。

③ 开始打印，如图 5.36 所示。

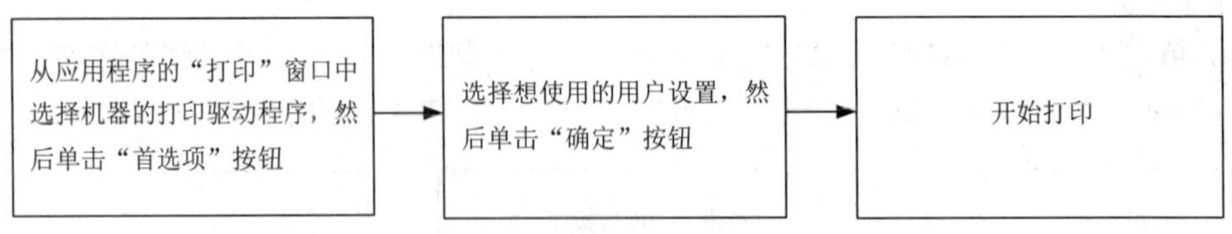


图 5.36　使用保存设置打印流程

（3）改变打印驱动程序的默认设置。从应用程序中执行打印时的打印驱动程序，属性窗口中所做变更会恢复为退出应用程序时在此处所指定的默认设置。具体操作步骤如下。

① 单击“开始”按钮，然后选择“设备和打印机”。如果“开始”菜单中没有出现“设备和打印机”，可选择“控制面板”，再选择“设备和打印机”。

② 双击打印驱动程序的图标，在打开的窗口中双击“自定义您的打印机”图标，打开

打印机属性对话框。

③ 单击“常规”选项卡中的“首选项”按钮，可在此进行各项设置。

④ 设置完成后，单击“确定”按钮。

### 7. 常用功能

（1）选择分辨率。“打印模式”（分辨率）有以下三种可供选择：一般，该模式适用于打印常见文本或表格等数据；高质量，照片和文字的打印质量较高；高精细，选择该模式可更清晰地打印照片或更精细地呈现图形色阶图像。具体操作为：在 Windows 中单击“高级”选项卡，然后选择“打印模式”，再单击“确定”按钮，如图 5.37 所示。

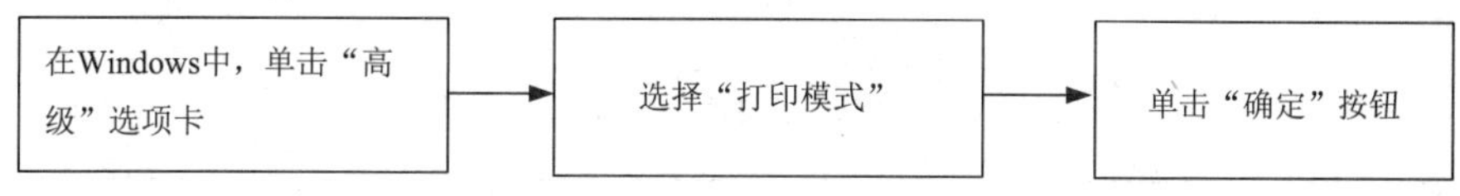


图 5.37 打印模式设置流程

（2）双面打印。机器可在纸张的两面打印。该功能可用于多种用途，特别是在制作一本简单手册时尤其方便，如表 5.7 所示。双面打印有助于节约纸张。

**表 5.7 双面打印模式**

| 纸张方向 | 打印效果 | |
|---|---|---|
| | 双面（书籍） | 双面（便笺） |
| 纵向 | | |
| 横向 | | |
| 说明 | 页面打印成可以在左侧或右侧装订的样式 | 页面打印成可以在顶部装订的样式 |

具体操作为：单击“常用”选项卡，然后选择“双面（书籍）”或“双面（便笺）”，再单击“确定”按钮，如图 5.38 所示。如有需要，可以选择执行双面打印的方法。单击“高级”选项卡上的“兼容性”按钮，并从“双面格式”中选择格式。

（3）使打印图像适合纸张尺寸。该功能可自动放大或缩小打印图像以适合装入机器中纸张的尺寸。当将 A4 或 Letter 尺寸文件放大到 A3 或 Ledger 尺寸纸张以便浏览，或者是在与原稿文件尺寸不同纸张上打印文件时，使用该功能非常方便，如图 5.39 所示。具体操作步骤如下。

① 单击“纸张”选项卡并选择打印图像的纸张尺寸（如 Letter）。

② 选择“自适应纸张大小”并选择打印所用的实际纸张尺寸（如 Legal）。

③ 单击“确定”按钮，如图 5.40 所示。

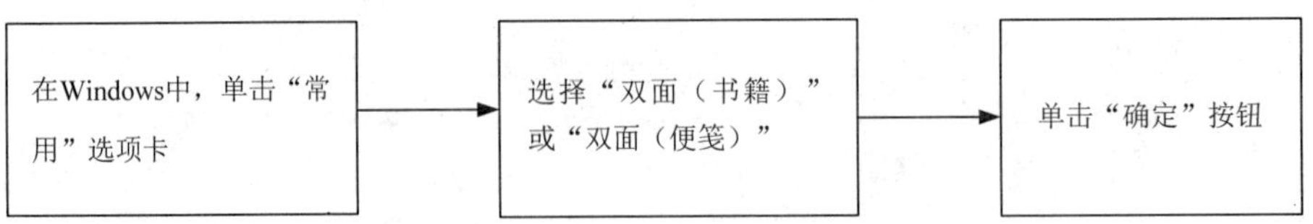


图 5.38　双面打印模式设置流程

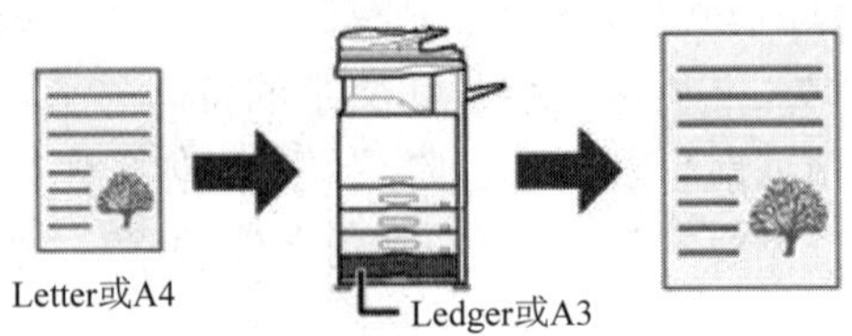


图 5.39　使打印图像适合纸张尺寸示意图

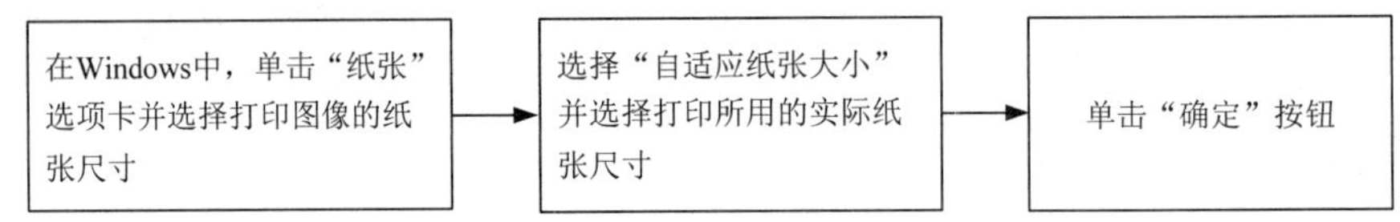


图 5.40　使打印图像适合纸张尺寸设置流程

（4）在同一页上打印多个页面。该功能可以缩小打印图像并在一张纸上打印多页。只能以原稿尺寸打印第一页并将多张缩小页打印到后续页。例如，选择“二合一”（每张纸上两个页面）和“四合一”（每张纸上四个页面）时，按所选择的页面顺序不同将会获得表 5.8 所示打印结果。当在单张纸上打印多个图像（如照片）或者想节约纸张时，此功能是非常便捷的。与双面打印组合使用时该功能可节省更多纸张。

**表 5.8　在同一页上打印多个页面模式**

| 多合一<br>（每张纸上多个页面） | 打 印 效 果 | | | |
|---|---|---|---|---|
| 打印顺序 | 从左到右 | 从右到左 | 从上到下<br>（打印方向为横向时） | |
| 二合一<br>（每张纸上两个页面） | 1 2 3 4 | 2 1 4 3 | 1 2 3 4 | |
| 打印顺序 | 左上向右 | 左上向下 | 右上向左 | 右上向下 |
| 四合一<br>（每张纸上四个页面） | 12<br>34 | 13<br>24 | 21<br>43 | 31<br>42 |

将多页打印在一页上时应注意下列事项：六合一、八合一、九合一和十六合一的页面顺序同四合一。在 Windows 环境中，可以在打印驱动程序属性窗口的打印图像中查看页面顺序。只有当安装 PCL6 打印驱动程序时才能以原稿尺寸仅打印第一页。具体操作步骤如下。

① 单击“常用”选项卡并选择每张纸上的页面数。如果想打印边框，选择“边框”复选框。

② 选择页面顺序。使用 PCL6 打印驱动程序时，可以在一张纸上打印多页而不更改原稿尺寸。单击“高级”选项卡中的“兼容性”按钮并选择“100%多合一”复选框。

③ 单击“确定”按钮，如图 5.41 所示。

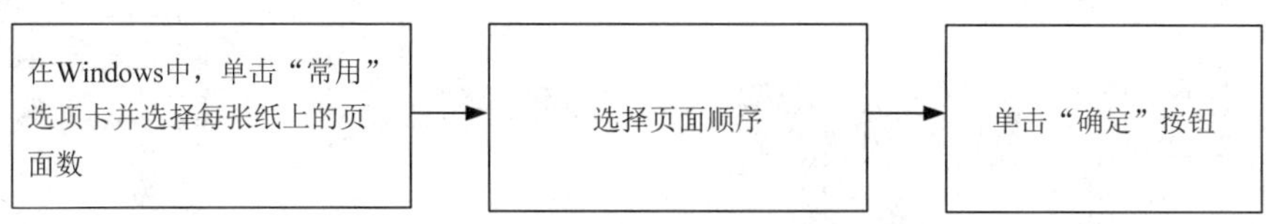


图 5.41 将多页打印在一页上的设置流程

8. 制作手册和海报的便捷功能

（1）制作装订手册（手册样式 / 鞍式装订）。手册功能可用于在每张纸的正反面打印，从而可以将纸张折叠起来装订制成一本手册。如果安装了鞍式装订分页器，并且选择了“手册样式”和“装订”，该功能将自动折叠并输出复印件。当将输出的纸张装订成册时，这一功能是非常便捷的。

（2）使用边距偏移设置打印（边距偏移）。该功能可移动打印图像，以增加纸张左侧、右侧或顶部的边距。如果安装了装订分页器或鞍式装订分页器，也可以一起使用机器的装订功能或打孔功能。当想装订输出的纸张或给其打孔但装订位置与文本交叠时，这是非常便捷的。

（3）制作大型海报（海报打印）。将一页打印数据放大并将其在多张纸[4 张（2×2）、9 张（3×3）或 16 张（4×4）]上打印，这样就可以将多张纸黏合在一起制成一张大型海报。为了确保黏合过程中边框的精确对齐，可打印边框或创建套印边（套印功能）。

9. 特殊用途的打印功能

（1）在不同纸张上打印指定页面（使用不同纸张）。可以在不同于其他页面的纸张上打印文件的封面和封底及指定页面，如图 5.42 所示。当在厚质纸上打印封面和封底，或者将彩色纸或不同类型的纸张插入指定页面时，可使用该功能。根据需要，纸张上没有任何内容时，可以将纸张当作插入纸张插入。

（2）打印副本（副本复印）概述。该功能可在尺寸相同但所放置的纸盒不同的纸张上制作打印图像的副本。例如，如果在将普通纸装入纸盒 1 并将彩色纸装入纸盒 2 时选择副本复印打印，那么通过选择打印指令（仅一次）便可获得类似于复写账票的打印结果。如果有必要在纸盒 1 中装入普通纸，在纸盒 2 中装入再生纸，选择副本复印可同时打印出一份正本和一份副本，如图 5.43 所示。

（3）在标签纸的标签上打印文本。在标签纸的标签上打印有两种方法，即标签纸设置和标签纸打印。

① 标签纸设置。在应用程序中创建要打印在标签纸上的文字，然后在打印驱动程序属性窗口“高级”选项卡的“标签纸设置”中设置文字偏移距离。文字打印在标签上，如图 5.44 所示。

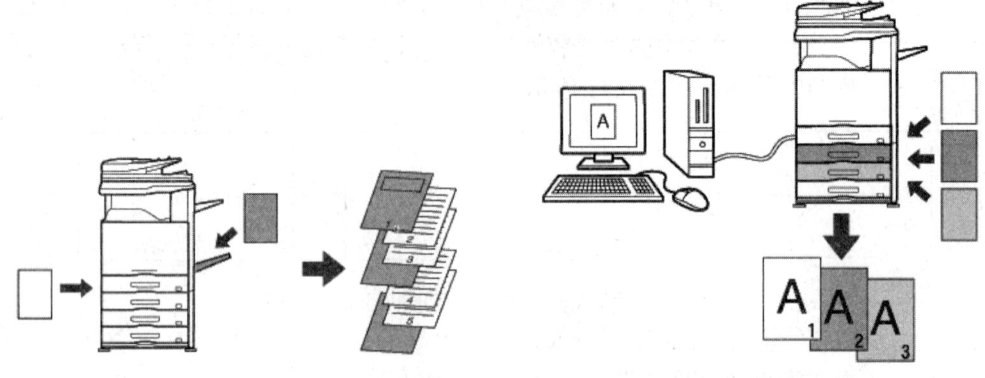


图 5.42　在不同纸张上打印指定页面示意图

图 5.43　打印副本示意图

② 标签纸打印（仅 PCL6）。在所需页之间插入标签纸时会被打印，如图 5.45 所示。在打印驱动程序“属性”窗口“特殊模式”选项卡上的“标签纸打印”中，输入想要在标签上打印的文字。指定详细设置，如标签尺寸、开始位置、标签间距及插入标签纸的页码。

这些功能在 Windows 环境下可用。纸张必须装入手送纸盒中。

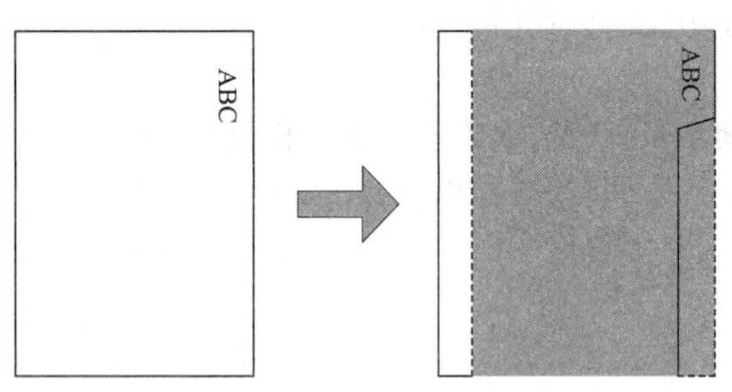


图 5.44　标签纸设置打印示意图

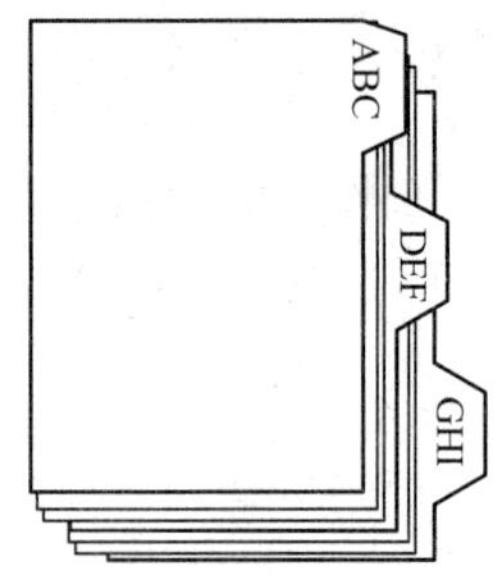


图 5.45　标签纸打印示意图

（4）以平铺方式打印相同图像（重复打印）。该功能可将相同图像以平铺方式打印在一张纸上，如图 5.46 所示。制作名片和不干胶时该功能非常有用。

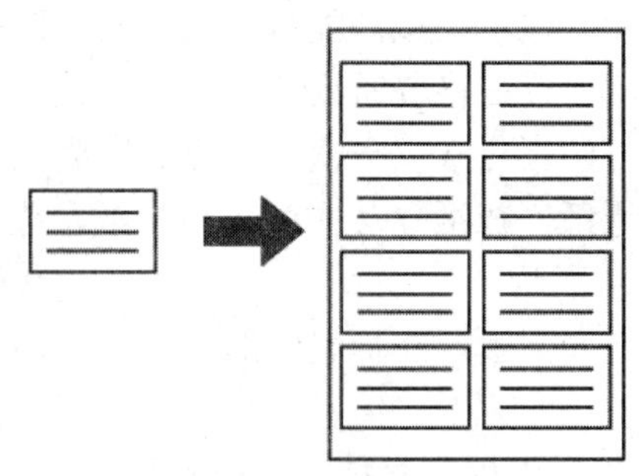

图 5.46　重复打印示意图

10. 无打印驱动程序的打印功能

（1）可打印文件的扩展名。当计算机未安装打印驱动程序或者用于打开想打印文件的应用程序不可使用时，可直接打印至机器而无须使用打印驱动程序。可直接打印的文件类型（和对应的扩展名）如表 5.9 所示。

**表 5.9　可直接打印的文件类型和对应的扩展名**

| 文件类型 | TIFF | JPEG | PCL | PDF/暗码 PDF/高压缩 PDF | PS | XPS |
|---|---|---|---|---|---|---|
| 扩展名 | tiff、tif | jpeg、jpg、jpe、jfif | pcl | pdf | ps | xps |

文件类型不同，表 5.9 中的某些文件可能无法打印。如需打印 XPS 文件，则需要 XPS 扩充组件。

（2）直接打印 FTP 服务器上的文件。当配置 FTP 服务器时，可从机器的触摸屏直接选择并打印 FTP 服务器上的文件。该功能可免去从 FTP 服务器下载到计算机及从计算机发送到机器。若要配置 FTP 服务器，在“设置模式”下选择“应用程序设置”→“从 MFP 进行打印的设置（FTP）”，然后配置 FTP 服务器（需要管理员权限）。最多可配置 20 个 FTP 服务器。当选择一个暗码 PDF 文件时，必须在工作状态屏幕中输入密码才能开始打印。具体操作步骤如下。

① 轻击“硬盘文件获取”键。

② 轻击操作面板上的“从 FTP 选择文件进行打印”键。

③ 轻击想访问的 FTP 服务器的按键。

④ 轻击想要打印文件的按键，然后轻击操作面板上的“更改设置进行打印”键。打印多个文件时，轻击想要打印文件的按键，然后轻击操作面板上的“打印”键。图标显示在可打印的文件的按键左侧。图标显示在 FTP 服务器上的文件夹按键的左侧。要显示文件夹或文件夹中的文件，应轻击该键。

⑤ 选择打印条件。如果在步骤④中选择了多个文件，则只可选择打印数。如果在步骤④中选择了包含打印条件的文件（如 PCL、PS 或 XPS 文件），则会应用设置。选择“在光泽纸上打印”复选框时，“选纸”会设为“光泽纸”（手送纸盒），并且“输出分辨率”会设置为“600DPI（高质量）”。

⑥ 轻击“开始”键。所选文件被下载后开始打印。

（3）直接打印 USB 存储器中的文件。可以从机器操作面板而无须使用打印驱动程序将连接至机器的 USB 存储器中的文件打印。当计算机未安装机器的打印驱动程序时，可以将文件复制到市面有售的 USB 存储器设备（应使用容量不超过 32GB 的 FAT32 USB 存储器设备）中，并将该设备接至机器，从而直接打印文件。在“设置模式”下，选择“系统设置”→“打印机设置”→“条件设置”→“禁止 USB 存储器直接打印”时，无法从 USB 存储器设备打印。当选择一个暗码 PDF 文件时，在工作状态屏幕中输入密码才能开始打印。具体操作步骤如下。

① 将 USB 存储器设备连接至机器并轻击“硬盘文件获取”键。

② 轻击操作面板上的“从 USB 存储器选择文件打印”键。

③ 轻击想要打印文件的按键，然后轻击操作面板上的“更改设置进行打印”键。打印

多个文件时，轻击想要打印文件的按键，然后轻击操作面板上的“打印”键。图标显示在可打印文件的按键左侧。图标显示在FTP服务器上的文件夹按键的左侧。要显示文件夹或文件夹中的文件，应轻击该键。

④ 选择打印条件。如果在步骤③中选择了多个文件，则只可选择打印数。如果在步骤③中已经选择了包含打印条件的文件（如PCL、PS或XPS文件），则会应用设置。选择“在光泽纸上打印”复选框时，“选纸”会设置为“光泽纸”（手送纸盒），并且“输出分辨率”会设置为“600dpi（高质量）”。

⑤ 轻击“开始”键。所选文件被传输后开始打印。

⑥ 将USB存储器设备从机器上取下。

#### 11. 直接从计算机打印的功能

（1）提交打印任务。从“设置模式（网页版）”中选择“文件操作”→“提交打印任务”并指定文件后，可以不使用打印驱动程序直接打印文件。除了计算机上的文件外，该程序可用于打印计算机能够读取的任何文件，如连接至同一网络的另一台计算机上的文件。

（2）FTP打印。仅需将文件拖放到机器的FTP服务器上，便可从计算机打印文件。要执行FTP打印，在“设置模式”下，选择“应用程序设置”→“从PC进行打印的设置”，将“FTP打印”设置为“启用”，然后配置端口号（需要管理员权限）。具体操作步骤如下。

执行FTP打印，依次在计算机网页浏览器的地址栏内输入“ftp://”和机器的IP地址，如ftp://192.168.1.28，将想打印的文件拖放到网页浏览器中显示的“lp”文件夹中，系统自动开始文件的打印。如果打印了包含打印设置的文件（如PCL、PS或XPS文件），则会应用该设置。当机器设置中启用用户认证时，打印功能可能受限制。

（3）E-mail打印。如果在机器中配置了E-mail账户，机器会定期检查邮件服务器，并且无须使用打印驱动程序自动打印接收到的E-mail附件。若要执行E-mail打印，在“设置模式”下选择“应用程序设置”→“E-mail打印设置”，然后创建E-mail账户（需要管理员权限）。具体操作步骤如下。

执行E-mail打印，使用计算机的E-mail软件，在“地址”栏中指定机器的E-mail地址并发送附带要打印文件的E-mail。可以在E-mail的信息中输入控制指令，从而指定打印份数和打印格式。

（4）打印暗码PDF文件。保护PDF文件使用了PDF暗码化，需要输入密码才能打印或编辑文件。若要直接打印FTP服务器上或USB存储器设备中的暗码PDF文件，则应连接到机器，重置密码并开始打印。如需通过打印驱动程序打印暗码PDF文件，可在打开计算机上的文件时输入密码。如果不知道暗码PDF文件的密码，则无法打印。可直接打印的暗码PDF的版本为1.6（Adobe Acrobat 7.0）和更早的版本。具体操作步骤如下。

① 轻击工作状况显示并轻击“打印”标签。

② 轻击“打印缓冲池”键。清单包含暗码PDF文件时会显示一条信息，表示已存在暗码PDF文件。

③ 轻击暗码PDF文件的打印任务键。无法选择多个暗码PDF文件。

④ 轻击操作面板上的“输入暗码PDF的密码”键。

⑤ 输入密码（最多32个字符）并轻击“是”键。当主密码和用户密码（用于打开文

件）都已设置时，输入主密码。

（七）传真操作

1. 将机器作为传真机使用

（1）连接到电话线。将电话线一端的插头（图 5.47）插到机器电话线插孔（LINE），然后将另一个插头插到墙壁上的电话线插孔。务必使用附带的电话线。

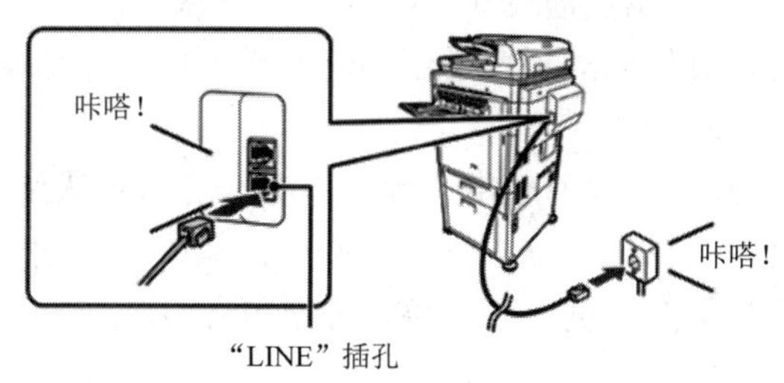


图 5.47 电话线连接示意图

（2）确认主电源开关切换键处于“|”位置。主电源指示灯亮起时，则主电源开关键处于“|”位置，如图 5.48 所示。如果主电源指示灯不亮，应将主开关键切换到“|”位置，待操作面板上主电源指示灯常亮后，按操作面板上的“电源”按钮。如果要使用传真功能，特别是要在夜晚接收或定时发送时，应始终将主电源开关键置于“|”位置。

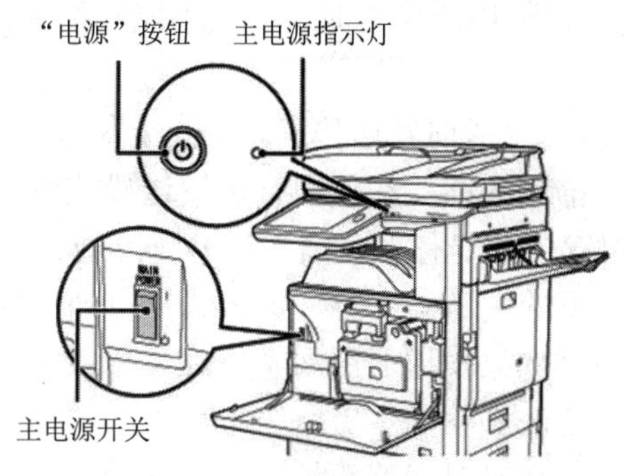


图 5.48 主电源开关示意图

（3）检查日期与时间。应确保机器已设好正确的日期与时间。若要设置机器的日期和时间，则在“设置模式”下选择“系统设置”→“默认设置”→“时钟”。

（4）保存发件人传真号码。将发件人名称保存在“发件人名称”中，传真号码保存在“传真号码”中。由于这是通信必需的，因此应务必配置该信息。若要保存发件人的名称和地址，则在“设置模式”下选择“系统设置”→“图像发送设置”→“操作设置”→“发件人名称和收件人设置”→“保存发件人数据”。

在地址簿中保存各扫描模式下的收件人地址，使用传真模式之前在地址簿中保存地址会非常方便，具体方法见后续内容。

可以从主屏幕或从各操作模式中选择传真模式，从主屏幕切换模式：轻击“传真”模式图标，将显示传真模式的初始屏幕。从各模式切换模式：轻击模式显示；轻击“图像发送”键，将显示传真模式的初始屏幕。如果未显示屏幕，轻击▼键再轻击“传真”模式图标。一般传真操作顺序如下。

① 轻击主屏幕上的“传真”图标进入传真模式。

② 将原稿置于送稿器托盘中或原稿台上。

③ 轻击数字键直接输入收件人号码，或者搜索并调用地址簿或号码。

④ 配置扫描设置。指定原稿扫描尺寸、浓度、分辨率等。

⑤ 设置“其他”。将两页作为一页发送或同时发送不同尺寸原稿的扫描设置时，应使用“其他”中除定时器以外的功能。

⑥ 发送原稿，轻击“开始”键前轻击“预览”键，可以确认预览图像；轻击“预览”键扫描原稿后，轻击“附加扫描”键扫描下一份原稿；如果在开始传真发送前轻击操作面板上的“归档”键或“临时保存”键，可以将扫描原稿保存为数据。

### 2. 基本发送方法

（1）传真发送方法。其包括：要传真大量原稿；要传真厚原稿或书；如果希望在其他先前保存的传真发送前发送传真。用机器发送传真的方法如下。

① 要传真大量原稿。使用送稿器，原稿将被扫描到内存后发送（内存发送）。以线路闲置状态放置多页原稿时，扫描进行的同时从已扫描页面按顺序发送（快速联机发送）。如果因线路被占用而不能立即开始发送，则机器会将所有原稿扫描入内存，并保留发送。

② 要传真厚原稿或书。在使用原稿台时，一次不能扫描大量原稿，在这种情况下，可以将原稿页分多次扫描。

③ 在其他先前保存的传真发送前发送传真。以直接发送模式发送传真，原稿被直接发送到传真接收机，而不会扫描到内存。在使用直接发送模式时，当前进行的发送一完成就会开始发送（在任何先前保存的发送任务之前发送），轻击操作面板上的“直接发送”键以发送传真。当直接发送模式下的发送结束时，该模式会自动变回内存发送模式。

（2）发送图像自动缩小。如果发送的图像宽度大于接收机的纸张宽度，图像会被自动缩小至符合接收机的纸张宽度。

（3）线路忙时。如果发送传真时线路正忙，在预设的时间间隔后自动尝试再次发送。该功能仅在内存发送模式中有效。在直接发送模式或手动发送模式中，发送会被取消。

设置因线路忙音或者其他原因而无法建立连接时试图重拨的次数及其间隔。在“设置模式”中，选择“系统设置”→“图像发送设置”→“传真设置”→“发送设置”→“线路忙音时自动重拨”。工厂默认设置是 3min 间隔两次尝试。

（4）发生通信错误时。如果发生通信错误或在预设时间内对方传真机不接收，在预设的时间间隔后将自动尝试再次发送。该功能仅在内存发送模式中有效。

若要设置因通信错误导致发送失败而试图重拨时的次数及其间隔，则在“设置模式”中，选择“系统设置”→“图像发送设置”→“传真设置”→“发送设置”→“通信错误时重拨”。工厂默认设置是两次尝试间隔 1min。

（5）传真地址确认功能。该功能可在发送传真时显示收件人确认信息，以防止意外发送到错误的收件人。在设置模式中设置该选项。如果在启用了该功能时发送传真，轻击“开始”键时会显示地址确认信息。所显示的信息因指定收件人的方法不同而不同。

若要在传真发送前显示收件人确认信息，则在“设置模式”中选择“系统设置”→“图像发送设置”→“传真设置”→“默认设置”→“传真地址确认功能”。

① 用快捷键/搜索编号指定的收件人。轻击“开始”键以在地址确认屏幕中显示所有收件人。确认地址是正确的，然后轻击“输入以发送”键开始扫描原稿。如果收件人不正确，则轻击“删除”键，并重新选择收件人。

② 用数字键、“在最近发送地址中选择”键或“全局地址搜索”键指定的收件人。轻击“开始”键以显示确认信息。轻击“OK”键，用数字键重新输入收件人，然后轻击“输入以发送”键。如果重新输入的收件人是正确的，则开始扫描。如果重新输入的收件人不正确，则会显示一条信息。轻击“OK”键，并重新输入收件人。如果确认时输入错误的地址，系统会要求重新输入新的地址，并且返回至初始屏幕。

③ 从最近已经发送的地址中选择传真重新发送。根据所使用方法显示确认屏幕以指定以前发送过程中的收件人。

（6）检查发送图像。在发送前检查触摸屏上将要发送的图像，如果在扫描原稿前轻击“预览”键，则可以在预览屏幕中检查扫描图像的状态。由于在预览屏幕中检查图像时可以调整扫描原稿的浓度和分辨率，因此能够将质量更高的原稿发送到收件人。

图像扫描作预览用时和预览用后可以更改的设置和功能为：浓度、发送尺寸、双面书籍/便笺、分辨率、边缘消除、大量原稿模式、多画面合一、定时器、发件人选择和处理报告。

### 3. 发送传真

（1）使用送稿器发送。扫描原稿发送前保存在机器内存中，叫作“内存发送”。前面介绍了如何通过送稿器扫描原稿及通过内存发送功能发送数据。具体操作步骤如下。

① 将原稿放在送稿器托盘上。

② 指定收件人传真号码。

③ 轻击“开始”键，开始发送。扫描完成后，机器会发出“哔”声。轻击“预览”键以在发送传真前确认图像预览。当扫描完所有原稿时，屏幕上会显示“任务已保存”及相应的任务管理编号。该编号会记录在处理报告和图像发送动作报告中，可用来检查传真任务。

（2）在直接发送模式中使用送稿器发送传真。发送扫描原稿而不保存在机器内存中叫作“直接发送”。前面介绍了如何通过送稿器扫描原稿并直接发送。具体操作步骤如下。

① 将原稿放在送稿器托盘上。

② 轻击操作面板上的“直接发送”键。

③ 指定收件人传真号码。

④ 轻击“开始”键，开始发送。

（3）使用原稿台发送。具体操作步骤如下。

① 将原稿置于原稿台上。

② 指定收件人传真号码。

③ 如果有另一页需要扫描，则换页后轻击“附加扫描”键。重复上述步骤，直至扫描

完所有原稿。如果 1min 内没有任何动作，扫描将自动停止，并且发送被保留。

④ 轻击“读取完成”键。机器会发出“哔”声，打开送稿器取出原稿。

（4）在直接发送模式中使用原稿台发送传真。在直接发送模式下从原稿台发送传真时只能发送一页。具体操作步骤如下。

① 将原稿置于原稿台上。当传真大量原稿时，从第一页开始按顺序逐页扫描。

② 指定收件人传真号码，然后轻击操作面板上的“直接发送”键。

③ 指定收件人传真号码。

④ 轻击“开始”键，开始发送。线路连接到收件人时，开始扫描原稿。如果执行直接发送操作时正在进行传真发送，直接发送将一直等到先前的文件发送完毕才进行。

（5）使用免提发送。当使用免提拨号时，在拨号和创建连接后开始发送传真。如果有人接听，将听到对方的声音，但是你不能和对方说话。在使用免提发送传真时无须将原稿扫描入内存。不能使用包含传真代码（子地址与口令）的收件人。不能使用保存有多个收件人的快捷键或保存非传真收件人的快捷键。在免提模式中，“预览”键无法用于发送。具体操作步骤如下。

① 将原稿置于送稿器托盘中或原稿台上。

② 轻击“免提”键。建立连接后，通过机器的免提将听到拨号声。

③ 指定收件人传真号码。

④ 建立连接后，轻击“开始”键，开始发送。若要停止发送，轻击“停止”键。若要停止通信，轻击“免提”键。

（6）发送相同的传真至多个收件人（广播发送）。可以在一次操作中将传真发送到多个收件人，如将报告发送给不同区域的分支部门。该功能称为“广播发送”。一次操作可以将数据最多发送到 500 个收件人，包括预约的发送任务（如果已预约具有 450 个收件人的广播发送任务，则数据最多可广播到 50 个收件人）。

将经常使用的广播发送的收件人作为联系人或分组保存，可方便操作。一个联系人最多可保存 500 个收件人。对于广播发送，只需轻击联系人或分组键即可调用多个传真号码。如果已保存地址，选择“设置为常用地址”复选框后，使用快捷键也可以发送传真。如果想要临时从保存的地址中删除收件人，打开详情确认屏幕，并删除屏幕中的收件人。当用快捷键拨号时，所拨传真号码的个数即保存在快捷键中收件人的个数。当使用一个保存有 10 个收件人的快捷键时，机器就会拨 10 个传真号码。具体操作步骤如下。

① 原稿置于送稿器托盘中或原稿台上。

② 指定所有收件人。

③ 轻击操作面板上的“确认地址”键。

④ 确认收件人。要取消指定的收件人，则轻击想取消的收件人的快捷键，然后轻击操作面板上的“删除”键。

⑤ 轻击“开始”键开始扫描原稿。如果将原稿插在送稿器托盘中，则机器会扫描所有原稿，最后机器会发出“哔”声，提示扫描和发送已结束。如果原稿放置在原稿台上，则每次扫描一页；在扫描结束时，将下一页原稿放在原稿台上并轻击“开始”键，重复此步骤直至扫描完所有页面；然后轻击“读取完成”键，机器会发出“哔”声，提示扫描和发送已结束。

（7）向发送失败的广播发送收件人再次发送。可在工作状况屏幕中查看已完成广播发送的发送结果。如果向某个收件人的发送失败，则应向该收件人再次发送传真。具体操作步骤如下。

① 轻击工作状况显示，并轻击“传真”标签。

② 轻击“完成”键。

③ 轻击已完成广播发送的按键后，轻击操作面板上的“检查所选任务的详细信息”键。如果广播发送中包含不同模式的收件人，在这些模式下会显示同一广播发送键。“广播××××”将显示作为广播发送任务键的收件人，扫描结束时显示在触摸屏上的任务管理编号为“××××”。

④ 轻击“通信失败”标签后，轻击操作面板上的“重发到所有发送失败的收件人”键以重新发送图像。轻击“重发到所有发送失败的收件人”键后的操作步骤，取决于是否已使用文件归档功能。使用文件归档功能时，输入不成功的收件人将返回到文件归档再次发送屏幕。应执行文件归档重发步骤（不需要重新扫描原稿）。如果工作已保存在机密文件夹中或已保存为机密文件，在轻击“重拨”键后，屏幕上会显示密码输入屏幕，输入密码。未使用文件归档功能时，输入不成功的收件人将返回到初始屏幕。放好原稿，再进行广播发送的步骤。

### 4. 接收传真

（1）自动接收传真。当将接收模式设置为“自动接收”时，机器会自动接收与打印传真。检查传真接收模式时，可以检查屏幕顶部系统区域中的当前传真接收模式。若要在“自动接收”和“手动接收”模式之间切换，则在“系统设置”下选择“系统设置”→“传真数据接收/转发”→“传真设置”→“接收设置”。具体操作步骤如下。

① 机器振铃并自动接收传真。当接收结束时机器会发出“哔”声。

② 传真自动打印。如果显示密码输入屏幕，则创建密码以打印已接收传真数据。当输入正确的密码时，机器会打印接收到的传真。

（2）手动接收传真。可以通过触摸屏手动接收传真（手动）。具体操作步骤如下。

① 轻击“免提”键，或者当电话振铃时拿起分机听筒。轻击“免提”键时，会显示“手动接收”键和■键。轻击■键或使用“-”“+”键时显示的滚动条，可调整音量。

② 轻击“接收”键以接收传真。

### 5. 扫描原稿

（1）消除图像的外围阴影（边缘消除）。边缘消除功能用于消除扫描较厚的原稿或书籍时图像上产生的阴影，如图 5.49 所示。本功能会消除图像上可能会形成阴影的部分，但不会检测阴影，仅可消除阴影。边缘消除模式，如图 5.50 所示。要更改默认的边缘消除宽度设置，需选择“系统设置”→“图像发送设置”→“操作设置”→“默认设置”→“边缘消除宽度调整”。边缘消除宽度可设置为 0～20mm。工厂默认设置是 10mm。在此处更改的设置将应用到“设置模式”下的“系统设置”→“复印设置”→“边缘消除宽度调整”。

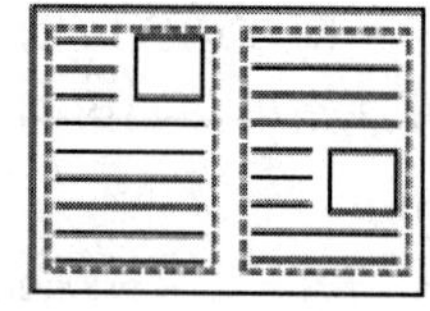

未使用边缘消除功能（图像上出现阴影）　使用边缘消除功能（不出现阴影）

图 5.49　扫描厚书示意图

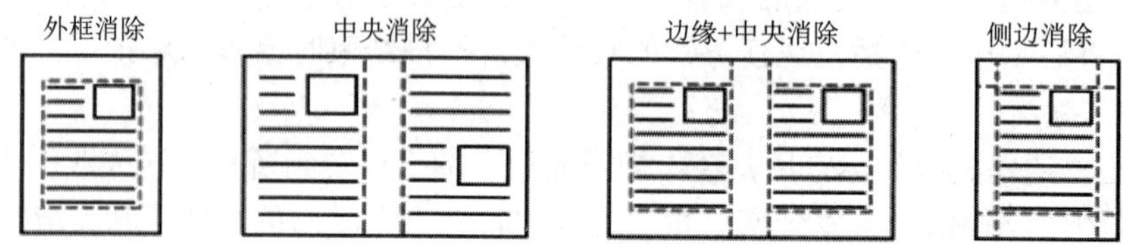


图 5.50　边缘消除模式示意图

具体操作步骤如下。

① 原稿置于送稿器托盘中或原稿台上。

② 输入收件人传真号码。

③ 轻击“其他”键，然后轻击“边缘消除”键。

④ 选择要消除边缘的复选框，然后指定边缘消除位置。确认选择的复选框为选中状态。如果轻击“外部框架”键，则“上”“下”“左”“右”复选框均为选中状态。如果轻击“指定框架+中心”键，则所有复选框均为选中状态。

⑤ 指定边缘消除宽度。完成设置后，依次轻击“OK”键和“后退”键。要取消边缘消除设置，则轻击“清除”键。

⑥ 轻击“开始”键开始扫描原稿。

（2）发送薄质原稿（慢扫描模式）。当想使用送稿器扫描薄质原稿时使用此功能。此功能有助于防止薄质原稿发生卡纸现象。具体操作步骤如下。

① 将原稿置于送稿器托盘中。应慢慢调整原稿导板，如果过分用力地插入原稿，可能会发生纸张褶皱和卡纸现象。

② 输入收件人传真号码。

③ 轻击“慢扫描模式”键，图标上会显示复选标志。要取消慢扫描模式设置，则轻击“慢扫描模式”键以清除复选标志。

④ 轻击“开始”键开始扫描原稿。

（3）发送前检查扫描的原稿页数（原稿计数）。发送前计算并显示扫描的原稿页数。发送前检查扫描原稿的数量可以帮助避免发送错误。具体操作步骤如下。

① 将原稿放在送稿器中。

② 输入收件人传真号码。

③ 轻击“原稿计数”键，图标上会显示复选标志。要取消原稿计数设置，则轻击“原稿计数”键以清除复选标志。

④ 轻击“开始”键开始扫描原稿。

⑤ 扫描完成后，检查原稿的页数。显示的数字是扫描的原稿张数，而非扫描的原稿页

面数。例如，用一张原稿进行双面复印时，将显示数字“1”，表示扫描的原稿为一张，并不显示代表原稿正反面的数字“2”。

⑥ 轻击“OK”键开始发送。如果将此功能与“大量原稿模式”配合使用，轻击“读取完成”键后会显示计数结果。

如果显示的原稿页数与实际页数不符，则轻击“取消”键，然后在信息屏幕中轻击“OK”键以清除所有扫描的数据。机器不会清除扫描设置与收件人设置。再次将原稿插入送稿器托盘，然后轻击“开始”键重新扫描。

6. 发件人相关功能

（1）添加发件人信息至传真（传真发件人号码发送）。机器会将发件人信息（日期、时间、发件人名称、发件人传真号码或收件人名称、页数）自动添加至发送的每页传真的顶部，如图 5.51 所示。发件人信息打印示例如图 5.52 所示。

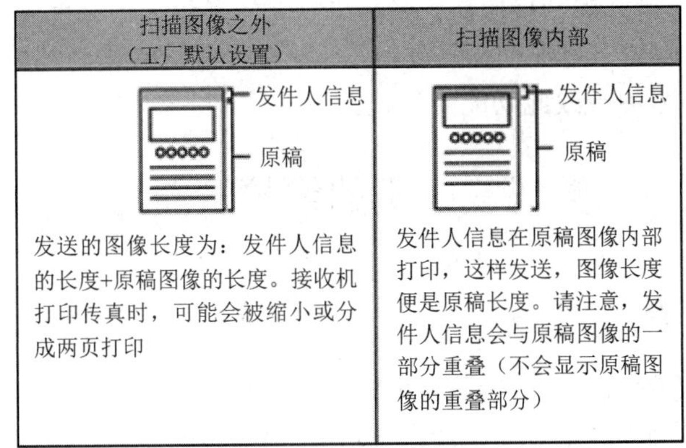


图 5.51 传真件模式示意图

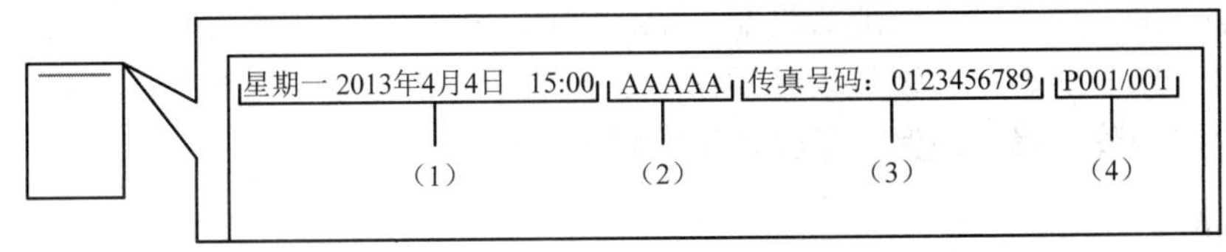


图 5.52 发件人信息打印示例

在图 5.52 中，（1）表示日期、时间，指发送的日期与时间；（2）表示发件人名称，指机器内所编写的发件人名称；（3）表示发件人传真号码或收件人名称（快捷键名称）；（4）表示页码，指页码 / 总页数。如果设置为附加收件人名称并且使用快捷键未指定收件人，那么该信息不会被添加到传真且不会被打印。

① 若要设置日期与时间，则在“设置模式”下选择“系统设置”→“默认设置”→“时钟”。

② 若要保存发件人名称和发件人传真号码，则在“设置模式”下选择“系统设置”→“图像发送设置”→“操作设置”→“发件人名称和收件人设置”→“保存发件人数据”。如果使用发件人号码发送，务必配置此信息。

③ 若要添加要发送的页数，则在“设置模式”中选择“系统设置”→“图像发送设置”→

“传真设置”→“发送设置”→“接收方打印页码”。页数以“页码/总页数”形式出现。只有使用“手动发送”或“快速联机发送”时会打印页数。

④ 若要选择发件人传真号码或收件人，则在“设置模式”中选择“系统设置”→“图像发送设置”→“传真设置”→“发送设置”→“发件人名称切换”。

（2）发件人信息临时更改（发件人选择）。通过选择单独保存的数据，可以临时更改在发件人号码发送中使用的发件人信息。更改发件人信息的发送结束时，该功能被解除。具体操作步骤如下。

① 将原稿置于送稿器托盘中或原稿台上。

② 指定收件人传真号码。

③ 轻击“其他”键，然后轻击“发件人选择”键。

④ 轻击“发件人信息”键，指定发件人发送的发件人信息。完成设置后，轻击“OK”键。若要取消发件人信息设置，则轻击“清除”键。

⑤ 轻击“开始”键开始扫描原稿。轻击“预览”键在发送前预览输出图像。轻击“预览”键扫描原稿后，轻击“附加扫描”键扫描下一份原稿。轻击“开始”键开始发送图像。但是，无法在预览屏幕中更改此功能的设置。

## 第六节　数码复印机的维护及典型故障排除

### 一、数码复印机的保养

静电复印机的维护与保养是提高复印质量、保证复印设备正常运转和延长设备使用寿命的重要前提。这是因为静电复印机经过一段时间的使用，其显影部件产生的粉尘，机件的污染、磨损及橡胶和塑料件的疲劳或老化等因素都会影响到复印机的稳定运转，并使复印品的质量下降，严重时甚至造成机器停机。因此，必须对复印机进行定期保养和维护，即对感光鼓、电晕器、显影装置、光学系统、供输纸机构等进行检查、清洁、润滑、调整或更换，排除故障隐患，确保复印机运转的可靠性。

#### （一）清洁保养的工具

清洁保养复印机必须有一套实用的工具，这样既可保证机器的安全，又能提高工作效率，这样的工具如图 5.53 所示。

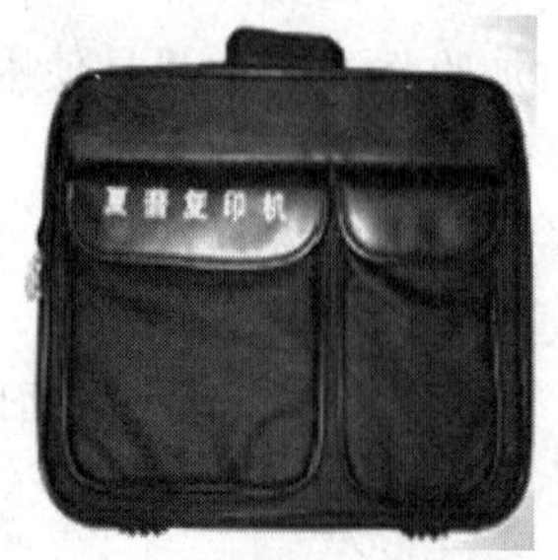


工具包

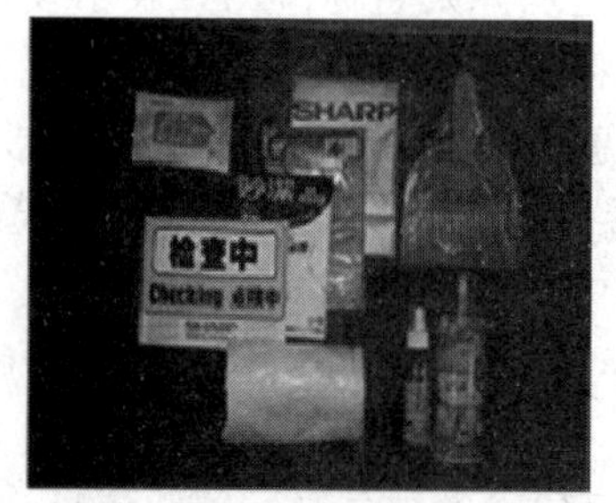


清洁保养套件

图 5.53　复印机清洁保养常用工具及材料

台布
（用于安放拆出部件，保持用户环境的整洁）

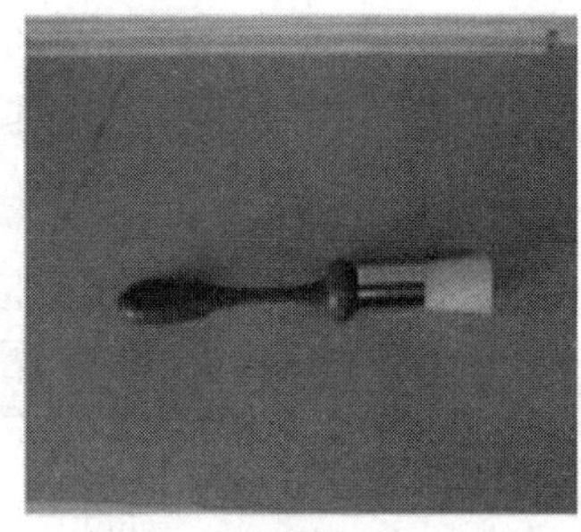

毛刷
（用于清洁机器内部散落的废粉和纸灰）

棉布（不掉毛）
（用于清洁稿台玻璃、反光镜、塑料件等）

吹气球
（用于清洁成像部件、传感器等）

泡沫塑料块（用于清洁成像部件充电组件中的锯齿）

油脂（白色）（用于齿轮清洁后的润滑）

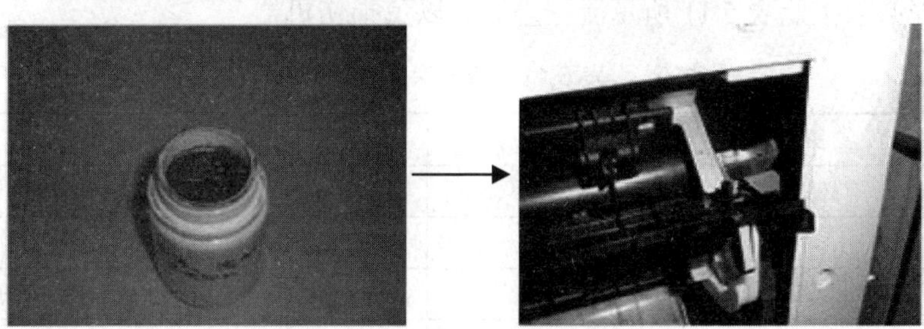

油脂（黑色）（用于定影部件齿轮清洁后的润滑）

图 5.53（续）

测试卡
（用于保养结束后的检验测试效果）

图 5.53（续）

## （二）清洁保养的步骤

### 1. 清洁前的工作

清洁前要做好准备工作，如表 5.10 所示。

**表 5.10　清洁前的工作及机器状态的确认**

| 内　　容 | 说　　明 |
| --- | --- |
| ① 向用户的问候<br>② 机器状况的了解 | 向用户了解复印机使用中的情况，如复印件是否有质量问题，复印件是否异常 |
| 准备工作：<br>① 取下领带或用领带夹夹好领带，取下手表、戒指等可能妨碍维修工作的饰品<br>② 打开工具包，在地上铺好维修专用台布 | 保养过程中安全第一，尽量不影响用户工作 |
| 机器状态确认：<br>① 确认机器使用环境的状况（如温湿度、通风、是否受阳光直射等，必要时使用工具），不良时应在维修完毕后向用户提出<br>② 出现故障代码要将故障代码记录（主代码、子代码）<br>③ 只要设备能够进行复印，就一定要先进行原始样本的复印并存档（不可复印者除外） | 确认设备的初始状态并保存倍率为50%和 100%的两份样张，最好能使用测试卡并取得用户的认可 |

### 2. 清洁保养的流程

清洁保养必须按照表 5.11 所示流程进行，以免损伤机器。

**表 5.11　清洁保养流程**

| 操 作 内 容 | 说　　明 |
| --- | --- |
| ① 关闭复印机电源，有必要时拔下插头 | |
| ② 打开机器侧门 | 等待定影部件冷却 |
| ③ 光学单元清理 | 清洁时，不要使用棉花，防止掉毛，最好使用软布 |
| ④ 原稿台玻璃（正反面）、标准白板、CCD 组件各个反光镜、原位传感器 | 清洁各个玻璃部分，传感器使用吹气球吹 |

续表

| 操 作 内 容 | 说 明 |
| --- | --- |
| ⑤ 拆卸感光鼓组件，清洁废粉仓，感光鼓两端毛毡片的废粉，清洁主充和栅网的脏污；清洁显影组件、TC 组件 | 用吹气球吹去废粉和灰尘。清洁栅网时，要顺着网格方向，不要把栅网弄变形，锯齿板用泡沫塑料清洁，注意用报纸盖住感光鼓 |
| ⑥ 清理各个位置搓纸轮、离合器、手送组件、纸路等各部分的粉尘和纸屑 | 用吹气球吹去废粉和灰尘或用毛刷清洁 |
| ⑦ 定影部分清洁、上下辊清洁、各个分离爪清洁、恒温器热敏电阻清洁、清洁毛毡 | 用吹气球吹去废粉和灰尘或用毛刷清洁 |
| ⑧ 选购件的保养 | |
| ⑨ 清洁后，清除保养计数器和卡纸计数器 | 在更换感光鼓和显影剂后，分别用维修代码清除两者计数器 |
| ⑩ 机器复原并清理外观 | |
| ⑪ 制作保养后的样本两张（100%、50%） | 作为工作结果交回公司 |
| ⑫ 保养工作单的书写 | 根据事实进行填写，并在用户认可后签字 |
| ⑬ 工具回收 | 清点工具 |
| ⑭ 场地的整理 | 使场地整洁如初 |
| ⑮ 保养过程中产生的废弃物原则上应携带走 | |
| ⑯ 保养完毕后对用户的说明 | |

## （三）每日的保养

复印机必须要在清洁的工作环境下操作，才能保持高质量的复印效果。因此，操作者务必每天在开启电源工作前进行下列的例行保养。

### 1. 原稿盖板

可用棉纱布蘸肥皂水反复擦拭，直至污痕被除掉。然后用蘸水的棉纱布再擦几遍，待肥皂水擦净后再用干棉纱布擦干净即可。不宜用酒精等溶剂擦塑料盖板。

### 2. 原稿玻璃

首先用细毛刷弹掉玻璃上面的灰尘，仔细观察是否干净，如有脏痕再用水或肥皂水擦拭。待脏痕消失后，再用蘸有清水的棉纱布擦净，并用干棉纱布将水擦净。

### 3. 充电电极

用手指扣住充电电极的环扣，来回推拉数次，让充电丝清洁器把电极丝上沾有的墨粉及灰尘抹掉。

### 4. 转印电极/分离电极

从机内抽出连在一起的转印及分离电极，用带毛刷的吹气球首先扫掉附在电晕丝及两端支架上的墨粉，然后用干净软布清洁。

清洁转印电极

5. 易被墨粉污染的机内各部位

首先清扫从显影装置及清洁器落在机座内的墨粉，然后揩抹纸张传送带及定影装置的入口导板等部位。

（四）定期保养与维护

1. 光学系统的清洁

清洁光学系统（指曝光灯、反光罩、各种反光镜及聚焦、防墨粉飞扬屏蔽玻璃、参比图像、扫描架及道轨等），应先关闭电源，卸下稿台玻璃，用带毛刷的吹气球将上述各光学部件的墨粉及灰尘边扫边吹掉，如果墨粉或灰尘因受潮黏着过牢，可用镜头纸蘸上少许镜头清洁剂或自行配制的乙醇、乙醚混合液（三份乙醚和一份乙醇），将各光学部件表面轻轻地依单一方向揩抹，并要勤换镜头纸，切勿往复揩抹，直至彻底干净为止。复印机所用的各反光镜多采用真空镀膜制成，所以清洁时注意不要将其擦伤；光学镜头应从中心按顺时针方向由里向外打圈轻擦至干净，防止二次污染镜头；参比图像（密度检测标准板）的灰尘可用软毛刷轻擦，同时用吹气球将灰尘吹掉（注意不要移动标准板的位置，以防检测失灵）；用棉纱布擦净扫描灯载架轨道的灰尘，滴些机油到棉纱布上，然后用手在轨道上反复擦匀，使轨道表面有一层薄油膜（用干净手指摸一下轨道，有发亮的油沾在手指上就说明油够了）。

由于光学部件大多脆弱，故应尽量减少揩抹，以免造成擦损。因此，最根本的保养办法是保持机器内部的清洁，减少粉尘，尤其要保持显影装置上刷封封闭及清洁器的效能，尽量减少墨粉的飞扬。机器用毕要待冷却后才能遮上防尘布罩以防外界灰尘进入机内。

2. 光导体鼓的清洁

光导体经较长时间工作后会出现光电疲劳的问题。这是因为不断的光电作用、机械磨损、环境温度及湿度的影响等，再加上光导层本身的不稳定性，使光电性能变差。光导体疲劳后，即使充电、曝光、显影、转印等都正常，复印品仍会有底灰，图像反差下降。必须进行清洁、研磨再生，才能提高其光电性能。清洁时，首先应把靠着光导体鼓表面周围的部件先行撤掉，如清洁装置、显影装置、转印电极等。切勿用手直接触及鼓表面，最好双手戴上丝质或细纱手套，以避免指甲将其划伤。然后，给鼓套上机器配备的鼓保护套，用手抠出鼓支承轴上的装卸导架，拿住鼓保护套连同鼓把它从机上撤下，再把鼓放在避光处进行清洁。拆下光导体鼓，装好鼓悬吊架，然后将鼓装在鼓辅助架上，再装上鼓摇柄，如图 5.54 所示。

（1）硒及其合金光导体鼓的清洁。

① 空擦。一只手慢慢地摇动硒鼓摇柄，另一只手用清洁的脱脂棉由里向外慢慢地移动，擦净表面色粉。

② 湿擦。把清洁脱脂棉折成四折，蘸清水作直径 5cm 的小螺旋，始终由一端向另一端研磨，围绕硒鼓研磨三遍。

③ 清洁。用脱脂棉蘸硒鼓专用清洁剂（四份酒精和一份丙酮自行配制）或异丙酮，以

“空擦”要求为准，清洗 7～8 次，每次都应更换一次棉花。

④ 清洁后还要空擦。用干的清洁脱脂棉，按湿擦要领进行两遍空擦，再用装有滑石粉的纱布袋在鼓表面轻轻拍上一层滑石粉后，就可装上机器试印了。在试印过程中，前几张复制品可能有一些清洁后留下的痕迹，多复印几张痕迹就会消失。

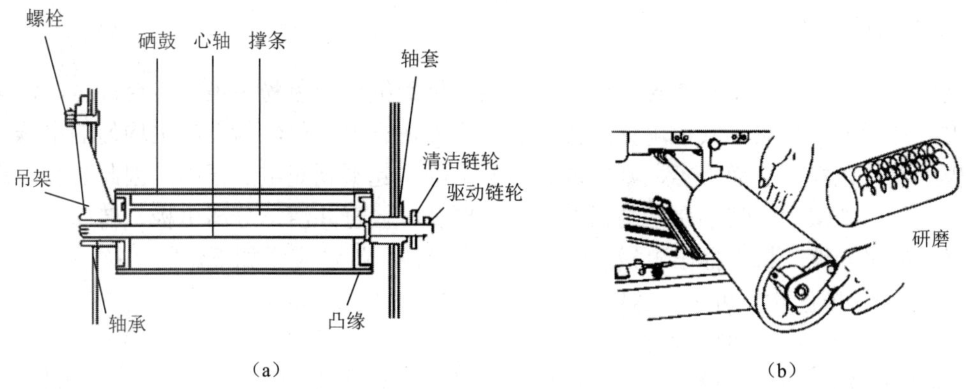


图 5.54 感光鼓清洁研磨示意图

（2）硫化镉鼓的清洁。NP 法硫化镉光导体鼓表面有一层绝缘透明的薄膜，不宜用溶剂擦，但如果鼓表面被油质污染，应做以下清洁。

① 用干净脱脂棉反复擦被油污染的部位。

② 用脱脂棉蘸少许氧化锌粉，反复轻擦被油污染的部位，但绝对不能磨破绝缘膜。

③ 再用脱脂棉擦净氧化锌粉。

经过上述处理，油污会被清除。

（3）有机光导体鼓或光导板的清洁。这种光导体还无专用的清洁剂，可采用以下方法进行清洁。

① 用干净脱脂棉反复擦净被油污染的部位。

② 用干净脱脂棉蘸少许酒精，先在光导体无用的光导层上擦拭，如果对光导层无损坏，就可用它清洁油污处。如果有损坏，则不能用此溶剂，可换异丙醇按上述方法再试擦。若还不行，可用中性洗涤剂再试。最终哪种可用，就采用哪种溶液。

③ 油污擦净后，再用脱脂棉擦一遍，以防止溶液留下痕迹。

（4）不定型硅鼓的清洁。硅鼓与硒鼓的清洁操作方法基本一致，最好使用专用的清洁剂。由于此类机器未得到普及，故在此不详细叙述。

### 3. 清洁器的清洁

清洁器的清扫辊是用人造纤维制成的毛刷，在潮湿环境下清洁下来的墨粉很容易黏结在刷子上，堵塞排粉的螺旋管道，引起清洁器失灵。此时可先把清洁器从机中卸下，疏通排粉管道口，然后用软毛刷清擦黏着的墨粉，一边用手旋动排粉螺杆的驱动齿轮，一边让墨粉从排粉管口排出，直至干净为止，最后用刷子把软毛刷理顺。

在揩抹墨粉清洁刮板时，注意别弄弯、损坏刀刃，如果刮板太脏可用棉花蘸上酒精轻轻对刮板来回揩抹。在对清洁器进行清洁时，注意勿使它下部的墨粉封口塑料片变形，也不要碰坏分离爪尖。

清洁安装完毕，应检查清洁刮板、收粉板等安装的位置是否准确；密封是否完好；控制清洁刮板的机构动作是否灵活、准确；输粉螺旋杆转动是否灵活；有磁辊的清洁器，转动磁辊驱动齿轮，检查齿轮固定是否牢靠；磁辊转动是否正常；有无异常声和阻碍情况等。

#### 4. 充电极的清洁

电极最容易受污染，特别是转印电极、分离电极受纸毛和色粉污染的机会最多，污染也更严重。被污染的电极，其放电性能会变差，不能在充电电极丝周围产生均匀的电场，有的电极丝座被色粉污染而击穿，则电场会急剧下降，起不到充电的作用，因此必须注意检查各电极的清洁情况，特别是清洁器漏粉后更要及时检查并清洁分离电极、转印电极。卸下电极时应平行地从机内抽出电极，防止划伤光导体。清洁步骤如下。

① 用毛刷弹掉色粉。可边弹边用吸尘器吸，防止粉尘飞扬。

② 用棉纱布或毛毡反复轻擦充电极丝。

③ 检查电极丝上有无色粉结疤或不匀。方法：用手指轻轻从头至尾地抚摸充电电极丝，若有不光滑感、粗糙感，说明有色粉结疤或粗细不匀。可用棉纱布蘸丙酮或酒精反复轻擦，注意不要使电极座沾上丙酮或酒精。如仍不光滑，应更换新的电极丝。

④ 最后清洁机器上的电极插座，防止它被污染而漏电。充电电极丝清洁后要进行功能检查，即检查电极座是否被击穿、电极丝留头是否过长、充电电极丝的张力是否适合等，待一切正常后方可装入机内。

#### 5. 显影器的清洁

显影装置是一个易被污染的装置，也是复印机中的主要污染源。因此，必须定期对其进行清洁保养。拆装显影器时，注意不要刮伤显影辊套筒；不要弯曲显影偏压插头；应将显影器放置在干净的地方（不能有碎金属杂物，如订书针、大头针等，以防止被磁辊吸入）。清洁步骤如下。

① 装粉前应检查装粉口是否有堆积的粉，如果有，应用毛刷将粉弹入显影器内，用一段时间后再装新粉。

② 在潮湿季节，复印量少的情况下，可将显影剂从筒内倒出一部分，装在空筒中保存。其余的再装入机内，用完再装，并保持每次装粉时都要先清洁一次装粉口。

③ 显影磁刷两端的密封很容易受显影剂污染，如果密封泡沫被粉塞满，就会失去弹性，既达不到密封的目的，粉又会从磁刷两端溢出，还会损坏光导体鼓，所以必须定期检查与清洁。

④ 检查显影载体（双组分显影器）是否老化。方法：用手捻携带墨粉的载体，若手不很黑，则说明载体携带墨粉少；取少量携带墨粉的载体向下倒，观察是否有墨粉掉下，若有则说明载体吸附墨粉能力下降，载体老化。若载体老化应予以更换。

⑤ 用小毛刷弹掉图像密度、色粉浓度检测传感器上的墨粉以防检测失灵。

⑥ 清洁、润滑供粉离合器、驱动齿轮等。

#### 6. 定影器的清洁

定影装置极易被污染，因此必须对其进行保养。由于定影器是一个加热部件，因此对定影器的清洁保养必须在停机待其自然冷却后进行。在对定影装置进行维护和保养操作时，不要用手触摸定影灯和定影辊，不要损伤热辊和压辊，不要损坏热辊分离爪的前沿及其张紧弹簧。定影系统的清洁保养包括以下内容。

（1）清除定影器里的粉尘和纸毛，并用酒精棉球或绒布清洁擦拭定影辊（热辊和压辊），若有损伤应及时更换，并找出损伤的原因予以排除。因为热辊和压辊表面上的局部磨损会造成复制品局部定影不良、局部定影过度故障，以及复印纸定影后产生皱褶等。

（2）对温度控制开关和温度检测传感器进行清洁，必要时进行更换。在安装时应调整好安装位置，温度检测传感器一般都要紧贴在热辊上，这是因为温度检测传感器一旦脏污或失位，脱离热辊，就会使热辊温度失控，造成定影不足或定影过度，从而影响复印品质量，严重时甚至烧坏定影灯、热辊及其他部件。

（3）对定影分离爪、分离片进行清洁。如果发现分离爪已变形或磨损应及时更换，或用细砂纸、细锉打磨后继续使用。在安装时应使其紧贴热辊，如不能紧贴热辊，可调整弹簧的弹力。

（4）清洁或更换脏污的清洁毛毡、清洁刮板、清洁毡辊和清洁纸等，并检查硅油量是否充足，需要时在定影清洁器保养结束时添加硅油。清洁油毡结疤时，可用小刀背板复刮；如果刮后的油毡仍不柔软，应用汽油清洗油毡，晒干后再装机；如仍不理想应更换新油毡。清洁刮板时，用棉纱布蘸硅油反复擦；如果仍去不掉结疤，可用手指甲轻轻刮掉（不要用金属小刀等锋利硬物刮，以防损坏刀刃）；如果刮板已变形或无法调换刀刃，应更换新刮板，千万不能再用不符合使用要求的刮板；否则会损坏热辊，造成很大的浪费。

（5）热辊清洁。由于定影单元清洁部件性能变差等原因，定影辊表面常沾上色粉疤，使复印品出现缺陷，甚至成为废品。因此要定期检查、清洁定影单元，特别是定影辊表面应经常保持干净。清除加热辊和压力胶辊表面的色粉结疤的方法有以下几个。

① 干擦法。用棉纱布或随机带的清洁棉趁热干擦。这种方法简易可靠，不会人为损坏热辊氟膜。趁热是指定影温度达到复印时立即停机清洁。如一次还未擦干净，热辊温度已降低，结疤不易擦掉了，应将机器再次预热，待达到定影温度后再立即擦。这种操作有时要反复多次，热辊上的结疤全部擦净后，应再用硅油清洁一遍辊表面。

② 用溶剂擦。若说明书中指明可用溶剂，如酒精、丙酮等擦。但在清洁前一定要使机器断电。清洁后，待溶剂全部干后机器方可通电，以防着火。但要注意，大部分机器的定影胶辊也不能用溶剂擦，某些油脂也对胶辊不利。可用硅油或干擦方法清洁胶辊。

### 7. 纸路维护

纸路是指纸通过的路径，即从进纸到出纸的全过程。纸路最容易受污染，其污染源主要有纸毛、灰尘及色粉等。为保证复印工作的正常进行，减少卡纸，必须经常或定期地维护输纸器。其基本方法如下。

（1）日常维护。日常维护主要指清洁纸路各有关部件的表面灰尘。清洁时，可先用吸尘器将各输纸辊或传送带等全部清洁一遍，然后用毛刷弹掉未吸干净的灰尘，也可边弹边用吸尘器吸，这样可防止灰尘乱飞，污染其他部件。日常清洁一般在班前班后进行，时间可长可短。因此，不必将机器的有关部件拆下来清洁。有的机器不是从纸路分为上、下两部分的，清洁时就很困难，稍不小心就可能碰伤其他部分，如光导体等。

（2）定期维护。

① 清洁。拆下各输纸器进行彻底清洁。除了清洁表面，还应将输纸辊两端的轴承、传送带等拆下来清洁。轴承上如有油泥，应用汽油清洁干净，然后上些润滑油。清洁传送带时不宜用汽油，且须防止机油污染传送带。

有的机器输纸器有负压机构，应全面清洁负压管道和空气过滤器网。

② 拆装。输纸器是靠齿轮进行传动的，各齿轮间相互咬合得好坏，直接影响输纸的可靠性。因此，拆时要注意输纸器原来的位置，最好做一记号，然后再拆；重装时一定要按原位装好，同时保证齿轮吻合恰当，做到不紧、不松、不歪斜。

有传送带的输纸器，清洁后应仔细检查传送带的松紧情况，使其松紧适中。

有负压的输纸器，还应检查负压管道是否漏气；重装、试印过程中，要仔细观察纸是否能很好地吸附在传送带上。

### 8. 传动系统维护

链条、齿轮容易黏附灰尘，造成动作不灵活，并且增加相互间的磨损。有的链条经长时间使用会变长，有的齿轮出现松动，这些都说明传动部件也必须定期清洁和检查，才能确保机器正常运转。

（1）清洁。用猪鬃刷将有关的传送部件清扫一遍，如果仍然不干净，特别是链条或齿轮里已有很多灰尘时，应拆下有关部分，用汽油或煤油彻底清洁干净。重装拆下的链条或齿轮时，要保证不错位，松紧要适中。

（2）上润滑油。传动链条、齿轮及其轴承，在工作中要承受较大的力量，因此必须上润滑油才能减少磨损。但有的齿轮或轴承不宜上油；否则效果反而不好。注意上润滑油时，只要活动部分均匀地有一层油即可。

## 二、数码复印机典型故障的排除

如果在使用机器时遇到问题，先按照下列故障处理方案检查机器；如果不能通过故障处理方案解决问题，可关掉电源，拔掉插头，然后与维修服务中心联系。表 5.12 主要以夏普 MX-M3658N 型机为例说明复印机的典型故障及处理方法。

**表 5.12 夏普 MX-M3658N 型机的典型故障及处理方法**

| 故障现象 | 原因和处理方法 |
|---|---|
| 机器不能复印操作 | 原因：此功能是否被管理员禁用？处理方法：某些功能可能已在设置模式中禁用。启用用户认证时，能够使用的功能可能在用户设置中有所限制，应向管理员确认 |
| 不能进行图像旋转复印 | 原因：手动选择了复印倍率。处理方法：使用倍率自动选择进行复印 |
| | 原因：使用了禁止旋转复印的设置进行复印。处理方法：一般情况下，旋转复印可以在需要时与其他模式一起使用，但有些组合却不能共同使用。如果已选择禁用的组合，触摸屏上会显示一条相关信息 |
| | 原因：设置模式中禁用“旋转复印设置”。处理方法：请启用“旋转复印设置”。在“设置模式”下，选择“系统设置”→“复印设置”→“旋转复印设置”→“旋转复印” |
| 不能进行双面复印 | 原因：所选纸盒的纸张类型指定为不能用于双面复印的纸张类型。处理方法：在设置模式下查看“纸盒设置”。如果选择了“禁止双面”复选框，就无法使用该纸盒进行双面复印，应将纸张类型设置更改为能够用于双面打印的类型 |

续表

| 故 障 现 象 | 原因和处理方法 |
| --- | --- |
| 不能进行双面复印 | 原因：使用了禁止双面复印的设置进行复印。处理方法：一般情况下，双面复印可以在需要时与其他模式一起使用，但有些组合却不能共同使用。如果已选择禁用的组合，触摸屏上会显示一条相关信息 |
| 图像太浅或太深 | 原因：图像太浅或图像太深。处理方法：为复印原稿选择合适的浓度模式，并手动调整浓度 |
| | 原因：是否选择了适合原稿类型的浓度模式。处理方法：根据原稿类型，从模式中选择一种 |
| 部分图像被剪切 | 原因：是否根据原稿和纸张尺寸选择了合适的倍率。处理方法：选择一个合适的倍率设置 |
| | 原因：是否使用的是英寸（AB）尺寸的原稿。处理方法：复印英寸尺寸的原稿时，应手动指定原稿尺寸 |
| 复印件空白 | 原因：原稿没有正面朝上放在 RSPF 中或正面朝下放在原稿台上。处理方法：将原稿正面朝上放在 RSPF 中或正面朝下放在原稿台上 |
| 使用手送纸盒送纸时，复印的图像歪斜 | 原因：放置的纸张数量超出手送纸盒的最大容量。处理方法：放入规定范围内的纸张数量 |
| | 原因：没有将导纸板调整到适合纸张的宽度。处理方法：调整导纸板直到适合纸张的宽度 |
| 在手送纸盒里卡纸 | 原因：没有将导纸板调整到适合纸张的宽度。处理方法：调整导纸板直到适合纸张的宽度 |
| | 原因：放置的纸张数量超出手送纸盒的最大容量。处理方法：放入规定范围内的纸张数量 |
| | 原因：纸张类型设置不正确。处理方法：当使用特殊纸张时，务必设定正确的纸张类型 |
| 卡纸 | 原因：纸张超出了规定的规格和重量范围。处理方法：使用规定范围之内的纸张 |
| | 原因：纸张卷曲或受潮。处理方法：不要使用卷曲或褶皱的纸张，用干燥的纸张替换。长时间不使用机器时，要把纸从纸盒中取出，放入包内并存放在阴凉干燥处，避免受潮 |
| | 原因：纸张放置不正确。处理方法：确保正确放置纸张 |
| | 原因：有碎纸片留在机器内。处理方法：取出所有卡纸的碎片 |
| | 原因：若干纸张粘连在一起。处理方法：装纸前把纸翻动一遍 |
| 纸张起皱或纸张表面一擦图像就模糊不清 | 原因：纸张超出了规定的规格和重量范围。处理方法：使用规定范围之内的纸张 |
| | 原因：纸张类型设置不正确。处理方法：设定正确的纸张类型。要设定纸盒中的纸张类型 |
| | 原因：纸张卷曲或受潮。处理方法：不要使用卷曲或褶皱的纸张。用干燥的纸张替换。长时间不使用机器时，要把纸从纸盒中取出，放入包内并存放在阴凉干燥处，避免受潮 |
| 复印件上有污点 | 原因：原稿台或 RSPF 的内侧脏了。处理方法：经常清洁 |
| | 原因：原稿有斑点或污迹。处理方法：使用干净的原稿 |
| 复印件上有黑色或白色条纹 | 原因：RSPF 上的扫描玻璃脏了。处理方法：清洁狭长的扫描玻璃 |
| 机器不能打印操作 | 原因：计算机没有正确连接机器。处理方法：确保将电缆牢固地连接到计算机和机器上的 LAN 接口或 USB 接口。如果连接到网络，确保 LAN 电缆也已牢固地连接到集线器 |
| | 原因：机器与计算机没有连接到相同的网络（如局域网）上。处理方法：机器必须与计算机连接到相同的网络中。如果不知道机器连接在哪个网络上，应咨询网络管理员 |
| | 原因：IP 地址选择错误。处理方法：检查 IP 地址设置。如果机器没有固定的 IP 地址，一旦 IP 地址改变，机器将不能打印。在设置模式下打印“所有清单”，查看机器的 IP 地址。如果 IP 地址改变，应在打印机驱动程序中更改端口设置。如果经常更改 IP 地址，建议为机器指定一个固定 IP 地址，轻击“设置模式”→“网络设置” |
| | 原因：打印使用的应用程序中没有正确地指定机器。处理方法：检查是否从应用程序的打印窗口中选择了机器的打印机驱动程序。如果可选择的驱动程序列表中没有机器的打印机驱动程序，可能驱动程序没有正确安装。应卸载打印机驱动程序，然后重新安装 |

续表

| 故 障 现 象 | 原因和处理方法 |
|---|---|
| 机器不能打印操作 | 原因：网络连接装置运行不正常。处理方法：确保路由器和其他网络连接装置运行正确 |
| | 原因：此功能被管理员禁用。处理方法：向管理员确认 |
| 不能进行双面打印 | 原因：所选纸盒的纸张类型被指定为不能用于双面打印的纸张类型。处理方法：在设置模式下查看“纸盒设置” |
| | 原因：此功能被管理员禁用。处理方法：向管理员确认 |
| 图像上有颗粒 | 原因：打印机驱动程序设置不适合打印任务。处理方法：检查打印机驱动程序的设置。选择打印设置时，可以从“一般”、“高质量”或“高精细”中选择打印模式。当需要打印非常清晰的图像时，应选择“高精细” |
| 打印的图像太深或太浅 | 原因：图像（特别是照片）需要修改。处理方法：检查打印机驱动程序的设置。可以使用打印机驱动程序“高级”选项卡上的“图像调整”修改亮度和对比度 |
| 文本和线条模糊不清 | 原因：彩色数据以黑白打印。处理方法：检查打印机驱动程序的设置。当以黑白打印彩色文本和线条时，它们可能会变得模糊不清。如需将可能会变得模糊不清的彩色文本和线条（区域）转换为黑色，应在打印机驱动程序的“高级”选项卡上选择“文本为黑色”或“矢量为黑色” |
| 部分图像被剪切 | 原因：为任务指定的纸张尺寸不适合纸盒中所装入纸张的尺寸。处理方法：确保纸张尺寸设置适合纸盒中所装纸张的尺寸 |
| | 原因：打印方向（纵向或横向）设置不正确。处理方法：设置与图像相符的打印方向 |
| | 原因：应用程序中的布局设置中没有正确地设置边位。处理方法：在应用程序中的布局设置中选择合适的纸张尺寸和边位。如果图像的边缘超出了机器的可打印范围，边缘就会被剪切 |
| 打印乱码 | 原因：计算机或机器处于不稳定状态。处理方法：取消打印，重新启动计算机和机器，并再次尝试打印。如果计算机的内存或硬盘上只有少量的可用空间，或者机器上缓冲了太多任务并且只剩余少量的可用空间，打印的文本就有可能变为乱码 |
| 不能进行传真发送 | 原因：出现信息告知未检测到原稿尺寸。处理方法：重新放置原稿。如果机器仍不能正确检测出原稿尺寸，应手动指定原稿尺寸 |
| | 原因：工作状态屏幕（已完成任务）或发送报告中显示发送失败。处理方法：重新发送。如果按“线路忙音时自动重拨”或“通信错误时重拨”中的设置重拨后仍发送失败，那么工作状态屏幕和发送报告中会显示发送失败 |
| | 原因：扫描长尺寸原稿时将其放在了原稿台上。处理方法：将原稿放在送稿器托盘上。 长尺寸原稿不能放在原稿台上进行扫描 |
| | 原因：放置了折叠的原稿。处理方法：按显示屏上的说明操作，打开折叠原稿，将其重新放置在送稿器上，再重新扫描。如果将折叠原稿放置在送稿器上，就会出现错误，并且当扫描过程中检测实际原稿尺寸时扫描就会被取消 |
| | 原因：子地址与口令不正确（使用传真代码通信功能时）。处理方法：与接收方的操作员一起确认子地址和口令是否正确 |
| | 原因：此功能被管理员禁用。处理方法：向管理员确认 |
| 接收方打印的已发送传真空白 | 原因：原稿未正确朝上或朝下放置。处理方法：重新将原稿放置到正确的方向，然后再次发送 |
| | 原因：如果接收机器使用的是热敏纸，该热敏纸的装入方向是否有误。处理方法：向接收机器的操作员确认 |
| 接收后不能进行打印 | 原因：显示信息提示添加墨粉或纸张，或者提示进行其他操作（显示此屏幕时不能进行打印）。处理方法：按照信息上的提示操作以恢复打印 |
| | 原因：出现密码输入屏幕。处理方法：用数字键输入正确的密码 |

续表

| 故 障 现 象 | 原因和处理方法 |
|---|---|
| 接收后不能进行打印 | 原因：设置模式（管理员）中禁用了剪切打印。处理方法：装入与接收的传真尺寸相同的纸张。如果在设置模式（管理员）的“打印风格设置”中启用了“实际尺寸禁止剪切”功能，并且接收到的传真尺寸大于装入纸张的尺寸，那么该传真将会被接收并保存在内存中，而不打印（但是，当接收到的传真长度大于A3时，机器会使用多张纸将其打印出来） |
| | 原因：为接收到的传真启用了转发（邮件转发表功能）。处理方法：当启用了邮件转发表功能时，接收到的传真会自动转发给指定的收件人。启用邮件转发表功能时，如果选择了“错误时打印”，则只有在出现错误时才会打印接收到的传真 |
| 机器无法开始接收传真 | 原因：在设置模式中将接收模式设置为“手动接收”。处理方法：将接收模式设置为“自动接收”。当将接收模式设为“手动接收”时，机器不会自动接收传真 |
| | 原因：机器的可用内存过小。处理方法：增大可用内存。打印通过机密接收的传真和其他有密码保护的数据，或者删除保存在内存收件箱中的数据，便可增大可用内存 |
| 不能拨号 | 原因：未连接分机。处理方法：检查连接。检查电话线插座、墙壁插座及分机转接头，确保所有接口牢固连接 |
| 无法与对方通话 | 原因：使用了免提拨号。处理方法：使用分机拨号。使用免提拨号时可以听到对方的声音，但是对方听不到你的声音 |
| 听不到声音 | 原因：在设置模式中将振铃音量设置为“无”。处理方法：请管理员在“扬声器设置”中将音量设置为“无”之外的其他音量 |
| 无法保存快捷键或分组键 | 原因：已保存的按键数已达到上限。处理方法：调整保存的按键数。删除不使用的快捷键和分组键 |
| | 原因：此功能被管理员禁用。处理方法：向管理员确认 |
| 无法编辑或删除快捷键或分组键 | 原因：此键包含在某一分组内。处理方法：将此键从分组中移除，然后再对其进行编辑或删除 |
| | 原因：是否有预约的发送任务或进行中的发送任务使用了此键。处理方法：等待发送完成或取消预约的发送，然后再对此键进行编辑或删除 |
| | 原因：此键包含在某个程序中。处理方法：将此键从程序中移除，然后再对其进行编辑或删除 |
| | 原因：管理员启用了某项防止编辑/删除的功能。处理方法：向管理员确认 |
| 不能进行打印或者正在执行任务时打印停止 | 原因：纸盒缺纸。处理方法：按照触摸屏显示信息补充纸张 |
| | 原因：机器缺少墨粉。处理方法：更换墨粉盒 |
| | 原因：发生了卡纸。处理方法：按照触摸屏显示信息清除卡纸 |
| | 原因：输出托盘已满。处理方法：从该托盘中取出输出件并继续打印 |
| | 原因：废墨粉容器已满。处理方法：根据触摸屏上信息提示更换废墨粉容器 |
| 不能自动选择原稿尺寸或选择了错误尺寸 | 原因：原稿卷曲或折叠。处理方法：将原稿拉直。如果原稿卷曲或折叠，则不能检测出正确的原稿尺寸 |
| | 原因：放置了小于A5尺寸的原稿。处理方法：手动选择原稿尺寸。无法检测到小于A5尺寸的原稿。当使用原稿台扫描小尺寸原稿时，最好在原稿上放置一张与你想要使用的打印纸张尺寸（如A4、B5等）相同的白纸 |
| 原稿卡纸（送稿器） | 原因：送稿器中装入了过多的纸张。处理方法：确保原稿叠放的高度不超过标志线 |
| | 原因：原稿是长原稿。处理方法：使用送稿器扫描长原稿时，将扫描尺寸设置为“长尺寸” |
| | 原因：原稿纸张较薄。处理方法：使用原稿台扫描原稿。如果需要使用送稿器，应使用“其他”中的“慢扫描模式”来扫描原稿 |
| | 原因：送纸辊较脏。处理方法：清洁送纸辊的表面 |

续表

| 故 障 现 象 | 原因和处理方法 |
| --- | --- |
| 纸张上的图像歪斜 | 原因：手送纸盒中装入了过多的纸张。处理方法：所装入纸张的张数不要超过纸盒的最大容量。纸张类型设置不同，最大装纸张数也不同 |
| | 原因：纸盒或手送纸盒导纸板未调整为纸张的宽度。处理方法：将纸盒或手送纸盒导纸板调整为纸张的宽度 |
| | 原因：原稿导板未调整为纸张的宽度。处理方法：调整原稿导板，使其与纸张宽度匹配 |
| 扫描图像上出现线条 | 原因：原稿台或送稿器的扫描区域较脏。处理方法：清洁原稿台或送稿器的扫描区域 |
| | 原因：手送纸盒送纸辊较脏。处理方法：清洁手送纸盒、送纸辊的表面 |
| 墨粉黏附不牢，或纸张上出现褶皱现象 | 原因：使用了超出规格的纸张。处理方法：使用 SHARP 推荐的纸张 |
| | 原因：未正确设置纸张类型。处理方法：在纸盒设置中设置正确的纸张类型 |
| | 原因：打印在装入纸张的反面。处理方法：检查纸张的正反面。某些类型的纸张，如标签页和投影胶片具有特定的正反面。如果打印在标签页或投影胶片的反面，可能会影响墨粉的黏附性，从而无法打印清晰的图像 |
| 不能使用所连接的 USB 设备 | 原因：USB 设备与机器不兼容。处理方法：向经销商咨询设备是否与本机器兼容。无法使用与机器不兼容的 USB 设备 |
| | 原因：连接的 USB 设备未被正确识别。处理方法：使用设置模式中的“USB 设备检查”，检查机器是否可以识别该设备。轻击“设置模式”→“系统设置”→“USB 设备检查”，如果无法识别该设备，应重新连接 |

注：如果利用上述解决方法还是无法排除故障，应按“电源”按钮，然后将主电源开关切换到“⏻”（关）位置。等待至少 10s 的时间，然后将主电源开关切换到“ | ”（开）位置。主电源指示灯常亮后，按“电源”按钮。当位于触摸屏右上角的工作状况显示的背景颜色没有变灰时，不要关闭主电源开关或拔掉电源插头，否则可能损坏硬盘，或导致正在保存或接收的数据丢失。

# 本章练习题

5.1 复印机按用途、显影方式、成像原理、工作原理、结构、功能的分类各有哪些？

5.2 简述复印机的基本复印过程和工作原理。

5.3 简述数码复印机打印程序的安装、网络打印程序的安装。

5.4 简述复印机复印的基本操作方法和技巧。

5.5 简述数码复印机的维护与保养方法。

5.6 简述数码复印机复印时，复印件过深或过浅、空白复印件、卡纸、复印件有污迹等故障的处理方法。

5.7 简述数码复印机打印时，机器不能打印、打印图像歪斜或越过了纸张范围等故障的处理方法。

5.8 操作复印机进行等倍、缩小、放大、单面、双面复印等练习。

5.9 人为设置纸盒、对位辊、定影辊、排纸辊等部位卡纸故障，练习排除方法并掌握排除技能。

5.10 练习对稿台、输纸辊、充电电极、转印分离电极、输纸带、定影辊、排纸辊等部件的清洁技巧。

5.11 设置数码复印机在打印状态时，机器不能打印、打印图像越过了纸张范围等故障，掌握查找故障原因的方法及技能。

# 第六章 办公自动化辅助设备

**知识教学目标**

- 了解数码投影机、UPS 不间断电源、碎纸机、数码相机和数码摄像机的结构及工作原理、主要技术指标。
- 掌握数码投影机、UPS 不间断电源、碎纸机、数码相机和数码摄像机的基本使用方法及注意事项、常见故障及处理方法、保养与维护的方法。
- 掌握办公输入设备、移动存储设备和光盘刻录机的基本原理及应用，掌握其使用的基本方法、注意事项及常见故障处理方法。

**技能培养目标**

- 能够熟练保养与维护数码投影机、UPS 不间断电源、碎纸机、数码相机和数码摄像机。
- 能够熟练处理数码投影机、UPS 不间断电源、碎纸机、数码相机和数码摄像机的常见故障。

## 第一节　办公输入技术与设备

### 一、语音输入

早期，国内语音输入市场上主要存在两大语音输入技术：一种是微软语音输入技术；另一种是 IBM 语音输入技术。由于这两种语音输入技术设置繁琐，以及对 Microsoft Word 不同版本的兼容性问题、语音识别率不高等问题，基本上已经被广大计算机用户所遗忘，取而代之的是搜狗、科大讯飞、百度等公司的语音输入技术。

下面以搜狗输入法自带的语音输入打字功能为例，介绍语音输入的方法。

首先，准备一台计算机（以 Windows 7 为例）、一个麦克风，并在计算机上安装搜狗输入法，如图 6.1 所示。

其次，打开输入程序（记事本、便签、网页搜索框、聊天软件窗口等），如果不在输入文字状态，语音输入就无法实现。单击状态栏上搜狗输入法浮动条上的键盘图标，在“输入方式”中选择“语音输入”，如图 6.2 所示。

图 6.1　安装了搜狗输入法的计算机桌面

图 6.2　“输入方式”选择界面

再次，将光标插入“记事本”中，单击“点击说话（F2）”按钮，用户所说内容就会经过语音识别处理后出现在“记事本”中（通常语音识别会有一个短暂的过程，另外由于用户普通话的标准程度不一，可能会出现少量错误字词），如图 6.3 所示。

最后，要特别说明的是，标点符号很难识别或识别率不高。输入完毕后，需要单击“说完了”按钮，然后手动修改有误的文本，如图 6.4 所示。

图 6.3　语音输入

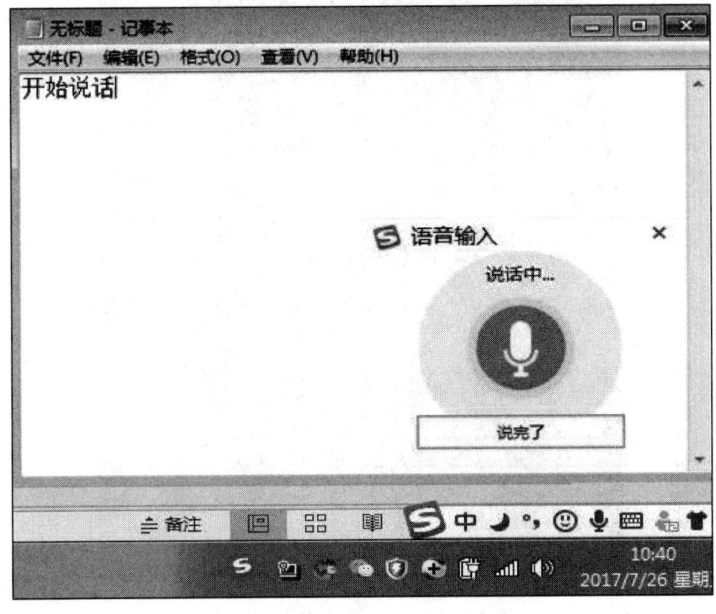


图 6.4　“记事本”语音输入界面

## 二、触摸屏

20 世纪 70 年代，触摸屏技术首先被美国军方应用于军事领域，随后逐渐转向民用。触摸屏技术的应用在我国已经有 30 多年的历史。随着互联网技术的迅速发展，以及移动互联网应用的普及，新的触摸屏技术和产品相继出现。银行、医院、图书馆等公共场所，大多都在使用带有触摸屏功能的计算机或设备（图 6.5），智能手机、平板电脑、超极本等均支持该项技术，而且是多点触控技术（图 6.6 和图 6.7）。

图 6.5 触摸屏查询平台

图 6.6 多点触控技术（智能手机）

图 6.7 多点触控技术（平板）

触摸屏技术是继键盘、鼠标、手写板、语音输入后最容易被用户接受的计算机输入方式。触摸屏的出现赋予了多媒体崭新的面貌，是一种非常具有吸引力而又直观的多媒体交互设备。目前，这种简单、直观、便捷、快速、自然的人机交互技术已经被应用于很多领域，如智能通信设备、办公设备及工业设备等。

事实上，触摸屏就是计算机的一种外围设备，是一种传感器。它主要由两部分组成，即触摸感应器和触摸控制器。触摸感应器用于感应用户的触摸动作和位置，而触摸控制器的作用是接收触摸感应器感受到的触摸信息，并将它转换成触点坐标发送给计算机进行处理，同时接收计算机发送的指令并予以执行。

## 三、手写输入

手写输入通常是使用一支专用的笔或手指在特定的书写区域（或专门的面板）内书写文字。手写输入方法是完全用平常的习惯把要输入的汉字写在一块书写板或书写区域内，借助特定的设备或软件将笔尖走过的轨迹按时间采样后发送到计算机中，由计算机软件自动完成识别，然后转换成文字显示出来。对于不喜欢使用键盘或不会使用键盘输入文字的用户来说，手写输入是非常有用的，而且和平时在纸张上写字几乎没有两样，不需要专门学习输入法及键盘的使用方法。手写笔是手写输入技术中的重要设备之一，可以用它来完成文字书写、精确制图及专业绘画等工作。

### 1. 手写输入技术

在 Windows 系统“开始”菜单下的“附件”中调出“画图”程序，用户可以使用光标在画布中随意书写或画画，如图 6.8 所示。缺点是，Windows 无法将用户书写或绘制的作品通过计算机系统识别并转换出来，而且用光标书写或画画很不方便。

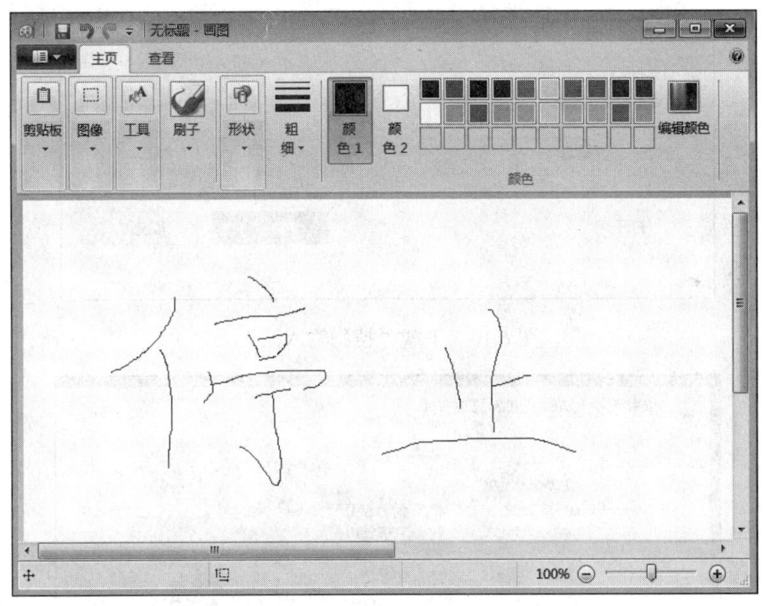


图 6.8 在“画图”程序中书写

手写识别技术能够使用户按照自然、方便的输入方式进行文字输入，易学易用，可取代键盘输入。通过引入第三方软件“搜狗输入法”安装使用，利用其自带的输入法的书写功能与鼠标结合完成汉字书写输入。“搜狗输入法”附加了书写输入功能，不喜欢使用键盘输入或不会使用键盘输入的用户利用该功能可以成功地在 Word、文本框及聊天软件窗口中正确输入文字。具体操作步骤如下。

（1）打开浏览器，在搜索栏中输入“搜狗输入法”，下载并安装，如图 6.9～图 6.11 所示。

图 6.9　查找“搜狗输入法”

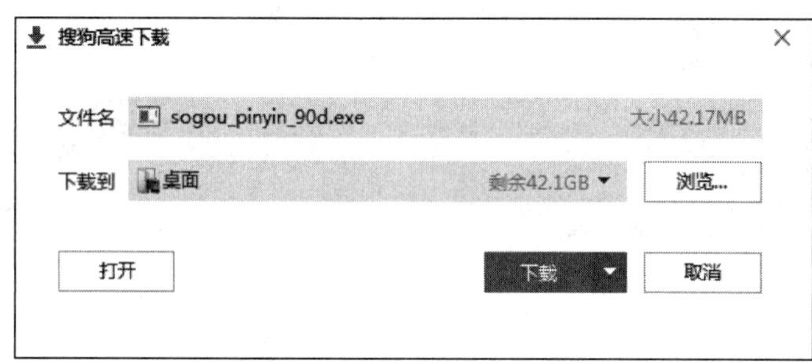


图 6.10　下载“搜狗输入法”

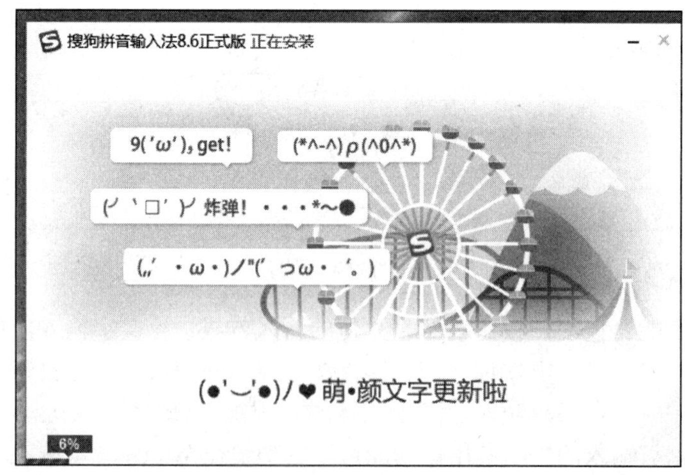


图 6.11　安装“搜狗输入法”

（2）在需要输入文字的地方（Word、聊天窗口等）单击插入点，切换到搜狗输入法状态，单击最后的浮动“搜狗工具箱”图标并打开，选择“手写输入”，如图 6.12～图 6.14 所示。

图 6.12　在 Word 窗口下切换到“搜狗输入法”

图 6.13　打开“搜狗工具箱”

（3）系统自动打开“手写输入”对话框，关闭搜狗工具箱，在“手写输入”对话框中用鼠标书写即可，然后在右侧识别框中找到并选择需要的汉字即可完成输入，如图 6.15 所示。

值得一提的是，搜狗输入法自带的手写输入功能对汉字的识别率极高，无论是生僻字还是稍微潦草的字体，基本上都可以识别出来，而且还在识别出来的汉字右下角提供了汉语拼音。另外，该输入法还提供了“单字书写”和“长句书写”两种功能，极大地丰富了用户的书写体验。

图 6.14 选择“手写输入”选项

图 6.15 用鼠标手写汉字

2. 手写板

手写板是一种专门的手写输入设备，不仅很好地解决了手写输入和文字识别的问题，而且使用起来和普通笔一样方便，与鼠标书写相比，改善了书写体验、书写速度及书写美观度。手写板使一些不会用键盘打字和对输入法不熟悉的用户的文字输入问题迎刃而解。手写板的使用让这部分用户的中文输入变得和日常书写一样容易，真正解决了这部分用户“人机交互”的难题。目前，市场上的手写板不仅能输入文字，还能用于绘画和制图，功能更加突出，如图 6.16 所示。

图 6.16　手写板

手写板通常由两部分构成：一部分与计算机相连，称为手写基板；另一部分是用来书写的手写笔。根据是否有信号线与计算机连接，可以把手写板分为有线手写板与无线手写板两种。有线手写板，即手写基板有信号线与计算机相连，如图 6.17 所示；手写基板通过无线方式与计算机通信的，称为无线手写板，如图 6.18 所示。有线手写板就像有线鼠标和键盘一样，在使用过程中会受连接线缆长度的限制；无线手写板的工作范围则更大，使用起来更灵活。

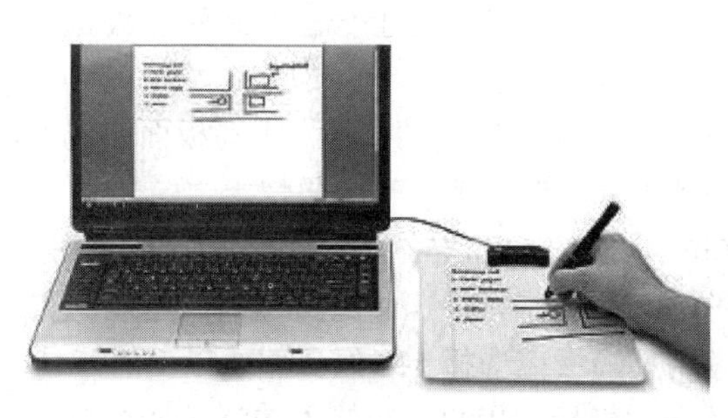

图 6.17　有线手写板

图 6.18　无线手写板

根据手写板的专业程度，可以将手写基板分为普通板和画板。前者主要是用于文字输入，后者主要用于专业绘图。

从技术方面来讲，手写板主要分为电阻压力板、电容板及电磁压感板等。其中，电阻压力板技术最为古老；电容板由于手写笔无须电源供给，多应用于便携式产品；电磁压感板是目前最为成熟的技术，已被市场认可，应用最为广泛。

在笔的设计上又分为有压感和无压感两种类型。有压感的手写板可以感应到手写笔在手写板上的力度，从而产生粗细不同的笔画（图 6.19），这一技术成果被广泛应用于美术绘画和银行签名等方面。

图 6.19　不同压感的画笔

3. 手写板的性能指标与选购参考

手写板具有书写方便、容易使用、价格适中等优点，功能除用于手写输入外，还可用于专业绘图。

1）性能指标

手写板产品的性能主要依据识别率、精读、手写面积、压感级数、字库量、最大笔尖识别高度等技术指标来衡量。

（1）识别率。无论是哪一款手写板，识别率都是最主要的性能指标。因此，在选购时一定要多试试各种难字、易错字等，手写板能否正确识别，从而大致估算出其识别率高低。

一般来说，手写板识别率至少要达到 95%；否则，用户将花费大量时间、精力进行错误更正。

（2）精度。它又称为分辨率、解析度等，指的是单位长度上分布的感应点数。精度越高的产品对手写的反应越灵敏，自然对手写板的要求也越高。

（3）手写面积（也叫书写区域）。它是手写板一个很直观的指标。手写板面积越大，书写面积的回旋余地就越大，运笔也就更加灵活方便，输入速度也会更快。

手写板的尺寸标注有 3.0in×2.0in、3.0in×4.5in、4.0in×5.0in 和 4.5in×6.0in 几种。

（4）压感级数。它是评价手写板性能的一个重要指标。压感级数越高，越能真实地表现用户手写输入时笔画粗细的不同。现在家用手写板应选择 512 级压感或以上的产品。

（5）字库量。它也是衡量手写板优劣的一项指标。用户手写输入的汉字能否被正确识别，与手写板字库中是否含有笔迹图形相应代码密切相关。目前市面上的手写板字库量也相差甚远。

（6）最大笔尖识别高度。对于电磁式手写板，书写时手写笔笔尖可不与写字板直接接触，但笔尖离开写字板距离过大可能会无法感应到。这一性能指标也会直接影响到用户书写时是否流畅，以及替代鼠标操作是否灵活等。

2）主要功能

除进行手写输入外，用户还可能希望使用手写板完成更多的个性化操作，这就需要手写板具备更多的实用功能。一般来说，手写板具有以下基本功能，如表 6.1 所示。

表 6.1　手写板的基本功能

| 序　号 | 功　能 | 说　明 |
| --- | --- | --- |
| 1 | 全屏书写 | 是否既能在手写窗口状态下进行书写，又能在全屏状态下进行书写 |
| 2 | 倒插笔 | 考察该产品是否支持对倒插笔书写的识别（即有违正确书写时的笔画书写顺序） |
| 3 | 连续输入 | 是否可以一次性地书写多个字符，然后再一次性识别 |
| 4 | 联想功能 | 在输入一个字之后，能否列出以这个字开头的常用词组 |
| 5 | 智能学习 | 当用户按照自己的书写习惯输入某个字时，识别系统第一次并没有识别出来，在手动选择正确的字符后，当用户再以同样的笔迹书写该字时，程序能否进行智能学习，并识别出该字 |
| 6 | 语音输入 | 有没有附送的语音输入软件，产品能进行语音输入以配合手写输入 |
| 7 | 语音校对 | 是否具备识别某个字后，通过发出语音来校对识别的字符是否正确的功能 |
| 8 | 简繁转换 | 考察该产品能否将输入的简体字和繁体字相互转换 |
| 9 | 签名功能 | 是否提供一个专门的程序来处理用户的签名 |
| 10 | 绘画效果 | 首先，手写板应该附带相应的绘画软件；其次，该产品能否实现笔迹粗细的变化；最后，再根据实际的使用来判定该产品的绘画效果 |
| 11 | 快捷按键 | 手写板上是否增加了一些启动常用软件或切换一些软件常变参数的快捷按键，以提高工作效率 |
| 12 | 书写手感 | 主要通过实际操作来感受该产品的书写手感 |

3）选购参考

在了解手写板的主要性能指标后，用户可根据实际需求选择购买手写产品。用户在选购手写板时应考虑以下因素。

（1）手写识别软件。购买手写板时，不要忘记其配套的手写识别软件的比较选择。手写软件的文字识别能力在工笔字识别方面，已经发挥到了极致，最关键的是看它们识别连笔、倒插笔、简化字与繁体字之间相互转换的能力，以及适应每个字符多样化书写的自由度（能同时识别连笔、草书、逐笔书写，以满足不同用户的需要）。

（2）兼容性。手写板与操作系统的兼容性问题对手写板的正常使用影响最大。通常情况下，Windows XP 及以上版本系统都可使用手写板。因此，用户在选择手写板时，一定要清楚计算机是否与该型号的手写板匹配。

（3）手写笔类型。现在的手写板大多具有无导线、无电池式的手写笔，让用户如同真实用笔一样。此外，还要看看手写笔上的按键能否通过软件设置成某些功能键。

（4）基本功能。每款手写板都有其独特的功能特点，但一般都应该具有鼠标控制功能、智能学习功能、支持全屏书写功能、支持连续书写、语义分析等常见功能。

（5）外观设计。绚丽多彩的颜色、新颖的外形、流行的半透明设计等个性化外观往往会激发用户的购买欲望。

（6）价格。性价比的高低永远是用户选购时考虑的关键因素。用户应从实际需求出发选择合适的产品。

## 四、电子白板

电子白板是一种多媒体设备，广泛应用于教学和商务活动中，如图 6.20 所示。电子白板可以作为投影屏展现多媒体资源，又可以作为手写屏，让用户在其中任意书写，可以直观、清晰地与计算机实现交互。电子白板通常由台式计算机、触摸式白板、投影仪、音响、传声器等电子设备组成，它也带来了一种新兴的、电子化的、智能化的教学模式。有些地区的学校已经将电子白板和学生的电子书包联合起来，很多学校已经统一采购了该设备。

图 6.20 电子白板

电子白板产生于 20 世纪 90 年代后期，是集电子技术、软件技术等多种技术于一体的高新科技产品。操作者在电子白板上用鼠标笔或普通笔自由地书写，它能将书写或绘画轨迹发送至计算机处理，并转换成图形数据，进而进行存储或输出等。电子白板的类型随着技术的发展和市场的需求不断发生着变化，目前主要有背投式电子白板、复印式电子白板、红外式电子白板、光学式电子白板和交互式电子白板五种类型。

### 1. 背投式电子白板

背投式电子白板，按照安装方式可分为镶墙式电子白板和柜式电子白板。

（1）镶墙式电子白板。需要打造暗室放置投影机，并将背投幕嵌入到墙体中，镶墙式可最大限度地节省空间，并创建一个开放的、专业的工作环境。将智能板镶在墙上，投影机放在墙里面的暗室中由背后投影，主讲人可以直接站在白板前面而不会遮住光线，背投内嵌于墙体，外置推拉式活动黑板，采用一体化设计，应用、保管都非常方便，适用于新建学校。

（2）柜式电子白板。柜式的则可将整个设备从一个房间移动到另一个房间，或通过调节机柜脚轮牢固地置于某个位置。将多功能智能板镶在一个柜式机架上，投影机放在机架里面由背后投影，主讲人可以直接站在白板前面而不会遮住光线。还可将计算机和 VCD 等放置于机架内，整体结构紧凑简洁。在第一次安装完成以后，它就可以四处推着走而无须重新安装。

### 2. 复印式电子白板

复印式电子白板又称为“立式手写复印机”，如图 6.21 所示。其功能在于可将电子白板上书写的内容进行扫描并打印出来，过程与普通的复印过程一样。首先由图像传感器件对书写内容进行采集，采集信号经过一定的图像处理后用热敏、喷墨或其他打印方式输出，输出的纸张一般为 A4 幅面。这种电子白板的图像传感器件早期一般为 CCD，现在逐渐过渡为 CIS 扫描方式，与 CCD 扫描方式相比，CIS 扫描方式具有体积小、节省能源、图像稳定和可微调等优点。扫描时采用 CCD、CIS 模块运动或白板膜运动两种。除了复印功能外，一些厂家还在此基础上添加了与计算机相连的功能，即可将白板的内容扫描到计算机中，相当于一台扫描仪。

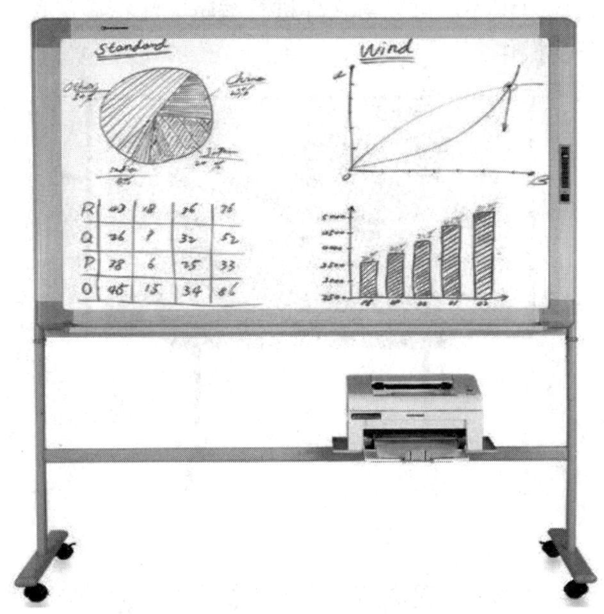


图 6.21　复印式电子白板

目前，复印式电子白板的主流打印输出方式为热敏纸打印、热转印和喷墨打印。

### 3. 红外式电子白板

红外式电子白板由密布在显示器四周的红外线接收和发射管，构成水平和垂直方向的扫描网格，形成一个扫描平面网，当有物体阻挡住网格中的某对水平和垂直扫描线时，就可以通过被阻挡的水平方向和垂直方向的红外线确定 $X$、$Y$ 坐标。

红外式电子白板的优点是可直接手写或用任意物体代替笔，操作体验类似于 iPad，缺点是不能提供板书的精确书写效果，手写时需一笔一画，操作时如果手腕或其他物体进入红外框范围就会造成误操作，并且会受到屏前强光干扰。

### 4. 光学式电子白板

光学式电子白板应用的是光学影像感应技术，继承了红外式电子白板的优点，同时修正了缺点，不受屏前强光干扰，触摸精度高，书写流畅，跟平时书写习惯完全一致，不会产生任何延迟。

光学式电子白板是一种先进的教育或会议辅助人机交互设备，它可以配合投影机、计算机等工具，实现无尘书写、随意书写、远程交流等功能。

5. 交互式电子白板

交互式电子白板如图 6.22 所示。它可以与计算机进行通信，将电子白板连接到 PC，并利用投影机将 PC 上的内容投影到电子白板屏幕上，在专门的应用程序的支持下，可以构造一个大屏幕、交互式的协作会议或教学环境。利用特定的定位笔代替鼠标在白板上进行操作，可以运行任何应用程序，可以对文件进行编辑、注释、保存等，在计算机上利用键盘及鼠标可以实现任何操作。

图 6.22 交互式电子白板

交互式电子白板最主要的特点是具有强大的人机交互能力，它也是一种先进的教育或会议辅助人机交互设备，可以配合投影机、计算机等工具实现无尘书写、随意书写、远程交流等功能。

交互式电子白板实现原理与触摸屏、手写板的工作原理类似，主要采用电阻压感技术、电磁感应技术、表面红外线技术等，物理机构主要包括触摸感应器、触摸控制器和电子笔等。

## 第二节 移动存储设备

随着计算机技术的发展，现在的计算机可以支持多种移动存储设备。移动存储设备具有体积小、容量大、质量轻、方便携带等特点，是现代数据存储、交换的首选设备之一。本节主要介绍 U 盘、移动硬盘等移动存储设备的使用与维护。

### 一、移动存储概述

存储是计算机的一个重要功能。人们在日常工作、学习与生活中制作的各类文档、表格、图片、视频、幻灯片等内容，都可以存储在计算机中。随着计算机技术的发展，人与人之间的交流日益频繁，在计算机之间复制转移数据已经变得越来越普遍、越来越重要。

尽管计算机网络已经普及，人们通过计算机网络可以实现数据传输、信息资源共享等，但并不意味着移动存储就用不上了；相反，人们需要更方便、更快捷的移动存储设备，U 盘、移动硬盘、各种存储卡等就是一些常用的移动存储设备。

## 二、U盘

U 盘英文名"USB flash disk"，译为 USB 闪存盘，是一种无须物理驱动器的微型高容量移动存储设备，通过 USB 接口与计算机连接，实现即插即用。U 盘是最常见的移动存储设备之一，如图 6.23 所示。

图 6.23　U 盘

早期的 U 盘容量相对较小，以 MB 为单位，目前市场上主流容量为 8GB、16GB、32GB、64GB、128GB、256GB、512GB、1TB 等几种。随着技术的不断进步，U 盘的存储容量还会不断增大，性价比会不断提高。

### 1. U 盘的结构

U 盘主要由 I/O 控制芯片、闪存、USB 接口、电路板和其他电子元件等部件组成，如图 6.24 所示。主要组成部件的作用如下。

（1）I/O 控制芯片：分为 USB 1.1（早期）、USB 2.0 和 USB 3.0，为设备端。

（2）闪存（flash memory）：是可读写、断电不丢失信息的存储器，可擦写 100 万次以上。

（3）电路板和其他电子元件：是保证 U 盘正常工作的附件。

图 6.24　U 盘结构

### 2. U 盘的使用

U 盘有 USB 接口，是 USB 设备。如果操作系统是 Windows XP/Vista/7、Linux 或是苹果系统，将 U 盘直接插到计算机的 USB 接口上，系统就会自动识别。如果是 Windows XP 之前更早的系统，需要安装 U 盘驱动程序才能使用。驱动程序可以从 U 盘附带的光盘中或者到生产厂商的网站上查寻。当新 U 盘在 Windows XP 及以上版本的系统上首次使用时，会有一个短暂的识别过程，系统会提示发现新硬件，如图 6.25 所示。当出现图 6.26 所示界面时，说明 U 盘可以正常使用了。

图 6.25　发现新硬件提示

图 6.26　新硬件安装完毕

U 盘的使用非常简单。在正常情况下，只要将 U 盘插入计算机的 USB 接口，就能在“计算机”窗口中的“有可移动存储的设备”区域看到 U 盘出现，如图 6.27 所示。

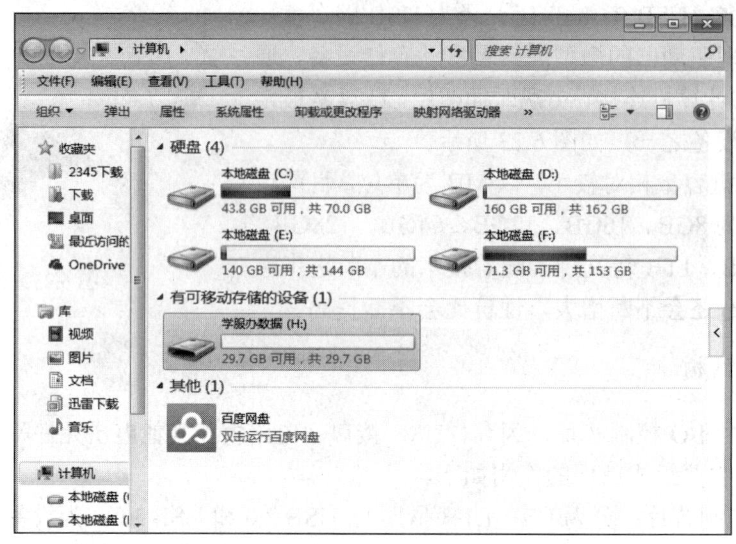


图 6.27 U 盘在“有可移动存储的设备”区域出现

U 盘成功连接计算机后，就成为计算机的一个存储器，其用法与普通存储器一样，可以从 U 盘中读取、删除数据，也能修改或存入数据。对 U 盘进行读写时，U 盘的数据指示灯会不停地闪烁，数据流越大，数据指示灯闪烁就越快。

U 盘使用完毕，应将其从计算机系统中安全移除。虽然目前的 USB 接口都支持热插拔（即在带电情况下可以直接进行插拔操作），但为了确保 U 盘中数据和计算机系统的安全，在 U 盘的读写过程中，特别是 U 盘中的文件处于打开状态时，禁止将 U 盘直接从计算机中拔出，建议采用以下“安全删除硬件”的方法移除 U 盘。

（1）仔细观察并确认 U 盘数据指示灯已经停止闪烁，然后在 Windows 任务栏指示区的“安全删除硬件并弹出媒体”图标上单击，如图 6.28 所示。

图 6.28 在“安全删除硬件并弹出媒体”图标上单击

（2）从弹出的菜单中选择“弹出 OnlyDisk”命令，等待 U 盘数据指示灯熄灭，系统出现图 6.29 所示的“安全地移除硬件”提示后，就可以把 U 盘从计算机的 USB 接口中拔出了。

有时在移除 U 盘的过程中，会弹出图 6.30 所示的停用设备警告对话框。出现这种情况时要注意排查以下几点：①检查 U 盘中的文件是否正处于打开运行状态，若关闭或停用 U 盘中文件后，再次尝试即可成功移除 U 盘；②若 U 盘中有病毒或发生故障，也会导致无法退出，此时应该请专业人员帮助解决。

图 6.29　安全地移除硬件

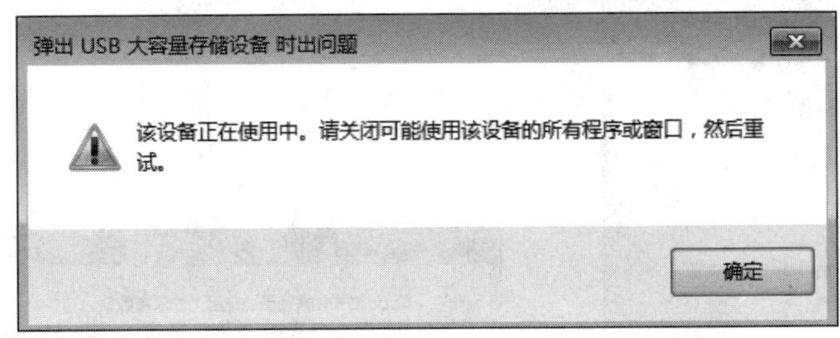


图 6.30　无法停止设备

3. U 盘的管理与维护

1）日常管理

（1）目前 U 盘的容量都比较大，但一般不建议分区。如果使用过程中确实需要划分不同的功能区，建议以创建文件夹的方式来分区。需要加密的话，可以使用第三方软件（如 U 盘/移动硬盘加密工具、E-钻文件夹加密大师等）对单个文件夹或整个 U 盘进行加密处理。

（2）如果需要完全清除 U 盘中的内容，可对其进行格式化操作。需要特别注意的是，格式化操作会完全删除 U 盘中的数据，操作前请务必谨慎处置。

① 将 U 盘连接到计算机，打开“计算机”，找到 U 盘并右击，在弹出的快捷菜单中选择“格式化”命令（图 6.31），弹出图 6.32 所示的“格式化”对话框。

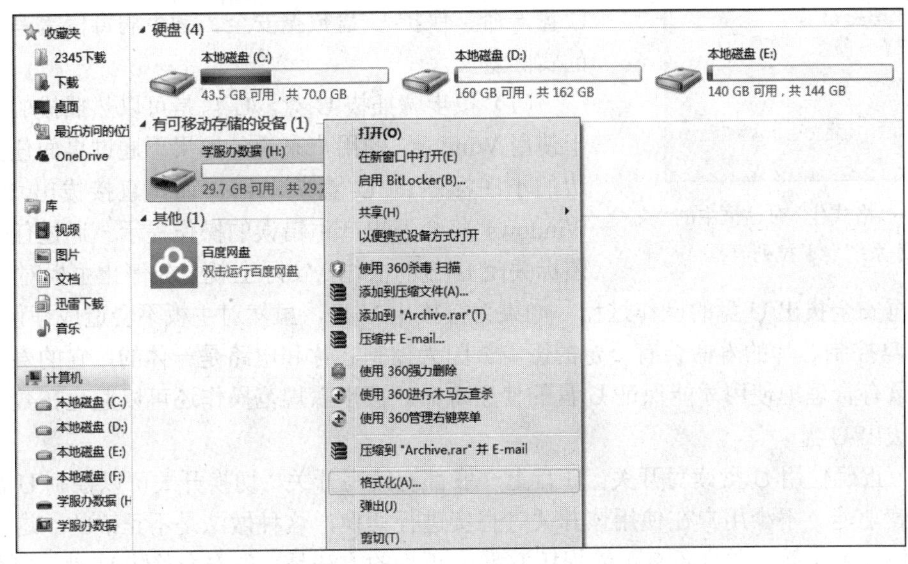


图 6.31　选择“格式化”命令

② 单击“开始”按钮，弹出图 6.33 所示的警告对话框，提示用户“格式化将删除该磁盘上的所有数据”。用户确认后，系统将执行格式化操作，直到系统提示格式化完成。

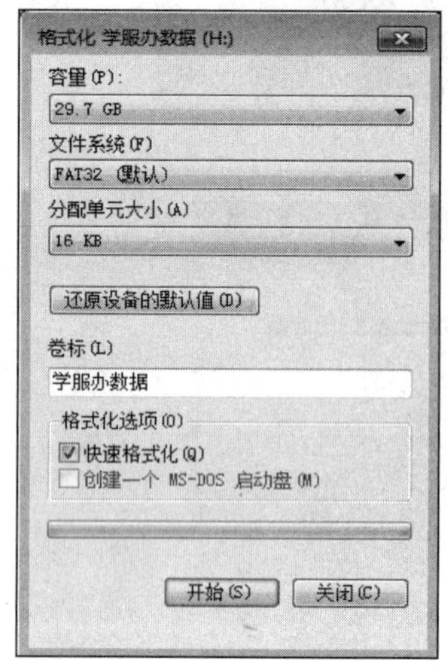


图 6.32 “格式化”对话框

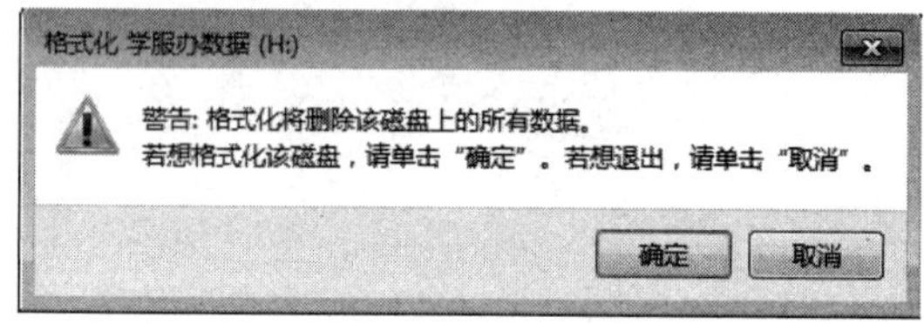


图 6.33 警告对话框

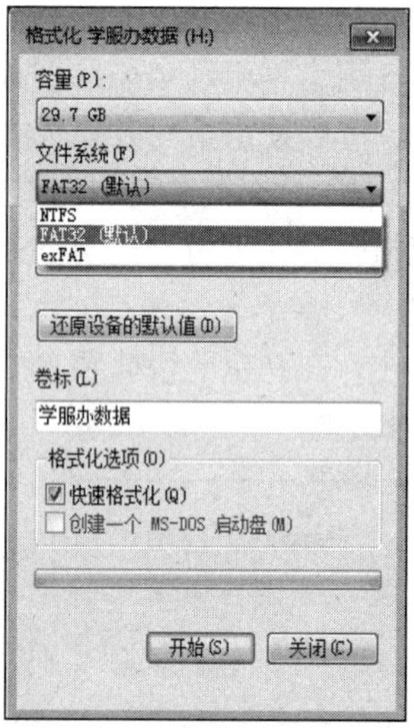

图 6.34 “格式化”对话框中的“文件系统”下拉列表框

在 Windows 7 系统下，U 盘默认支持 FAT32、exFAT 和 NTFS 三种文件系统，如图 6.34 所示。其中，NTFS 是微软推出的支持文件压缩、文件加密等功能的新技术文件系统。若 U 盘分区已经被格式化为 NTFS 文件系统，通过设置可实现对 U 盘内某个文件夹的加密，以便保护数据。

2）日常维护

在日常使用过程中，采用正确的使用方法，对延长 U 盘寿命、保护 U 盘数据安全、减少病毒侵害有很重要的实际意义。

（1）按步骤插拔 U 盘。U 盘是可以热插拔的，但对于使用 Windows 的用户来说，如果不通过桌面任务栏右边的小图标停止 U 盘驱动器，而是直接拔出 U 盘，Windows 将会发出产生错误的操作提示。通过任务栏小图标关闭 U 盘的操作，实际上就是先停止主板对 U 盘的供电，再安全拔出 U 盘的操作过程。如果直接拔出 U 盘，虽然对主板不会造成任何破坏，但对 U 盘控制芯片的寿命会有一定的影响。因为控制芯片和电路是一体的，它的寿命是有限的，只有合理地使用才能保证 U 盘的使用寿命。按步骤规范操作还可以避免在数据正在读写时拔出 U 盘。

（2）正确使用 U 盘读写开关。U 盘上一般都有读写开关，切换开关可以控制 U 盘的读写和只读功能。不少用户在使用该开关时直接进行切换，这种做法是不正确的。这样做不仅不能使设置生效，并且还有可能损坏 U 盘。正确的方法是：先安全移除 U 盘，接着进行开关状态切换，然后再插入 U 盘，这样 U 盘才能正常使用。同样，有的 U 盘上还有其他功能的切换开关，也需遵循上述步骤进行操作。

（3）合理保存、清洁 U 盘。U 盘本身具有很强的抗震防潮能力，但并非 100%防潮、抗震，在长时间不用的情况下，注意防潮是非常有必要的。U 盘存放需要注意的是避免 USB 接口的氧化锈蚀及水分对内部电路的腐蚀。一般情况下，应盖好 U 盘帽，将 U 盘放在干燥的地方。

（4）确保 U 盘不受外力破坏。外力破坏主要包括使用蛮力插拔 U 盘，插在机箱上的 U 盘受到意外触碰导致插口折断等。这些外力破坏轻则导致 U 盘中数据无法正常读写，重则导致 U 盘完全报废不能使用。

（5）切勿对 U 盘进行碎片整理。U 盘与硬盘的存储原理不同，不能对其进行碎片整理。对 U 盘进行碎片整理（即对 U 盘进行大量读写操作）不但无法提升性能，反而会缩短其使用寿命。

（6）切勿经常格式化 U 盘。对 U 盘进行格式化操作，一方面容易意外丢失数据，另一方面经常格式化会缩短 U 盘的使用寿命。

## 三、移动硬盘

移动硬盘（mobile hard disk）以硬盘为存储介质，是 U 盘以外的一类移动存储设备，如图 6.35 所示。通过移动硬盘可以实现计算机之间大容量数据的交换，可将海量资源随盘存储并随身携带。目前，市场中的移动硬盘主要有 320GB、500GB、1TB、2TB、4TB（1TB=1024GB）等几种容量。

图 6.35 移动硬盘

事实上，移动硬盘的结构很简单，就是把硬盘安装在一个可以移动的硬盘盒中，如图 6.36 所示。移动硬盘盒的功能是为安装在里面的硬盘提供电源和数据接口。移动硬盘对制造工艺要求很高，硬盘尺寸越小对技术的要求就越高，价格相应地也会更高。

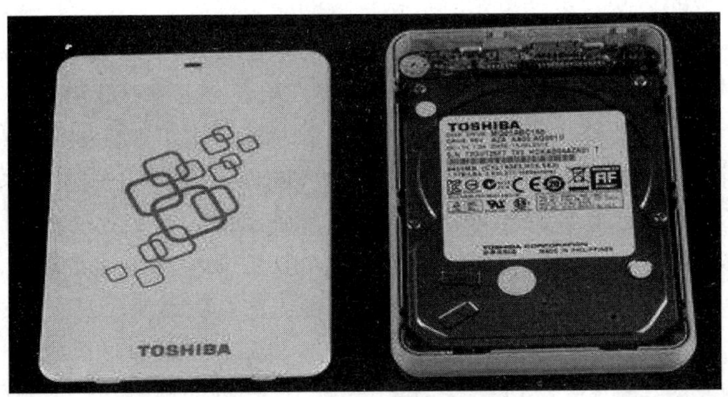


图 6.36 移动硬盘结构

台式计算机通过安装在机箱中的 3.5in 硬盘来存储数据，但由于机箱空间有限，不可能在里面安装很多硬盘，更换硬盘和转移数据很不方便。大容量移动硬盘作为计算机外接存储设备的引入，可以很好地解决计算机本地硬盘存储空间不足的问题，但由于移动硬盘多以 2.5in 或 1.8in 两种尺寸为主，带来的问题就是扩容成本加大。为了解决扩容成本的问题，市场上出现了外置硬盘抽取盒，可以将 3.5in 硬盘放入其中，如图 6.37 所示。外置硬盘抽取盒与普通移动硬盘盒相比，两者在原理、安装和使用方面都具有很多相似之处，如采用 USB 接口、容量可达数 TB 量级，对计算机扩展存储容量是一种理想的、相对经济的解决方案。目前，市场上主流的移动硬盘盒的接口主要有五种，即并口、USB 2.0、IEEE 1394、ESATA 和 USB 3.0，其中使用最普遍、最方便的是 USB 接口。

下面主要介绍 USB 接口移动硬盘的使用和管理。

图 6.37 外置硬盘抽取盒

### （一）移动硬盘的日常使用与保护

目前，绝大多数计算机的操作系统是 Windows 7 或以上版本的系统，新购买的移动硬盘基本上已被分区和格式化，不需要用户再进行额外操作，只要将移动硬盘通过 USB 数据线与计算机 USB 接口相连，稍等片刻即可直接使用，因此这里不再赘述移动硬盘的安装步骤。

移动硬盘具有容量大、体积小、速度快、使用方便和可靠性高等优点；缺点是容易损坏。因此，在日常使用过程中，只有正确使用和注意保护移动硬盘才能使其发挥出最佳性能，才能保证数据安全并延长其使用寿命。在使用过程中，需要注意以下几个方面。

（1）避免使用 USB 延长线。在实际使用移动硬盘时，有时考虑到计算机的摆放位置，常常选用 USB 延长线来连接移动硬盘和计算机。但延长线不但会增加连接线的长度，还会造成数据传输信号的衰减，会严重影响数据传输的稳定性。

（2）及时移除移动硬盘。不少用户无论用还是不用移动硬盘，都将它连接到计算机上，使用后又不及时将它从计算机的 USB 接口中拔出。从表面上看，这确实方便省事，殊不知这样移动硬盘会时刻与计算机进行“零距离”接触，计算机可能会威胁到移动硬盘的工作稳定性。考虑到现在的计算机绝大多数都使用 Windows 7（或以上版本的系统），这些操作系统一旦启用了休眠记忆功能，当再将该功能恢复到系统的正常运行状态时，与计算机时刻保持连接的移动硬盘可能就会受到计算机的“冲击”，如果冲击次数较多，移动硬盘的反应灵敏度就会下降，严重时移动硬盘会发生短暂性“休克”现象，甚至造成数据丢失。

（3）降低对移动硬盘的扫描。一般情况下，移动硬盘一插入计算机的 USB 接口中，Windows 系统就会对其 USB 接口每隔 1ms 进行一次扫描的检查活动，以便随时检测移动硬盘和计算机的连接状态，而这种频繁检测扫描活动往往会耗用不少系统资源。如果移动硬盘所连接的计算机系统资源本身就不是非常丰富，那么这种频繁扫描将会对移动硬盘的正常工作造成不小的影响，甚至导致移动硬盘读写数据失败。为了节约系统资源，提高移动硬盘工作稳定性，应降低对移动硬盘的扫描频率，延长系统对移动硬盘的扫描间隔时间。下面就是通过修改注册表相关键值的方法，来延长系统对移动硬盘扫描间隔时间的具体操作步骤。

首先，选择“开始”→“运行”菜单命令，打开“运行”对话框，输入“Regedit”命令，按Enter键后进入“注册表编辑器”窗口；其次，将光标定位于HKEY_LOCAL_MACHINE\SYSTEM\CurrentControlSet\Control\Class\{36FC9E60-C465-11CF-8056-444553540000}注册分支，如图6.38所示；最后，在对应{36FC9E60-C465-11CF-8056-444553540000}子键的右侧显示区域处，检查是否存在“IdleEnable”双字节值，要是找不到，可以右击空白处，并在弹出的快捷菜单中依次选择“新建”→“DWORD值”命令，然后再将新建键值名称设置为“IdleEnable”。双击刚刚建好的“IdleEnable”键值，在随后出现的数值设置窗口输入数字“1”，单击“确定”按钮，并刷新系统注册表，即可让系统对移动硬盘按设置进行扫描。

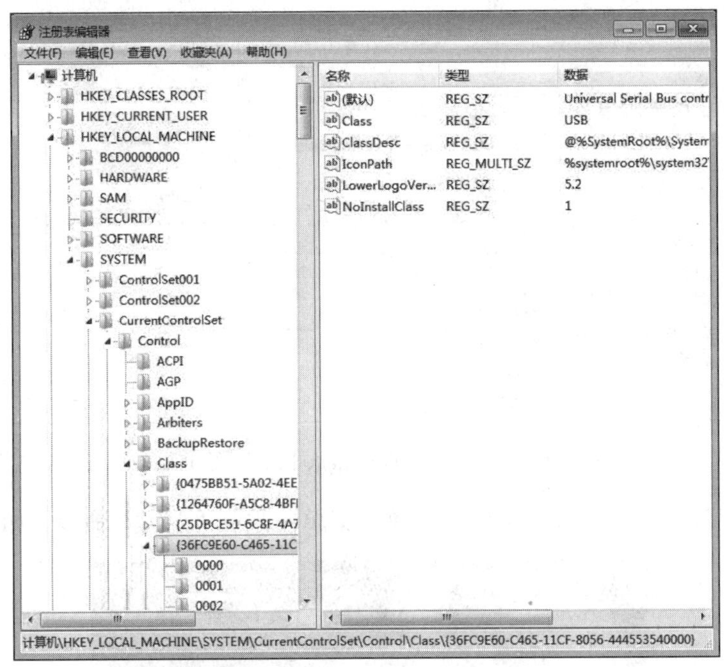


图6.38　“注册表编辑器”窗口设置

（4）插拔细节不宜忽视。尽管USB接口的移动硬盘支持热插拔功能，但用户绝对不能随心所欲地插拔，因为插拔不当容易降低移动硬盘的工作稳定性。为了保证移动硬盘的传输性能稳定，用户必须参照U盘的插拔注意事项进行插拔。

（5）注意移动硬盘的工作环境。不少用户使用移动硬盘后将其随意放置，殊不知这些环境有可能是通风不好、湿度较大的地方，这种环境对移动硬盘的USB金属接口是非常有害的。长期将移动硬盘放置在这样的环境中，USB接口容易发生锈蚀现象，从而影响移动硬盘的接触性能，直接导致数据传输性能不稳定。为避免这种现象，平时一定要将移动硬盘放置在干燥、通风良好的环境中。

除上述五点外，使用移动硬盘时还要注意散热、防尘、防震、防电磁干扰等。

### （二）移动硬盘分区管理

现在购买的移动硬盘基本上已被分区和格式化，所以买回来后可以直接使用。但对于未被分区和格式化的移动硬盘，只有完成分区和格式化后才能使用。

新购买的分好区的移动硬盘有时也不能满足用户的使用要求，这时用户会根据自己的使用习惯和要求对移动硬盘进行重新分区。对于 TB 量级的大容量移动硬盘，用户常常会根据个人需求将它划分为若干个独立的存储区。

将移动硬盘接入计算机就会发现，1TB 的硬盘只有 931GB（图 6.39），这是算法的原因，属于正常现象。特别提示：在给移动硬盘分区前，应做好数据备份，因为分区后数据会全部丢失（以下分区操作在 Windows 7 系统中完成）。

图 6.39 “计算机”的 Seagate Backup Plus Drive

（1）右击“计算机”图标，在弹出的快捷菜单中选择“管理”命令，如图 6.40 所示。

图 6.40 选择“管理”命令

（2）单击“磁盘管理”，就会看到移动磁盘信息，移动磁盘默认只有一个分区，如图 6.41 所示。

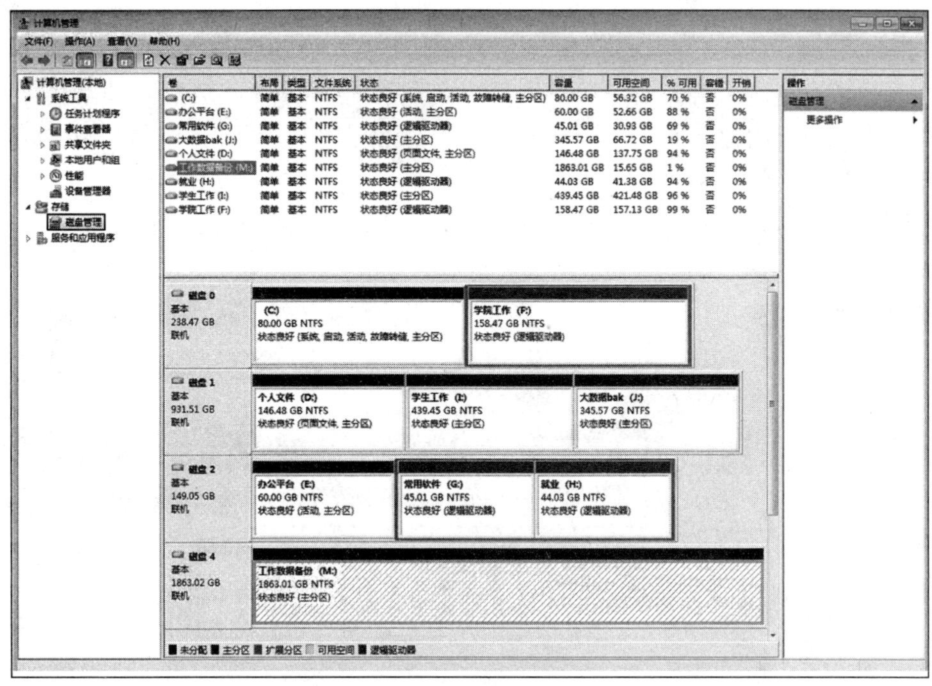


图 6.41　磁盘管理（磁盘 1）

（3）右击移动硬盘分区，在弹出的快捷菜单中选择“删除卷”命令，系统提示所有数据都会丢失。如果移动硬盘中没有数据需要备份或是数据已经备份了，可以直接单击“是”按钮。删除卷后，会显示“未分配”字样，如图 6.42～图 6.44 所示。

图 6.42　在“计算机管理”窗口中选择“删除卷”命令

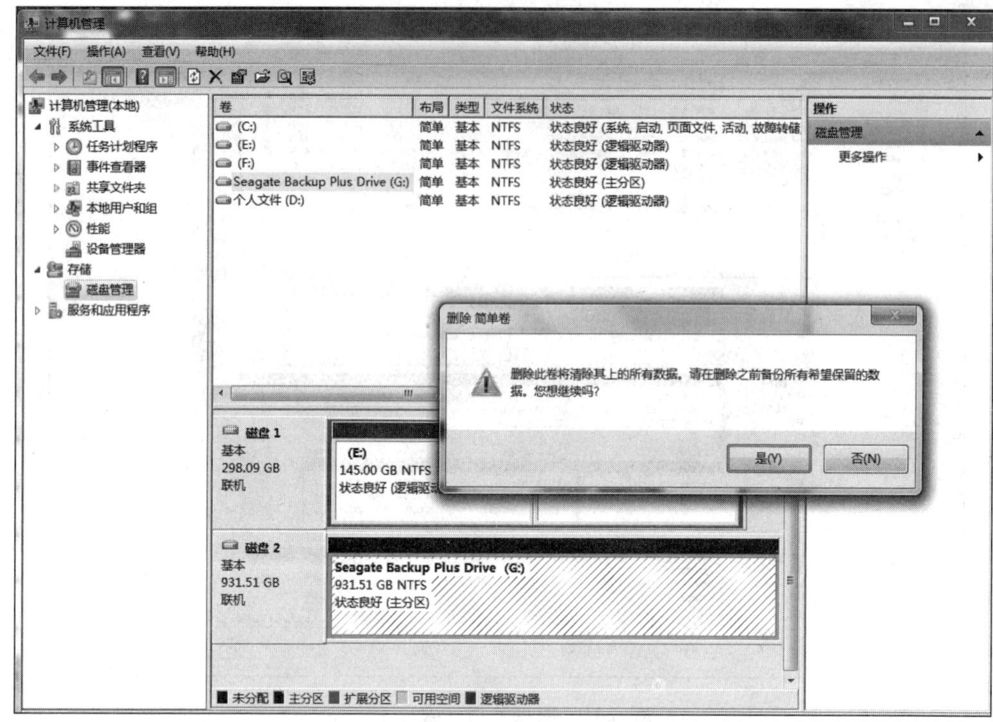


图 6.43 单击提示对话框中的“是”按钮

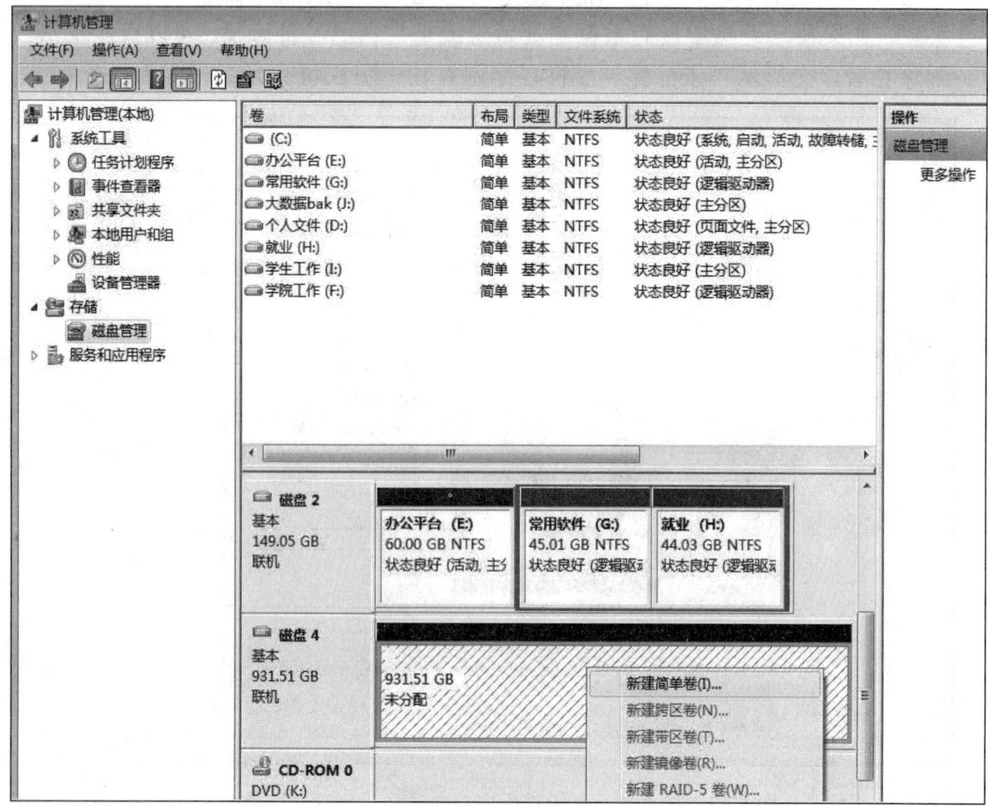


图 6.44 选择“新建简单卷”命令

（4）右击“未分配”磁盘，在弹出的快捷菜单中选择“新建简单卷”命令，进入“欢迎使用新建简单卷向导”对话框，单击“下一步”按钮，进入“指定卷大小”对话框，输入卷值，单击“下一步”按钮，如图 6.45～图 6.47 所示。

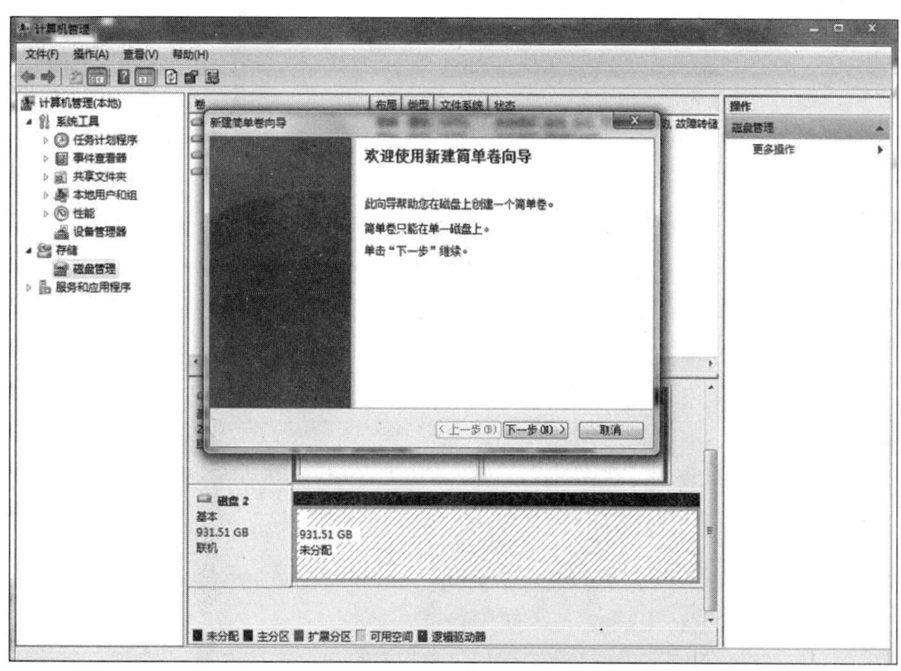


图 6.45 新建简单卷向导

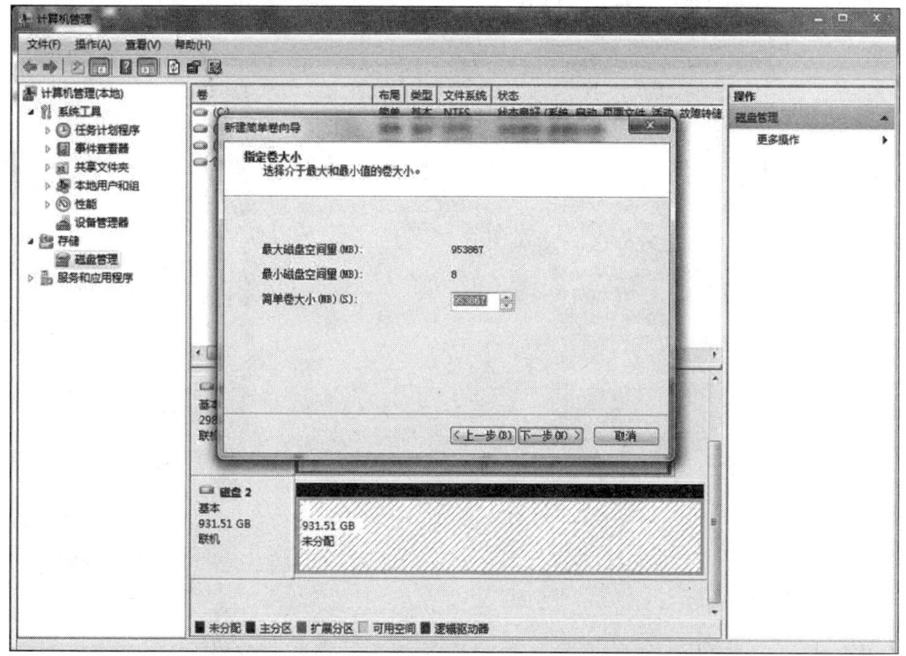


图 6.46 指定卷大小

（5）单击“下一步”按钮，进入“分配驱动器号和路径”对话框。一般情况下，选中

“分配以下驱动器号”单选按钮，用户也可自行修改，如果驱动器号已经被占用，则要选择未被占用的驱动器号，如图 6.48 所示。

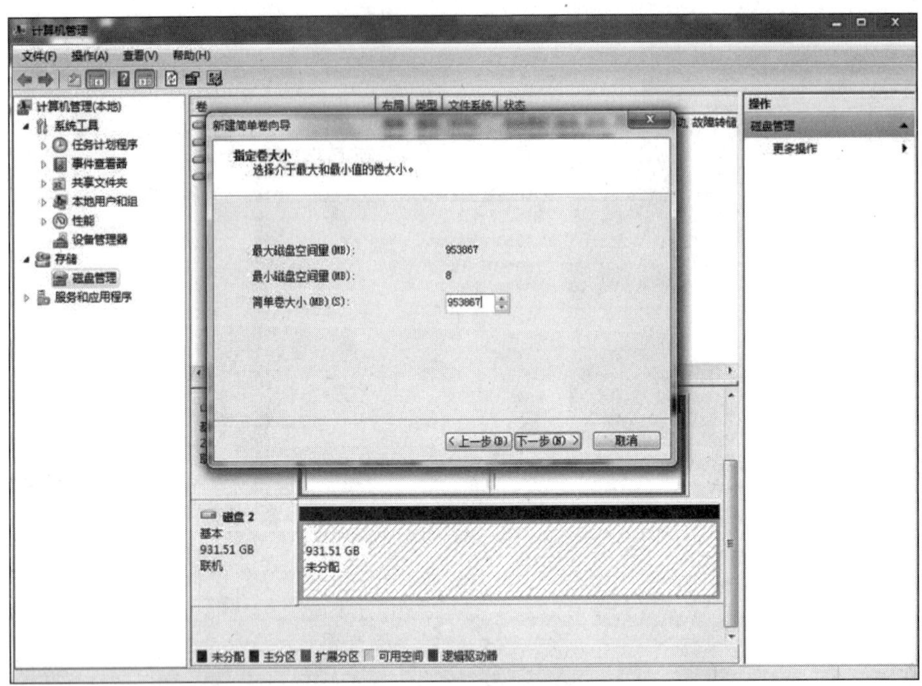


图 6.47 输入卷值

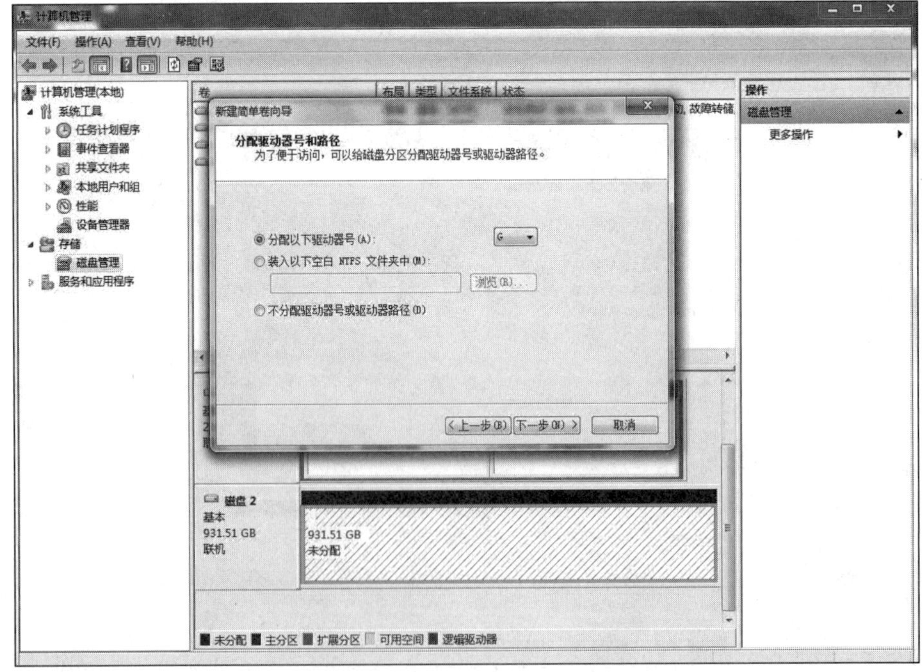


图 6.48 分配驱动器号和路径

（6）单击“下一步”按钮，进入“格式化分区”对话框。此处可以设置“文件系统”的格式，一般保持默认的“NTFS”即可。用户也可自行修改“卷标”。选择“执行快速格式化”复选框，如图 6.49 所示。

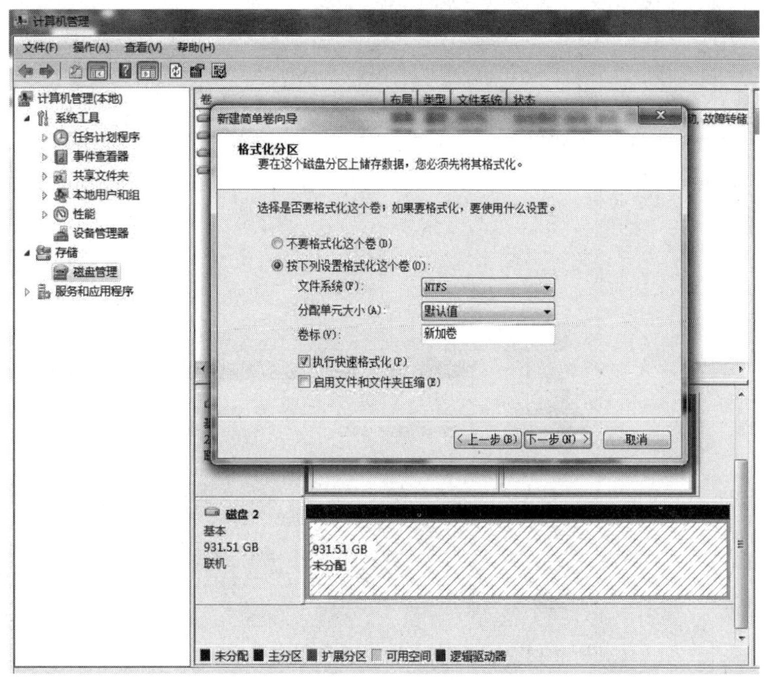


图 6.49　格式化分区

（7）单击“下一步”按钮，再单击“完成”按钮，稍等片刻就会看到一个新的分区已经建立好，如图 6.50 和图 6.51 所示。

图 6.50　完成新建简单卷向导

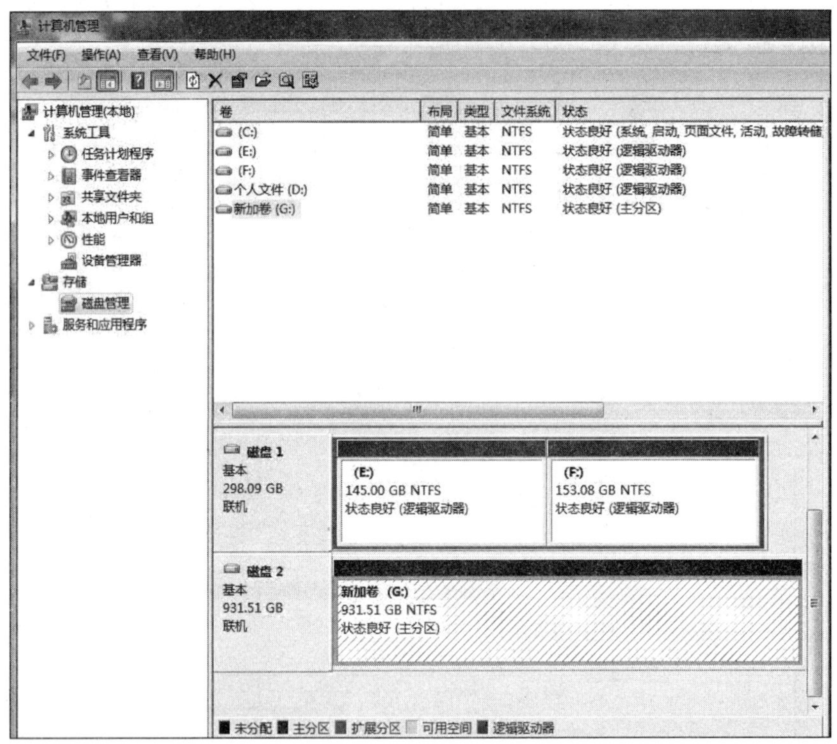


图 6.51 “新加卷”建立

（8）右击余下的“未分配”磁盘，在弹出的快捷菜单中选择“新建简单卷”命令，然后重复上述步骤，建立第二个分区，如图 6.52 和图 6.53 所示。

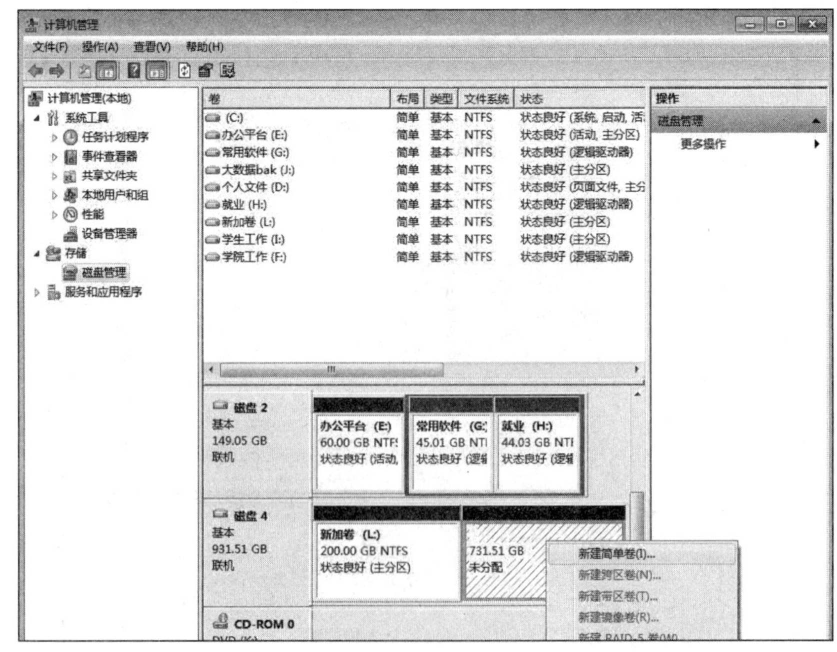


图 6.52 新建第二个分区

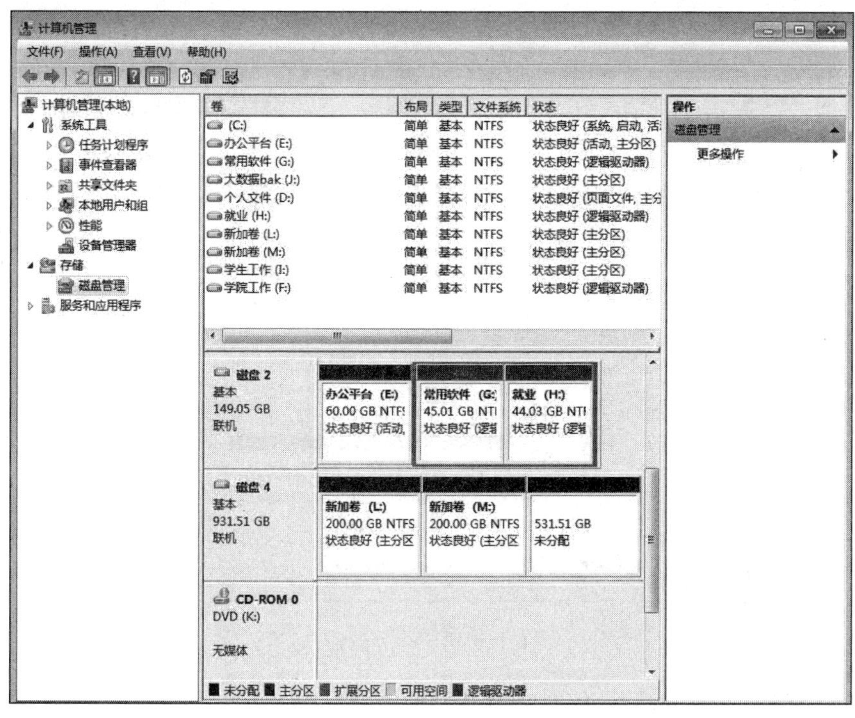


图 6.53　第二个分区建立

（9）继续重复上述步骤建立第三个分区，只是在分配磁盘大小时不做任何修改，把余下的空间全部留给第三个分区，如图 6.54 和图 6.55 所示。

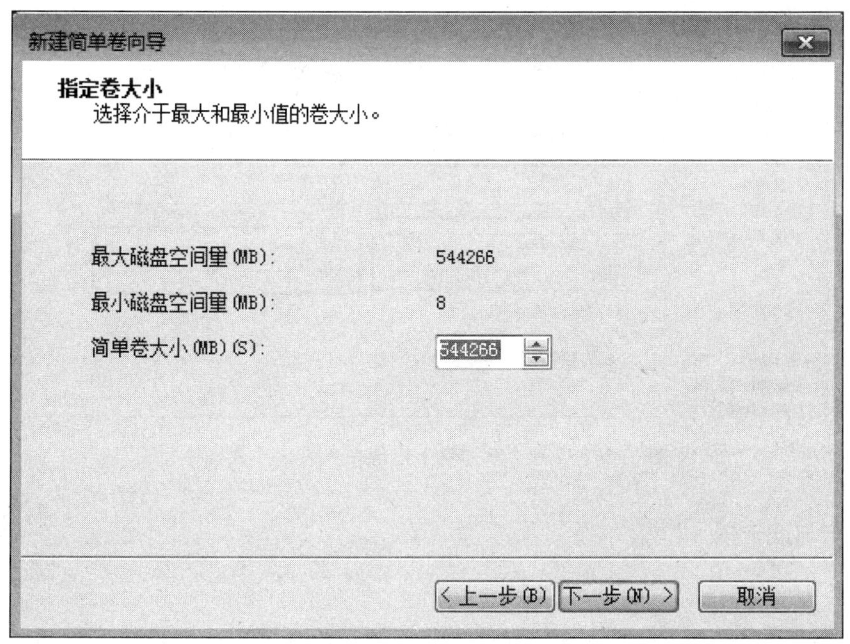


图 6.54　新建第三个分区

图 6.55 第三个分区建立

（10）双击打开“计算机”，此时会看到移动硬盘已经被分为三个分区，如图 6.56 所示。

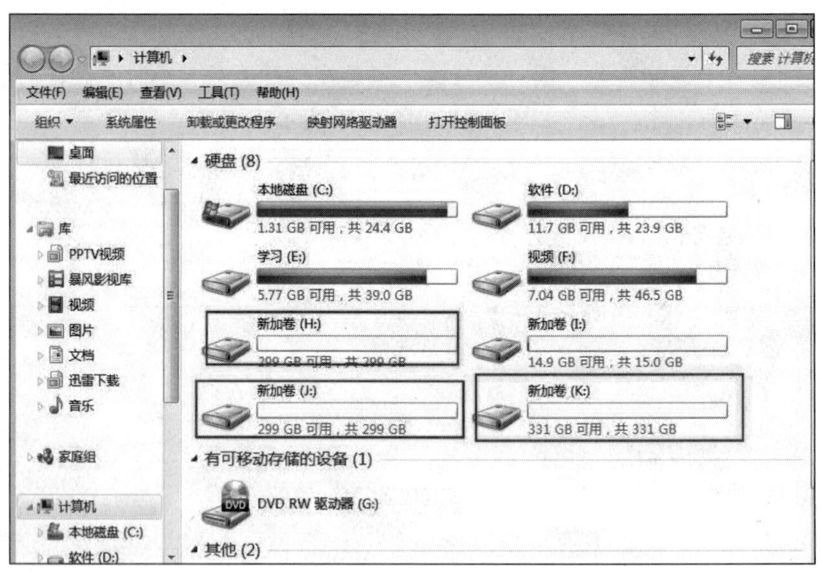


图 6.56 三个“新加卷”出现在“硬盘”界面中

## 四、存储卡与读卡器

### （一）存储卡及其分类

存储卡是卡片形状的电子信息存储器，它主要是利用闪存（Flash RAM）技术实现电子信息的存储，因此又称为“闪存卡”“数字存储卡”等。大多数存储卡具有良好的兼容性，便于在不同的数码产品（如智能手机、数码相机、打印机和计算机等）之间交换数据。近年来，存储卡的存储容量不断得到提升，应用也快速普及。

由于生产厂商和应用情形的不同，存储卡主要有 SM 卡、CF 卡、MMC 卡、SD 卡、MS 卡、XD 卡和 TF 卡等几种类型。

1. SM 卡

SM 卡如图 6.57 所示，它由日本东芝公司在 1995 年 11 月发布，是市场上常见的微存储卡。SM 卡的尺寸为 37mm×45mm×0.76mm，由于 SM 卡本身没有控制电路，而且由塑胶制成（被分成了许多薄片），因此 SM 卡的体积小，非常轻薄。但因为其兼容性不足，所以发展潜力不大。

2. CF 卡

CF 卡如图 6.58 所示，它由美国闪迪公司，日本日立、东芝、松下公司，以及德国 Ingentix 公司组成的 5C 联盟在 1994 年率先推出。CF 卡由控制芯片和存储模块组成，有 CF Ⅰ 和 CF Ⅱ 两种接口标准。数码单反相机几乎都使用 CF 卡作为存储介质。

图 6.57　SM 卡

图 6.58　CF 卡

3. MMC 卡

MMC 卡如图 6.59 所示，它是由美国闪迪公司和德国西门子公司于 1997 年共同开发的多功能存储卡。MMC 卡主要应用于数码相机、手机和一些 PDA 产品上。

4. SD 卡

SD 卡如图 6.60 所示。由日本的松下公司、东芝公司和美国闪迪公司共同开发的一种全新的存储卡产品，其最大的特点就是通过加密功能，可保证数据资料的安全保密。SD 卡

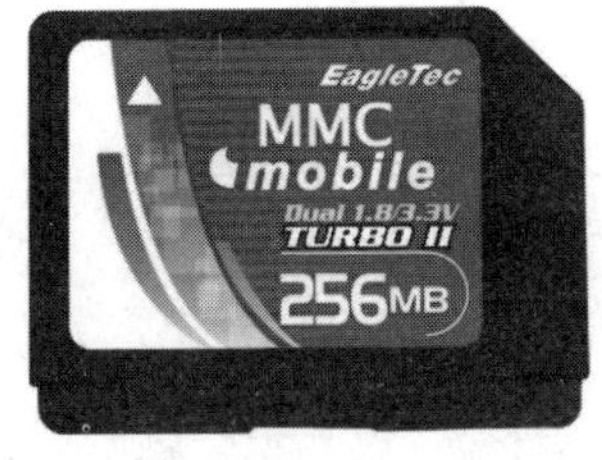

图 6.59　MMC 卡

图 6.60　SD 卡

从很多方面来看都可以看作是 MMC 卡的升级版。两者的外形和工作方式都相同，只是 MMC 卡的厚度稍微薄些，使用 SD 卡的机器都可以使用 MMC 卡。

5. MS 卡

MS 卡如图 6.61 所示，它是日本索尼公司在 1999 年推出的存储卡产品。日本索尼公司的数码产品非常丰富，使得 MS 卡广泛应用于数码相机、PDA 和数码摄像机产品中。

6. XD 卡

XD 卡如图 6.62 所示。XD 卡是由日本富士公司和奥林巴斯株式会社联合推出的一种存储卡。该卡的尺寸为 20mm×25mm×1.7mm，是目前较为轻便、小巧的存储卡。

7. TF 卡

TF 卡如图 6.63 所示，由美国闪迪和摩托罗拉公司于 2004 年推出，也是目前世界上最小的闪存卡之一，仅约 SD 卡的 1/4。TF 卡可以用来存储个人数据，如照片、游戏等，且具有加密功能；其中设置有版权保护管理系统，可以使下载的音乐、游戏等得到保护；还可以内建操作系统及数据，服务供应商可定制各类应用。

图 6.61 MS 卡

图 6.62 XD 卡

图 6.63 TF 卡

（二）读卡器及其应用

存储卡是存储数据的存储介质，读卡器则是存储卡的读写工具，如图 6.64 所示。数码产品产生或需要的数据都存储在各自的存储卡中。为了应用存储卡在各种数码产品之间交换数据，读卡器（reader）产品就应运而生了。

图 6.64 读卡器

存储卡的种类和应用的多样性决定了读卡器分类的复杂性。按可识读的存储卡种类划分，读卡器可分为 CF 读卡器、SM 读卡器、记忆棒读卡器等。按可识读的存储卡的种类数量划分，读卡器可分为单功能读卡器和多功能读卡器，多功能读卡器可读写多种类型的存储卡。此外，还可以根据读卡器的端口类型来划分其种类。

读卡器通常设有用于插入存储卡的卡槽，一端有端口，可以连接到计算机，如图 6.65 所示。在使用时，将存储卡插入到与其兼容的读卡器中，然后将读卡器与计算机相连，待系统正确识别后会自动为其分配盘符，此时存储卡就可以用于移动存储了。

图 6.65　读卡器与计算机的连接

# 第三节　光盘刻录机

## 一、光盘刻录机概述

光盘刻录机又称为“光盘写录器”，用于将数据、视频或其他资料刻写到 CD、DVD、蓝光光盘等光盘中，方便存放，也有部分使用者用此方法对重要数据进行备份，电影或音乐出版商则使用光盘刻录机将开发的内容产品刻录成光盘向消费者传播。

当刻录光盘片时，光盘刻录机会发出高功率的激光，聚焦在光盘片某个特定部位，使这个部位的有机染料层产生化学反应，因而这个部位就不能反射光驱所发出的激光，这相当于传统光盘上的“凹面”；没有被高功率激光照到的地方可以依靠黄金层反射激光，这相当于传统光盘上的“非凹面”，也就是平面。光驱或者碟机在读取这些平面和凹面时，将其转换成 0 和 1，供解码器识别。

目前，市场上主流的光盘刻录机主要分为以下几类。

（1）CD 光盘刻录机。这是很早之前流行的光盘刻录机，刻录的光盘最大容量为 700MB，后来发展到 CD 刻录机和 DVD 光驱是一体的，称为 COMB，这种 COMB 可以刻录 CD 光盘，也可以读取 DVD 光盘，但无法刻录 DVD 光盘。

（2）DVD 光盘刻录机。其功能向下兼容，可以刻录 CD 光盘和 DVD 光盘，目前 DVD 光盘的最大容量可以达到 17GB，但一般的 DVD 光盘只有 4.5GB（理论容量为 4.7GB）。DVD 光盘刻录机价格便宜，使用的人多。

（3）蓝光光盘刻录机。这是正在兴起的光盘刻录机，由于目前消费者对高品质的影音及大容量的数据存储的需求越来越高，普通的 DVD 光盘，不管是 4.5GB 的还是 17GB 的，都无法满足用户的需求，于是出现了蓝光技术。蓝光光盘最大容量可达几十 GB，远远超过 DVD 光盘容量。蓝光光盘刻录机售价一般比较贵。相信在不久的将来，它会像 DVD 光盘刻录机一样，价格越来越便宜，成为消费主流。

## 二、光盘刻录机的主要性能指标

### 1. 刻录速度

对于光盘刻录机来讲，标称的速度参数有三个。例如，标注 16×、10×、40×的光盘刻录机表示 16 倍速刻写、10 倍速擦写和 40 倍速读取。刻写是指一次性写入，擦写是指重复写入，而读取就相当于一般光驱的读盘工作。其中，比较重要的是刻写速度。

2. 缓存大小

缓存是刻录机的重要组成部分，也是不可缺少的部分。在防刻死技术出现之前，缓存的大小直接影响到刻录工作的成功率，所以说，缓存是刻录机的一项重要指标。

3. 接口类型

光盘刻录机的接口类型目前主要有 SCSI、IDE 和 USB 三种。SCSI 接口对于 CPU 的占用率较低，传输速度较快，也很稳定，但是采用此接口的机器价格偏高，另外还要购置 SCSI 转接卡才能安装。IDE 接口的光盘刻录机在技术上已经十分成熟，由于采用了防刻死技术，数据的传输十分平稳且安全，而且安装简易，受到大众欢迎。所以采用 IDE 接口的刻录机成为市场的主流。采用 USB 接口的刻录机一般都是外置的，具有便携、美观的特点，而且支持热插拔功能，只是价格相对要贵一些。

## 三、光盘刻录机的安装和使用

这里以将 Pioneer（先锋）DVD 刻录机（以下简称刻录机）安装在台式计算机上为例进行讲解。

（1）刻录机的安装与硬盘的安装类似，为安全、顺利地完成刻录机的安装工作，用户需要提前准备相关安装工具。在安装刻录机前，用户要给计算机断电并去除机箱静电，确保器件安全。

（2）打开计算机机箱外壳，选择光驱下面的 5in 插槽，卸下挡板，然后将刻录机置于插槽内（注意光驱前面板与机箱前面板平齐），再用螺钉将刻录机固定在支架上，如图 6.66～图 6.70 所示。

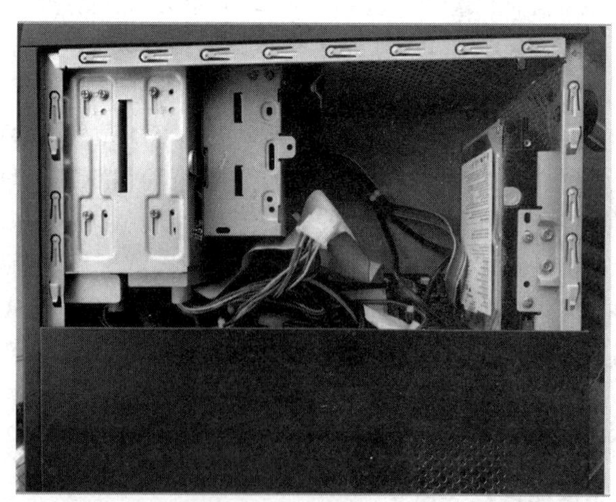

图 6.66 打开机箱外壳

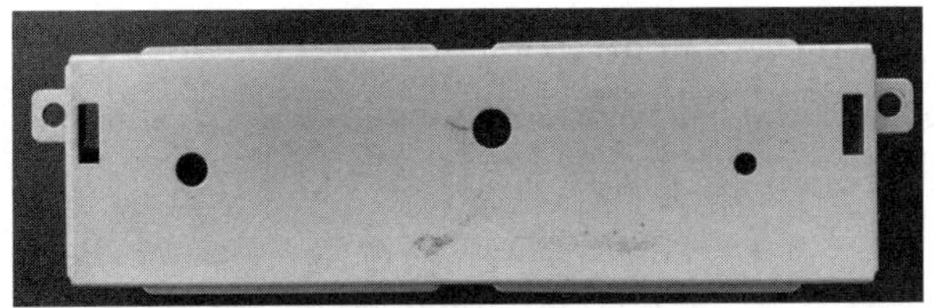

图 6.67　卸下挡板

图 6.68　将刻录机置入插槽（机箱内部图）

图 6.69　将刻录机置入插槽（机箱正面图）

图 6.70　固定刻录机

（3）将 SATA 接口的数据线和 SATA 接口的电源线分别插入刻录机背部的数据接口和供电接口（有些厂商考虑到很多电源未必会提供足够的 SATA 供电接口，会附送一条 4 针转 SATA 供电线，用于接口轮换），如图 6.71 和图 6.72 所示。

图 6.71 将 SATA 数据线接入刻录机对应接口

图 6.72 连接刻录机电源线

（4）将数据线与主板的 SATA 接口相连，接通电源。如果只有一个硬盘、一个光驱/刻录机，由于 SATA 接口不分主盘和从盘，所以还需要跳线并在 BIOS 中将第一启动项设置为挂载硬盘的 SATA 接口，如图 6.73～图 6.75 所示。

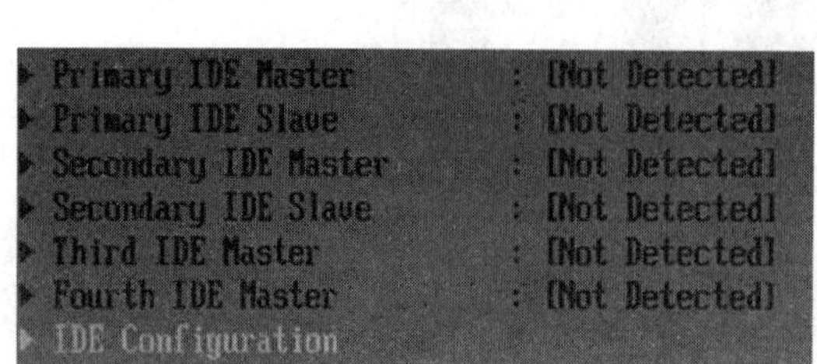

图 6.73 BIOS 设置 1

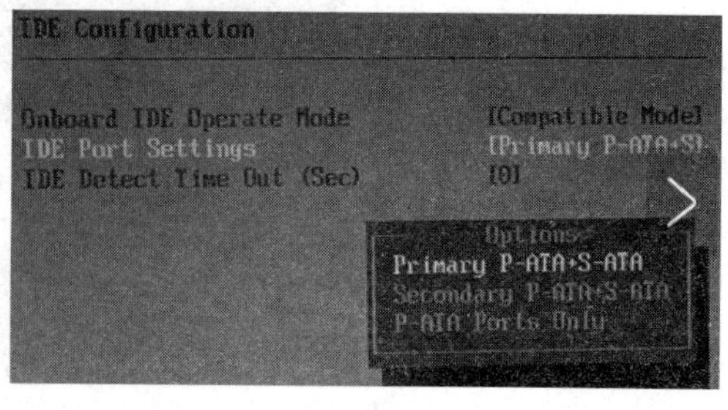


图 6.74 BIOS 设置 2

（5）关闭机箱外壳，重新启动计算机，系统就可以自动识别出所安装的刻录机了。至此，刻录机安装完成，如图 6.76 所示。

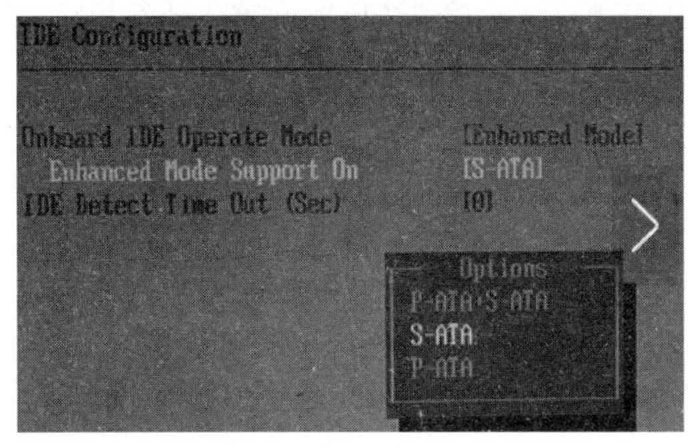

图 6.75　BIOS 设置 3

图 6.76　安装完毕的刻录机与光驱平齐

为保障刻录机能够顺利执行刻录操作，用户还需要安装专门的刻录软件。

## 四、光盘及刻录

光盘的普及远早于 U 盘和移动硬盘，它也是最主要的数据分发方式之一，如早期的软件、音乐、电影等大多都是通过光盘来发行的。图 6.77 所示为音乐发行光盘。随着移动互联网的普及，这种发行方式正在不断萎缩，光盘更多地局限于家庭、办公室等地方使用。

图 6.77　音乐发行光盘

光盘包括 CD、VCD、DVD 及蓝光光盘等各种数据记录格式，它是对前面提到的各种盘的统称，根据读写方式可分为只读光盘和可擦写光盘两种。光盘采用激光记录信息，因此而得名。明亮如镜的光盘是用极薄的铝质或金质音膜，加上聚氯乙烯塑料保护层制作而成的。与软盘和硬盘一样，光盘也能以二进制（由 0 和 1 组成的数据模式）的形式存储数据。要在光盘上存储数据，首先必须借助计算机将数据转换成二进制，然后用激光将数据模式灼刻在扁平的、具有反射功能的盘片上。激光在盘片上刻出的小坑代表“1”，空白处代表“0”。

从光盘上读取数据时，定向光束（激光）在光盘的表面迅速移动。从光盘上读取数据的计算机或激光唱机会观察激光经过的每一个点，以确定它是否反射激光。如果它不反射激光（那里有一个小坑），那么计算机就知道它代表 1。如果激光被反射回来，计算机就知道这个点是一个 0。然后，这些成千上万或者数以百万计的 1 和 0 又被计算机或激光唱机恢复成音乐、文件或程序。

### 1. 光盘的日常保养

光盘驱动器在读光盘时它的激光头并没有直接与盘面接触，而是悬在盘的表面检测从光盘表面反射的激光差异，进而转换为数据。所以，任何微小的划痕、灰尘、手指印等都会导致数据的识读错误。而那些永久性的损伤，则会给信息的读取带来更大的危害。因此，注意光盘的日常保护是十分重要的。

在日常使用中，对光盘和播放设备要注意保持清洁。光盘在拿取和放下时，一定要轻轻拿住它的盘边。光盘使用完毕要及时从光驱中取出，放入封套内或保护盒内，不要乱扔乱放，有条件的话最好将光盘放在光盘架上。

光盘在临时放置时，不要随意乱放，要将光面朝上。在放回保护盒时，应检查光盘和保护盒是否沾有异物，最好先吹一下，再将光盘放入盒内，以免有不干净的微小杂物划伤光盘表面。

使用一段时间之后，光盘表面很容易有脏迹或霉斑，这时切忌用酒精、汽油、磁头清洁剂等有机溶剂进行擦拭清洗，以免损伤光盘。可以用干净的棉球蘸点清水进行清洗，或是将光盘放在自来水龙头下用凉水轻轻冲洗，然后用软布擦干。此外，还可以用专用清洁剂进行清洗。

当然，对光盘擦拭不要过于频繁，需要擦拭时应从光盘的中心向外做放射状擦拭，而不要沿纹路旋转擦拭；否则，会影响光盘的播放效果。

在使用过程中，严禁光盘受热。这是因为制造光盘的材料在高温作用下很容易变形，而光盘表面存在的任何轻微的弯曲都会影响激光头的工作质量。一旦发现光盘有轻微变形，应立即停止使用。将光盘取出后放入封套中，将其放到两块玻璃板中间压紧，一般压放 24h 左右就基本恢复原状了。

由于光盘的信息容量很大、信息轨道之间的距离很窄，所以应避免在有震动、冲击和不稳定的环境中使用；否则，会造成光束紊乱，读取信号出错，出现停顿、跳跃等不良现象，严重影响播放的质量。

### 2. 光盘使用的注意事项

光盘使用时应注意如下几个方面。

（1）严禁用有污垢和油污的手触碰光盘，因为脏物很容易附着在光盘上，会影响数据的准确读取。

（2）用完后的光盘最好存放在光盘盒中。

（3）严禁在光盘上贴标签。光盘表面的异物会使光盘在高速旋转时失去平衡，造成光盘损坏。

（4）禁止在光驱工作时强行按下出盒键，这样做会对盘片造成损坏。

（5）禁止在阳光下曝晒光盘，这样做会导致光盘变形，严重时会使其中存放数据的光盘反射层遭到破坏，致使数据丢失。

（6）光盘应注意防尘、防潮。

### 3. 光盘刻录

下面以用户使用较多的、产自德国的 Nero 8.0 版本刻录软件为例，介绍 CD 音乐光盘的刻录过程。

（1）在具有刻录功能的光驱中插入空白 CD 光盘，右击“Nero Express”桌面图标，以管理员身份运行，如图 6.78 和图 6.79 所示。

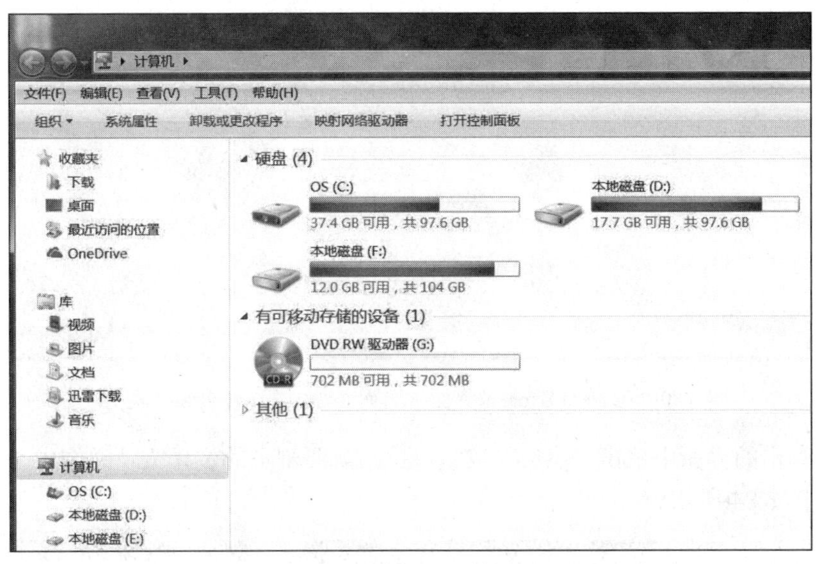


图 6.78　光驱中插入空白 CD 光盘

图 6.79　运行 Nero Express 软件

（2）在弹出的 Nero Express 界面中，选择界面左侧的“音乐”选项，再单击右侧的“音乐光盘”选项，如图 6.80 所示。

图 6.80　在 Nero Express 界面中选择“音乐”与“音乐光盘”

（3）在弹出的界面中单击“添加”按钮，找到需要刻录的音乐文件并选中，完成添加，如图 6.81～图 6.84 所示。

图 6.81　单击“添加”按钮

图 6.82　找到需要刻录的音乐文件

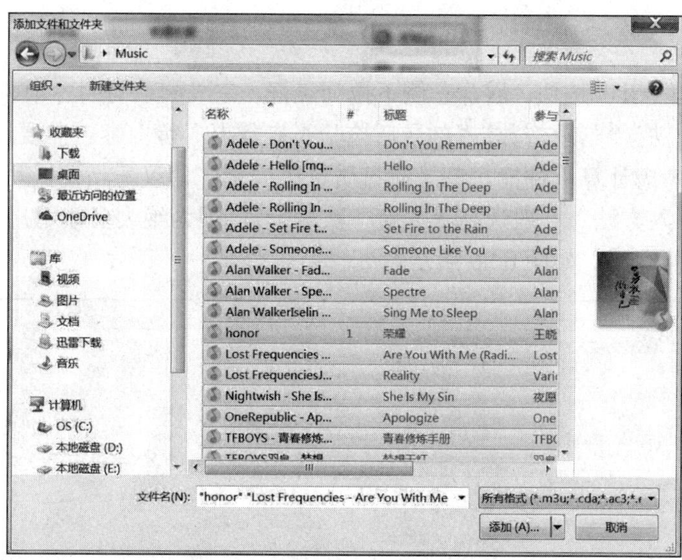


图 6.83　选中准备刻录的曲目

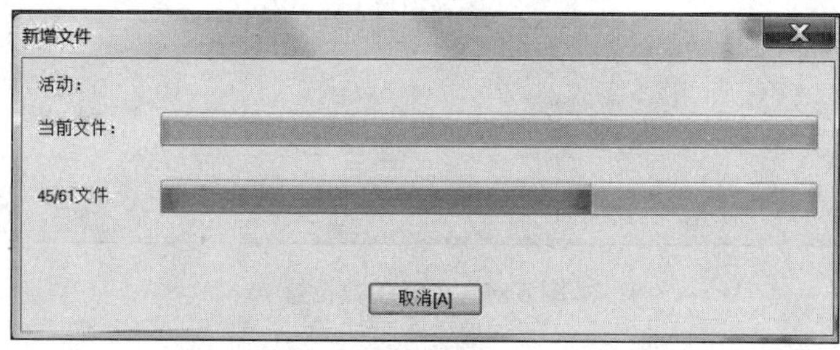


图 6.84　正在添加音乐曲目

（4）音乐曲目添加完成后，要确保需刻录的音乐曲目文件容量小于光盘可刻录的容量，如图 6.85 所示。

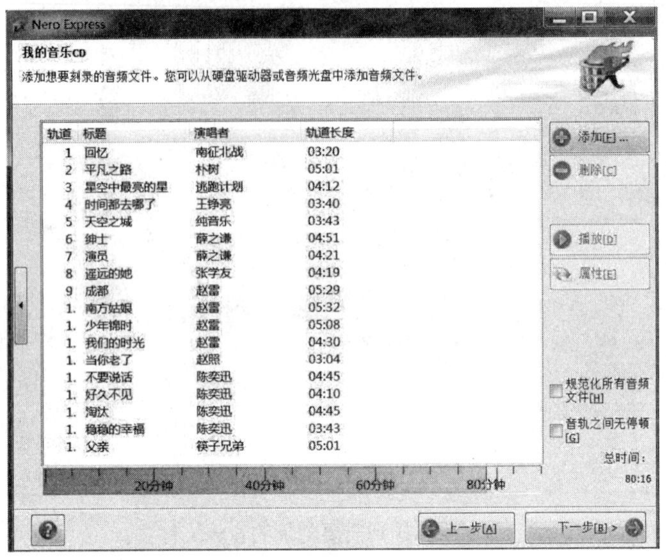


图 6.85　调整刻录文件容量

（5）单击“下一步”按钮，展开左侧下拉列表框，完成刻录前的各项参数设置，如“写入速度”“写入方法”“刻录份数”“刻录后检验光盘数据”等内容。需要注意的是，“写入速度”的设置应考虑计算机性能、刻录光盘质量等因素，建议适当调低写入速度，以确保刻录成功率；“写入方法”一般选择“光盘一次刻录”，因为绝大多数用户使用的 CD 刻录机基本都是不可擦写的，如图 6.86 所示。

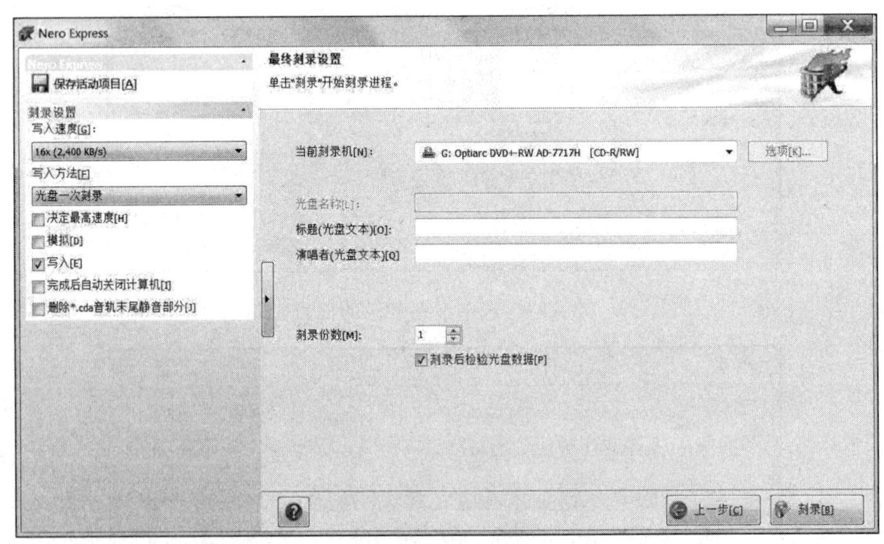


图 6.86　刻录参数设置

（6）参数设置完成后，单击“刻录”按钮，刻录机将按照设置好的参数执行刻录操作，直至光盘自动弹出、结束刻录为止。为保证刻录的成功率，刻录过程中切勿进行任何操作，如图 6.87～图 6.89 所示。

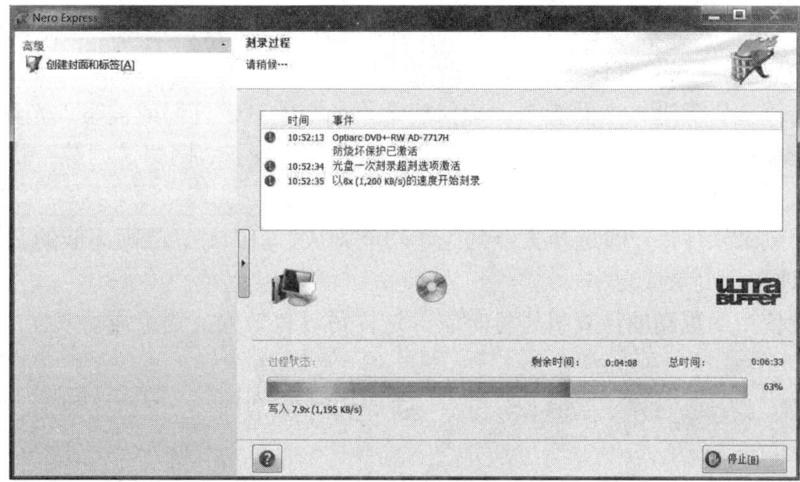


图 6.87　正在刻录

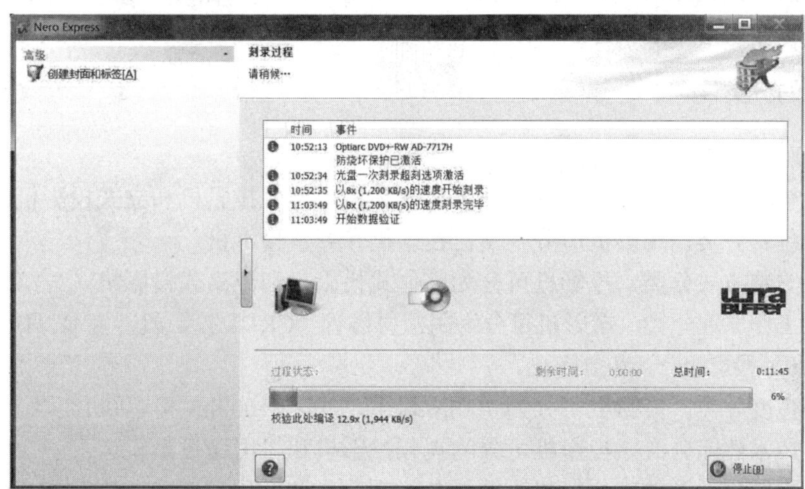


图 6.88　刻录数据检验

图 6.89　数据检验完成（刻录完成）

刻录光盘是一项细致的工作，稍有不慎就会导致刻录失败，使刻录光盘直接报废。所以，在刻录光盘前建议做好以下准备工作。

① 对计算机病毒进行全面查杀，确保病毒不会影响刻录过程或被写入光盘。

② 刻录前仔细检查计算机各项设置，防止出现屏幕保护、网络访问等干扰，防止刻录失败。

③ 对于刻录软件，一般选择大众熟悉、功能强大、口碑好、故障率低的刻录软件，这样可以极大地提高刻录成功率。

④ 尽量使用配置高的计算机进行刻录，这样可以有效保证刻录成功率。

## 第四节 数码投影机

随着办公自动化的发展，多媒体运用越来越广泛，充分展示丰富多彩的多媒体素材成为必然。目前，无论是大型的多媒体教室还是小型的讲座和会议，数码投影机由于能够提供高质量的影像效果而备受青睐，成为常用的设备之一。

### 一、投影机的分类

投影机可按以下方式进行分类。

（1）按结构分类，投影机可分为便携式投影机、台式投影机和立式投影机。

（2）按色彩分类，投影机可分为黑白投影机和彩色投影机。

（3）按安装方式分类，投影机可分为整体式投影机和分离式投影机。

（4）按工作原理分类，投影机可分为阴极射线管（CRT）投影机、液晶（LCD）投影机和数码（DLP）投影机。

（5）按亮度分类，投影机可分为 700lm 以下、700～1000lm 和 1000lm 以上的投影机。

（6）按技术性能分类，投影机可分为视频投影机和多用途投影机。

（7）根据所显示源的性质，投影机可分为视频型和数码型两类。视频型投影机针对视频方面进行优化处理，其特点是亮度都在 1000lm 左右，对比度较高，各种视频端口齐全，适合播放电影和高清晰电视；数码型投影机主要显示计算机输出的信号，常用来演示商务、会议和教学资料等。

### 二、投影机的规格参数和技术特点

#### （一）投影机术语

##### 1. ANSI 流明

ANSI 流明是投影机的主要性能指标，为亮度的计量单位，通常以 ANSI Lumens 表示。决定投影机光输出的因素有投影机荧光屏面积、性能及镜头性能。当投影机输出的光通量一定时，投射面积越大，亮度越低；反之，则亮度越高。一般来说，流明数越大表示越亮，投影机越高档。

### 2. CRT管聚焦性能

CRT 投影机把输入的信号分解为 R（红）、G（绿）和 B（蓝）三个电信号，控制 CRT 管的三个阴极发射电子，在高压作用下，电子会聚、轰击荧光粉，在屏幕上显示出彩色图像。CRT 管的聚焦分为静电聚焦、磁聚焦和电磁复合聚焦三种，电磁复合聚焦应用较为普遍，其优点是聚焦性能好、聚焦精度高，可以进行分区聚焦和边角聚焦，让投影画面清晰。

### 3. 超高压汞灯

超高压汞灯是指用于产生液晶投影机的光源，原灯管通过电压后，极间产生高电位差的同时产生高热将汞汽化，汞蒸气在高电位差下受激发而放电；内部的卤素元素具有催化及保护的功用；其优点为发光亮度强、使用寿命长。所以，目前市面上的液晶投影机多半采用超高压汞灯。

### （二）投影机的主要技术参数

投影机的主要技术参数包括 LCD、亮度、对比度、投影距离、色彩系统、分辨率、视频输入和音频输入等，如表 6.2 所示。

## 三、Epson CB–X31 型投影机的技术参数及优点

### （一）Epson CB-X31 型投影机的技术参数

Epson CB-X31 型投影机的技术参数如表 6.2 所示。

**表 6.2　Epson CB-X31 型投影机的技术参数**

| 投影系统 | RGB 光阀式液晶投影系统 | | |
|---|---|---|---|
| 投影方式 | 前投/背投/吊顶 | | |
| 主要部件参数 | LCD | 尺寸 | 0.55in |
| | | 驱动模式 | 多晶硅 TFT 有源矩阵 |
| | | 像素数 | 1024×768×3 |
| | | 实际分辨率 | XGA（1024×768） |
| | | 横纵比 | 4∶3 |
| | | 刷新率 | 100～120Hz |
| | 投影镜头 | 类型 | 手动光学变焦/手动聚焦 |
| | | *F* 值 | 1.58～1.72 |
| | | 聚焦 | 16.9～20.28mm |
| | | 变焦比 | 1～1.2 |
| | | 镜头盖 | AV mute 滑盖 |
| | 灯泡[①] | 类型 | 200 W UHE |
| | | 参考寿命[②] | 5000h（亮度控制：标准模式），10000h（亮度控制：ECO 模式） |

续表

| 屏幕尺寸/投影距离 | 33～320in/0.9～10.8m | | |
|---|---|---|---|
| 偏移量 | 8：1 | | |
| 亮度③④ | 白色亮度 | 3200lm | |
| | 色彩亮度 | 3200lm | |
| 对比度③④ | 15000：1 | | |
| 色彩系统 | 全彩（10.7 亿色） | | |
| 内置扬声器 | 声音输出 | 2W | |
| 屏幕调节 | 垂直梯形校正 | -30°～30°（自动） | |
| | 水平梯形校正 | -30°～30°（滑钮） | |
| | 快速四角调节 | 支持 | |
| 扩展显示 | 双画面 | 支持 | |
| | 网络四画面 | 支持 | |
| 安全防护 | 安全防盗孔 | 支持 | |
| | 控制面板锁 | 支持 | |
| 操作温度 | 5～35℃（0～2286m，20%～80%湿度，无结露） | | |
| 操作高度⑤ | 0～2000m（高于 1500m，使用高海拔模式） | | |
| 储存温度 | -10～60℃（10%～90%湿度，无结露） | | |
| 操作 | 直接开关机 | 支持 | |
| | 自动启动电源 | 支持（PC，USB 显示） | |
| | 自动信号源搜索 | 支持 | |
| 冷却 | 冷却时间 | 瞬间 | |
| | 排风口 | 前方 | |
| 电源电压 | 220V（±10%），50/60Hz | | |
| 尺寸 | 长×高×宽 | 297mm×82mm×234mm | |
| 连接性 | 视频输入 | 模拟 | D-sub 15pin×1，RCA（黄）×1，<br>Min DIN 4pin：S-Video ×1 |
| | | 数字 | HDMI×1 |
| | 音频输入 | 模拟 | RCA×2（白×1，红×1） |
| | USB | USB A | USB×1（USB 内存盘，实物展台，无线模块，固件升级） |
| | | USB B | USB B×1（USB 三合一投影） |
| | | 无线网路 | USB A×1（选件 ELPAP10） |
| 质量 | 约 2.4kg | | |
| 风扇噪声 | 标准亮度模式 | 37dB | |
| | 环保亮度模式 | 28dB | |

① 上述时间为非承诺保修时间。灯泡亮度将随使用时间的增加而逐渐降低。灯泡实际使用寿命受使用模式、环境条件、用户使用习惯等因素影响，会有很大差别。投影机在低亮度模式下使用，灯泡使用寿命会得到有效延长。

② 根据 ECO 模式下灯泡使用寿命 10000h 推算得出，即 10000h/5/365≈5h。此灯泡型号为 ELPLP88，适用于部分 Epson 投影机。

③ 《信息显示测量标准》（IDMS）2012 年 6 月发布了色彩亮度的测量方法，《信息显示测量标准》（IDMS）由国际信息显示协会（SID）管理下的国际显示计量委员会 ICDM 负责编写。基于 ISO 21118 标准制定，该标称值代表量产时产品的平均值，而产品的出厂最低值为标称值的 80%。

④ 亮度、对比度数据基于颜色模式和亮度控制，可实现动态、变焦，广角、标准、亮度优化。

⑤ 本产品可安全使用的地区：海拔 2000m 及 2000m 以下地区[基于《信息技术设备 安全 第 1 部分：通用要求》(GB 4943.1—2011）]。

### （二）Epson CB-X31 型投影机的优点

Epson CB-X31 型投影机的优点如下。

（1）高亮度画质呈现。无论是办公、看球赛还是看电影，商住两用机型拥有更高亮度，即使白天在明亮的房间里也无须拉窗帘就可观看到清晰、明亮的画质。

（2）方便携带。设计紧凑轻巧，质量轻至 2.4kg，节省空间，可轻松实现会议室、居家场合不同空间的交替使用。可带着它去见客户，参加老朋友聚会、婚礼，或在家欣赏大片，生活因此更多彩。

（3）经济实惠。拥有更低的价格、更高的性价比，无论是大学生还是刚出校门的租房小白领，几千块钱即可轻松享受美妙的大画面家庭娱乐体验。

（4）易安装、易摆放。摆放灵活，安装方便，办公室、会议厅、客厅、卧室都可安置。焦距范围灵活，更有快速投影、侧面投影及四角调节功能，即使较狭小空间也能轻松放置。

（5）多接口。多种输入/输出接口，使办公、休闲娱乐更加方便。可以选择包括 HDMI/USB 在内的不同连接方式，可与多种办公或娱乐设备连接，与智能盒子搭配使用，只需连上 Wi-Fi，在线电影、电视直播等海量在线内容可实时观看。

（6）节能、长寿命。ECO 模式下灯泡寿命最长可达 10000h。假如按 5h/天，在 ECO 模式下投影，预计可使用长达 5 年。

（7）高画质。投射全彩影像，呈现更美画质，搭配 3200lm 白色/色彩亮度、15000：1 的高对比度，用更优质的清晰度、锐利度表现不同色彩，可满足用户更高要求。

（8）图标式主控屏。用户通过图标界面直接访问常用投影功能和接入信号源，操作方便，直观更易用。

（9）水平梯形校正功能。采用 ±30° 水平梯形校正，可轻松完成画面调整。

（10）自动开机、智能识别。在接入 VGA 和 USB-B 信号时，投影机可自动开机，无须使用遥控器或手动控制开启。

（11）网络四画面。通过无线信号实现同屏四画面功能，最多可支持 50 个用户接入，并可通过主持人功能任选其中 1～4 个信号同屏显示。

（12）自动信号源搜索。投影机可自动侦测需要接入的信号并将其接入，无须手动寻找输入信号。

（13）双画面。支持双路输入信号接入单台投影机时，同屏双画面并列显示，并可根据需要调整双画面显示大小、信号源和音频源设置。

（14）无线投影。全系统支持无线投影功能，只需选配 Epson ELPAP10 无线网卡，即可轻松实现计算机和智能设备无线投影。

（15）HDMI。全系统标配 HDMI 高清接口，可同时输出高清视频和声音。

## 四、Epson CB-X31 型投影机的使用

#### 1. Epson CB-X31 型投影机前面板功能简介

Epson CB-X31 型投影机实物外观如图 6.90 所示，其前面板示意图如图 6.91 所示。图 6.91 中各部件功能如下。

图 6.90 Epson CB-X31 型投影机外观

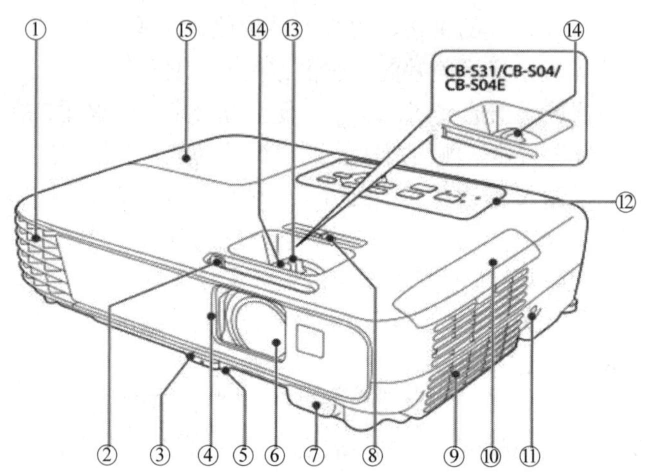


图 6.91 Epson CB-X31 型投影机前面板示意图

① 排风口。用于排出冷却投影机内部所用空气的排气孔。

② A/V 静音滑盖调节杆。滑动滑钮可以打开和关闭镜头盖。

③ 撑脚释放调节杆。按撑脚释放调节杆可伸缩前可调撑脚。

④ 镜头盖。当不使用投影机时将滑盖关闭，可保护镜头。在投影过程中将滑盖关闭，可以隐藏图像和声音。

⑤ 前可调撑脚。将投影机安装在桌子等表面时，可展开撑脚以调节图像的位置。

⑥ 镜头。从这里投影图像。

⑦ 遥控接收器。用于接收遥控器信号。

⑧ 水平梯形校正滑钮。用于校正投影图像中的水平失真。

⑨ 进风口（空气过滤器）。用于吸入空气以冷却投影机内部。

⑩ 空气过滤网盖。打开可拿到空气过滤网。

⑪ 防盗安全锁孔。该防盗安全锁孔与 Kensington 公司生产的微型存放保安系统兼容。

⑫ 控制面板。用于操作投影机。

⑬ 变焦环。用于调节图像大小。

⑭ 聚焦环。用于调节图像焦点。

⑮ 灯泡盖。打开灯泡盖可拿到投影灯。

### 2. Epson CB-X31 型投影机控制面板功能简介

Epson CB-X31 型投影机控制面板示意图如图 6.92 所示。图 6.92 中各部件功能如下。

①“Source Search”键。用于切换到下一个输入源。

②“Enter”键。显示投影机的菜单或帮助时，输入当前选择，并转到下一级；在从 Computer 端口中投影模拟 RGB 信号时，优化投影机信号菜单中的跟踪、同步和位置。

③ 梯形校正调节按钮和箭头按钮。显示梯形校正屏幕，让用户纠正梯形失真；显示投影机的菜单或帮助时选择菜单项目。

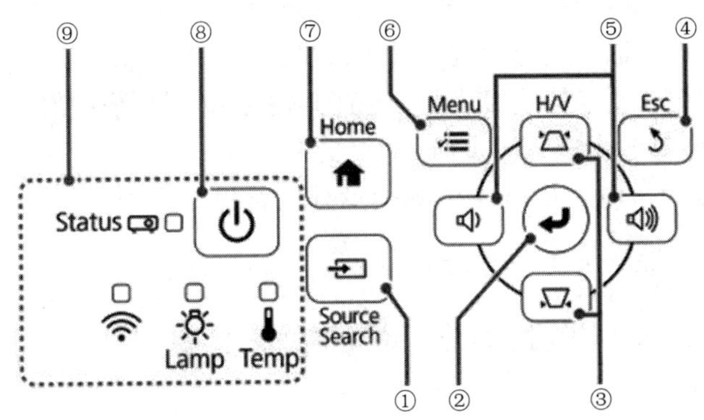


图 6.92 Epson CB-X31 型投影机控制面板示意图

④“Esc”键。按该键结束当前正在使用的某项功能；显示投影机的菜单时移回上一级菜单。

⑤ 音量按钮。减小音量或增大音量。

⑥“Menu”键。用于显示和关闭投影机的菜单。

⑦“Home”键。用于显示和关闭主屏幕。

⑧ 电源键。用于打开或关闭投影机。

⑨ 指示灯。用于指示投影机的状态。

### 3. Epson CB-X31 型投影机基本功能的使用

（1）打开投影机。打开投影机后，再打开想要使用的计算机或视频设备。

① 将电源线连接到投影机的电源口，然后将其插入电源插座。投影机的电源指示灯会变为蓝色，表示投影机已通电，但尚未打开（处于待机模式）。

② 按控制面板或遥控器上的电源按钮以打开投影机。投影机会发出“嘟嘟”声，投影机暖机时状态指示灯会闪烁蓝光。一旦投影机暖机完毕，状态指示灯会停止闪烁并变为蓝色。

③ 打开投影机的镜头盖。如果看不到投影图像，应尝试以下操作。

a. 确认镜头盖已完全打开。

b. 打开连接的计算机或视频设备。

c. 使用便携式计算机时，从计算机中更改屏幕输出。

d. 插入 DVD 或其他视频介质，然后按播放键（如果有必要）。

e. 按控制面板或遥控器上的“Source Search”键以检查信号源。

f. 按遥控器上适合所需视频源的键。

g. 如果主屏幕显示，可选择想要投影的信号源。

④ 如果在投影机的“扩展设置”菜单中，“直接开机”被设置为“开”，则只要接通电源，投影机即可开启。注意，断开后来电时投影机也会自动开启。

⑤ 如果在投影机的“扩展设置”菜单中，将特定端口选作自动开机设置，则只要检测到该端口的信号或电缆连接投影机就会开启（先在投影机的ECO菜单将“待机模式”设置为“通信开启”）。

（2）关闭投影机。不使用时关闭投影机可以延长其寿命；灯泡寿命根据所选的模式、环境条件和使用情况而变化；亮度会逐渐降低。使用后关闭投影机的注意事项如下。

① 按控制面板或遥控器上的电源键，投影机显示关闭确认屏幕。

② 再按一下电源键（要保持开启，可按任何其他键），投影机会发出两次“嘟嘟”声，灯泡关闭，状态指示灯熄灭。

③ 运输或存储投影机时，应确保电源指示灯为蓝色（但不闪烁），然后拔下电源线插头。

④ 关闭投影机的镜头盖。

其他功能使用可按照使用说明书操作，这里不再赘述。

## 五、投影机的使用与维护

### 1. 投影机使用注意事项

投影机使用的注意事项如下。

（1）不要在不稳定的物体表面安装投影机。

（2）将投影机放在方便拔掉插头的壁式插座附近使用。

（3）将投影机的接地式三脚插头插入正确接地的插座中。

（4）插拔插头时应特别注意以下操作，违反操作规程极易引起火星或火灾。

① 不要将插头插入沾有灰尘的插座。

② 使插头与插座紧密地接触。

（5）不要让电源插座超负荷运行，因为连线或插座在超负荷工作下极易引起火灾或漏电。

（6）要合理布局投影机的电源、电缆线，防止触碰、踩踏。

（7）应先将插头拔离插座后再进行清洁，要用湿布清洁，不要使用酒精等有机清洁剂。

（8）不要堵塞投影机机盖上的通风槽和通风孔。

（9）不要将投影机和遥控器放在发热器具上或者较热的地方。

（10）长时间不用投影机时应拔下其插头。

（11）发生以下情况时，应将投影机电源插头从插座上拔下，并求助于专业维修人员。

① 当电源线或插头有损伤或被破坏时。

② 不慎将液体倒入投影机或投影机遭受雨淋、水淋时。

③ 没有按操作规程进行正确操作，或者投影机的性能发生异常时。

④ 发生跌落或房屋发生灾害时。

（12）投影机灯泡过更换期后不要再使用。一旦超过更换期，投影机灯泡破裂的可能性就会增大。

（13）每两年清洗一次投影机内部。如果长时间未清洗，投影机内部堆积的灰尘会造成火灾或使投影机不能正常工作。在每个潮湿季节（如雨季等）来临之前清洗投影机会更有效。投影机内部清洗的方法可咨询经销商。

### 2. 投影机日常保养与维护

投影机日常保养与维护方法介绍如下。

（1）外壳保养。首先用细毛刷弹掉外壳上面的灰尘；然后再用蘸有清水的棉纱布擦净，并用干棉纱布将水擦净。

（2）镜头保养。投影机的镜头上常会看到灰尘、雾气等，可用“镜头纸”或者“镜头笔”擦拭处理。

（3）散热检查。投影机在使用时，一定要注意其进、出风口保持畅通。

（4）滤网清洗。为了让投影机有良好的使用状况，需定期清洗滤网（滤网通常在进风口处），清洗时间视环境而定，一般办公室环境约半年清洗一次。首先把滤网从机器中取出，然后把滤网上的灰尘清除。如果滤网是海绵制品，把大部分灰尘清除后可以用清水清洗海绵，然后再将其装入机器中。

（5）连接。投影机所提供的接口、连线很多，必须要拿对线、插准孔，连接牢固，以减少故障。

（6）机器使用。投影机在关机后必须散热，用完不可直接把总电源关掉。若正常开关机，会延长投影机的使用寿命。

（7）遥控器。使用后最好把电池取出，避免电池漏电或电池液外泄腐蚀遥控器。

日常保养投影机

## 六、投影机常见故障的排除

投影机常见故障与处理方法如表 6.3 所示。

**表 6.3 投影机常见故障与处理方法**

| 故障现象 | 原因和处理方法 |
|---|---|
| 屏幕无图像 | ① 确认所有电缆线和电源线连接正确且牢固<br>② 确认接头插针没有弯曲或者折断<br>③ 检查投影灯泡是否损坏<br>④ 确认已经取下了镜头盖并且投影机已经打开<br>⑤ 确认“隐藏”特征没有激活 |
| 有画面没有信号 | ① 先检查连接线，再检查投影机信号选择是否与信号源一致<br>② 若还是没画面，再检查计算机是否正常传递了信号 |
| 图像残缺、滚动或者显示不正确 | 按遥控器或者控制面板上的“re-sync”键 |
| 图像不稳定或者抖动 | ① 使用“相位”对其进行校正<br>② 从计算机上更改监视器颜色 |
| 图像上有竖直的抖动条 | ① 使用“时基”进行调整<br>② 检查并且重新配置显卡的显示模式，使其与本产品兼容 |

续表

| 故 障 现 象 | 原因和处理方法 |
| --- | --- |
| 图像模糊 | ① 焦点没对准。调整投影机镜头上的调焦环<br>② 镜头、光引擎、LCD 片都很脏<br>③ 镜头出现机械损坏，手动、自动均无法对焦<br>④ 机器由低温进入高温环境，镜头结露 |
| 图像重影 | ① 连接电缆性能不良，传输距离过长<br>② 信号接口电路故障，需要找维修部门检修 |
| 图像偏色 | ① 检查 VGA 电缆，看有没有插好或接头的针是否损坏<br>② 光学系统有问题，需要与厂商的维修部门联系 |
| 使用过程中突然自动熄灯，但过一会儿可以重新开灯 | 机器使用过程中散热不良造成过热保护，自动启动了热保护电路，造成断电 |
| 信息提示符 | ① 风扇锁故障。散热风扇停止运转，灯泡自动关闭<br>② 温度过高。温度异常，灯泡将自动关闭<br>③ 更换灯泡。灯泡在满负荷工作下寿命已接近尾声，建议立即更换灯泡<br>④ 密码错误。密码不正确应再试一次<br>⑤ 已过使用时数。可与经销商联系 |

# 第五节 UPS 电源

计算机要处理和保存大量的数据，在工作过程中不允许突然断电；否则，很可能会导致数据丢失、设备损坏等。于是一种能提供安全、稳定、无间断的电源设备——UPS（uninterruptible power system，不间断电源）就应运而生了。UPS 其实就是一种含有储能装置，以逆变器为主要组成部分的恒压恒频的电源设备，主要用于给计算机、网络系统或其他精密电力电子设备提供稳定的不间断的电力供应。UPS 外观如图 6.93 所示。

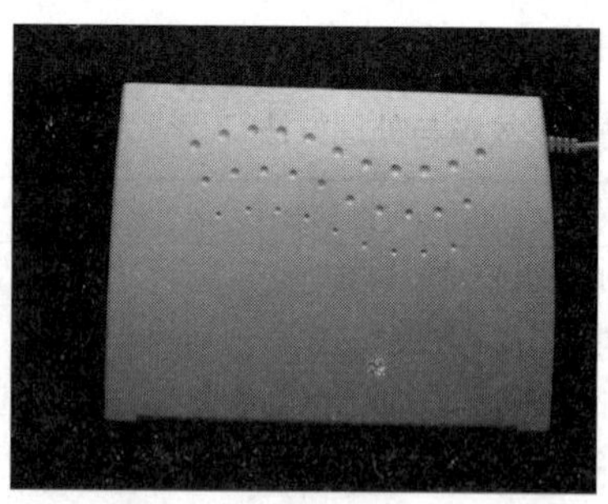

（a）UPS 侧视图

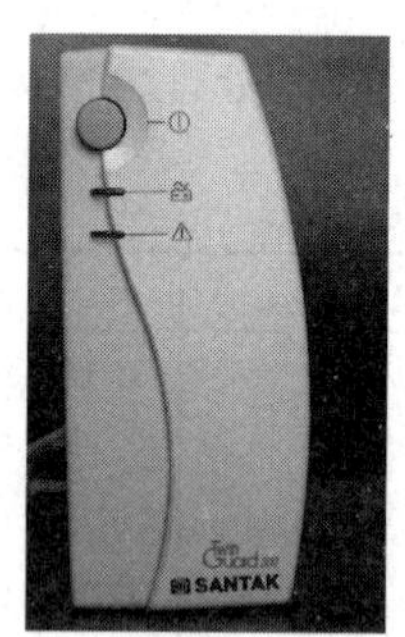


（b）UPS 正视图

图 6.93 UPS 外观

## 一、UPS 的工作原理与分类

### （一）UPS 的基本工作原理

当市电正常时，由市电通过 UPS 给负载供电。UPS 对市电进行滤波、稳压和稳频调整后，提供给负载更加稳定的电源。同时，UPS 通过充电器把电能转变为化学能储存在电池中。当 UPS 检测到市电异常时，就切换到电池供电，通过逆变器（inverter）把化学能转变为交流电能，供给负载，以保证对负载的不间断电力供应。此外，UPS 还有一种旁路（bypass）工作状态，它在刚开机或机器故障时，可以把输入电压经高频滤波后直接输出，保障对负载的供电。

（二）UPS 分类

1. 后备式（off line）

当市电的电压和频率满足 UPS 的输入要求时，UPS 将市电通过一个自耦变压器进行必要的电压调节后输出给负载，逆变器不工作，处于等待状态。当市电异常，输入电压和频率不能满足要求时，后备式 UPS 会迅速切换到逆变状态，将电池电能逆变为交流电对负载继续供电，因此后备式 UPS 在由市电转逆变工作时会有一段转换时间，一般小于 10ms。后备式 UPS 主要用于普通 PC，价格便宜。

2. 在线式（on line）

在线式 UPS 具有独立的整流、逆变、充电、旁路和维修旁路系统，首先将输入交流电整流成直流电，再由逆变器将直流电逆变成标准正弦波交流电（称为双变换）。在大部分情况下，负载由逆变器输出的正弦波供电，只有在过载或逆变器损坏时才由市电直接供电。也就是说，在线式 UPS 开机后，逆变器始终处于工作状态，因此在市电异常转电池供电时没有中断时间，即零中断。在线式 UPS 提供了纯净、稳定的交流电源，几乎解决了所有的市电问题，是精密负载最理想的电源。但在线式 UPS 的价格较贵。

3. 在线互动式（line-interactive）

在线互动式 UPS，在输入市电正常时，UPS 的逆变器处于反向工作状态给电池组充电。在市电异常时，逆变器立刻投入逆变工作，将电池组电能转换为交流电输出，因此在线互动式 UPS 也有转换时间。与后备式 UPS 相比，在线互动式 UPS 的保护功能较强，逆变器输出电压波形较好，一般为正弦波，其最大的优点是具有较强的软件控制功能。

此外，根据后备时间，UPS 可分为标准型和长效型两种。标准型用内置电池，后备供电时间较短，一般在 5～15min；长效型则可根据用户需要，增大电池容量配置，延长后备时间，可以达到 1h 以上的供电时间。

## 二、UPS 的规格参数与技术特性

1. 规格参数

UPS 的规格参数主要包括额定负载容量、负载种类、输入市电电压范围、输入市电频率范围、输出电压、转换时间、电池备用时间、电池充电时间、输出短路保护、过载保护、外形尺寸、净重、运行温度、相对湿度、音频噪声和电磁干扰等。

2. 技术特性

UPS 作为保护性的电源设备，其性能参数具有重要意义，是选购时考虑的重点。市电电压适应范围大，则表明对市电的利用能力强，可减少电池使用率；输出电压、频率范围小，则表明对市电调整能力强，输出稳定；波形畸变率用以衡量输出电压波形的稳定性；电压稳定度则说明当 UPS 突然由零负载加到满负载时，输出电压的稳定性；其他还有 UPS 效率、功率因数、转换时间等，都是表征 UPS 性能的重要参数，决定了对负载的保护能力和对市电的利用率。

UPS 的功能包括电池管理功能、电源监控软件功能、整流器技术、逆变器技术、旁路技术、旁路优先功能和并联功能等。总的来说，UPS 性能越好、功能越多，保护能力就越强，但价格也会越贵。用户在选购 UPS 时，应根据负载对电力的要求程度及负载的重要程度选取不同类型的产品。

## 三、UPS 的使用与维护

从使用上看，UPS 的供电方式可分为集中供电和分散供电两种。集中供电方式是指由一台 UPS 向整个线路中各个负载装置集中供电；分散供电方式是指多台 UPS 对多路负载装置分散供电。两种方式各有优、缺点。

与其他外设相比，UPS 出现故障的概率比较大。但只要正确使用 UPS，就可以减少 UPS 发生故障的概率，大大延长其使用寿命。使用 UPS 时应注意以下几点。

（1）在匹配功率时，要留有余量。如 1000W 的 UPS，按 80%负载率即 800W 去加负载。

（2）新购的 UPS，使用前一定要对后备蓄电池组进行均衡充电，即将每个蓄电池并联起来，根据蓄电池的标称值确定充电电压和电流，充电 12～34h，以延长蓄电池的使用寿命。

（3）在进行 UPS 连接时，应正确连接交流输入的极性；否则，故障率将大大增加。

（4）UPS 应长期处于开机状态，尽可能减少开机和关机次数。

（5）在 UPS 的输出端，不宜带可控硅负载、可控硅桥式整流或半波整流型负载。

（6）UPS 按操作方式可分为后备式 UPS 和在线式 UPS 两种。对后备式 UPS 应注意，其前级不宜添加带有大阻抗元件的交流稳压器，因为它会造成后备式 UPS 的市电供电与逆变器之间供电转换时间的明显增加，极有可能造成机器在运行时产生错误的自检启动，以致数据丢失；对在线式 UPS 应注意，不宜在电池组未接入或在电池组内阻变化很大的情况下开机运行，不宜带负载开机或带负载关机。

（7）定期检查 UPS 内部蓄电池的端电压和内阻，以确定电池组是否有足够的实际可供使用容量以备供电中断时使用。可采取以下措施：对蓄电池长期处于只充电不放电的 UPS 来说，为防止电池因储存老化而损坏，应每隔 2～3 个月人为地中断市电供电，让 UPS 中的蓄电池放电一段时间，以达到激活电池的目的；对于 UPS 长期处于市电低压供电或频繁停电的用户来说，为防止电池因长期充电不足而损坏，应充分利用供电高峰对电池充电，以保证电池在每次放电之后有足够的充电时间。尽量不要让蓄电池深度放电，因为蓄电池允许深度放电的次数只有 200～250 次。

（8）当 UPS 中蓄电池的可供使用容量大部分放掉，又遇市电供电中断由电池供电时，不宜让 UPS 继续处于重载条件下运行；否则，易引发电池故障或内部逆变器故障。

（9）用户在自行外配长延时电池组时，外配的充电器宜选用具有恒流和恒压控制特性的品牌，不宜选用普通的恒压充电器；否则，容易造成蓄电池组的寿命缩短，严重时会烧毁充电器。外接电池组至 UPS 间的连线应尽可能短而粗。

（10）使用 UPS 电源后，不必再加交流稳压器。若一定要加，应加在 UPS 的前级，即市电先经交流稳压器，再经 UPS，然后到负载。

（11）对非免维护式蓄电池，应定期检查，控制温度，添加蒸馏水。

（12）UPS 的使用应避免两次开机之间间隔太短；否则，易烧坏机内元件，一般等待时间应在 1min 以上。

（13）UPS 不宜由柴油发电机供电，因为其频率不稳，容易影响 UPS 的正常运行。

（14）如果一台 UPS 接有多台负载设备，则应按顺序间隔接通电源，以免负载同时启动时的大电流击坏电源的零部件。

（15）许多 UPS 都装有报警开关，主要作用是市电停止时提醒用户注意及蓄电池过量放电时报警，所以在使用过程中一定要把蜂鸣器开关打开。

（16）使用 UPS 电源时，应严格遵守厂家产品说明书的有关规定，保证 UPS 所接市电的火线、零线顺序符合要求。如果火线、零线顺序接反，在从市电状态向逆变状态转换时极易造成 UPS 损坏。

（17）正常的开、关机顺序很重要。由于一般负载在启动瞬间存在冲击电流，过大的冲击电流会缩短元器件的使用寿命，甚至造成元器件损坏。因此，在使用时应尽量减小冲击电流带来的损害。UPS 在旁路工作时，抗冲击能力较强，可以利用这一特点在开机时采用以下方式进行：先送市电给 UPS，使其处于旁路工作状态，再逐个打开负载，先开冲击电流较大的负载，再开冲击电流较小的负载，然后 UPS 面板开机，使其处于逆变工作状态。开机时千万不能将所有负载同时开启，也不可带载开机。

（18）长期在市电状态下稳定运行，则电池组需每 3～6 个月带载充、放电一次。

（19）工作的环境温度与湿度应符合产品使用手册的要求。

（20）放置 UPS 的区域必须通风良好，远离水、可燃性气体和腐蚀剂。

（21）应保持 UPS 的进风孔与风扇出风孔通畅。

## 四、UPS 常见故障的排除

UPS 常见故障与处理方法如表 6.4 所示。

**表 6.4　UPS 常见故障与处理方法**

| 故 障 现 象 | 原因和处理方法 |
|---|---|
| UPS 不转市电，启动后绿灯闪烁，蜂鸣器间歇鸣叫 | 原因：电源插头未插好。处理方法：检查电源插头并插好 |
| | 原因：过流断路器断开。处理方法：按复位按钮 |
| | 原因：熔丝熔断。处理方法：更换熔丝 |
| 电池模式供电失败停电时 UPS 立即关机 | 原因：电池损坏。处理方法：更换电池 |
| 绿灯闪，蜂鸣器间隔 2s 鸣叫一次 | 原因：电池电压不足。处理方法：给电池充电 16h 以上 |
| 绿灯灭，蜂鸣器长鸣 | 原因：输出短路或其他故障。处理方法：请专业人员维修 |

# 第六节　碎　纸　机

## 一、碎纸机的作用与构成

在现代办公自动化系统中，确保信息的可靠性、安全性和保密性是一项十分重要的工作。尤其是对于重要的资料、文件等，必须采取一定的措施和采用必要的保密设施和设备。碎纸机是用来完成销毁重要、保密文件与资料的辅助办公设备。它与传统使用的人工撕毁、烧毁及指定专门部门回收等方法相比，具有方便、快捷、无污染及经过环节少、更高可靠性和保密性等优点。因此，它是目前广泛使用的适合各种类型办公室的销毁纸质文件资料的专用设备。

碎纸机又称资料粉碎机（或文件粉碎机），是一种专用的机电设备，一般由切纸部件和箱体两大部分组成。切纸部件包括旋转电机和锋利的刀具，电动机带动刀具快速转动，可将文件快速粉碎成条状或米粒状，甚至更小。箱体主要包括容纳纸屑的机箱和机壳，一些碎纸机箱底还装有脚轮，以便移动。碎纸机外形如图 6.94 所示。

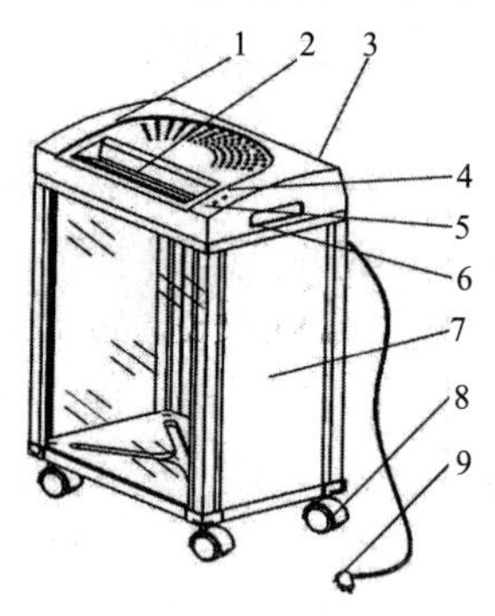


图 6.94　碎纸机外形

1—面罩；2—进纸口；3—电源开关；4—电源指示灯；5—工作指示灯；6—把手；7—机箱；8—万向轮；9—电源插头

## 二、碎纸机的规格参数与技术特性

### 1. 规格参数

碎纸机的规格参数主要包括型号、电源、耗电量、纸屑宽度、纸张入口宽度、最多碎纸量、碎纸速度、连续操作时间、体积、重量、盛纸箱容量及每次最多可碎纸张数等。

### 2. 技术特性

下面以奥士达碎纸机为例，介绍碎纸机的一些技术特性。

（1）采用（两组）四支刀具、竖切条、横切屑，一次切成碎屑。

（2）采用整体栅板，不夹纸、不塞纸、拆装方便。

（3）采用金属外壳，模具一次成型。

（4）采用三段正逆转，跷板式开关及温度保护器。

## 三、碎纸机的使用与维护

### （一）碎纸机的使用

（1）插上电源插头，打开电源开关，电源指示灯亮，此时碎纸机处于待机状态，随时可以碎纸。

（2）将需要销毁的资料除掉环形针、订书钉后，从进纸口送入，机器自动感应并开始工作，碎纸完毕，机器会自动停机，重新处于待机状态。

（3）若进纸过量或塞纸，机器会自动退纸，可减少送纸张数后再次送入。

（4）在插上电源插头后，将开关置于“开”位置，机器启动，将纸张投入进纸口，待碎纸完毕，开关置于“关”位置即可。若进纸过量或塞纸，机器会自动停机，此时将开关按向“关”，然后再将开关按到“复位”，退出纸张即可。

（5）一般机器设有过热保护装置，如长时间连续使用，引起电动机过热，碎纸机会自动停机散热。此时，即使电源指示灯亮，碎纸机也不会工作，等待冷却后碎纸机会自动复位。

（6）机箱内的纸屑装满后，一般会发出蜂鸣声，并在延时 3～4s 后自动停机，提醒用户清除纸屑。清除纸屑前，必须先关闭电源开关。机箱复位后，打开电源开关，碎纸机即可正常工作。

### （二）碎纸机的操作注意事项、保养与维护

使用碎纸机时应注意如下几点。

（1）使用碎纸机前，应认真阅读使用说明书及注意事项。

（2）为确保安全操作，不要将碎纸机置于电源线易被踩踏处，电源线上不得堆放重物。

（3）切勿在水源附近使用碎纸机，并防止水溅到机身上引起短路故障。

（4）不可将碎纸机置于不稳定的手推车、台架或桌子上使用。

（5）避免将碎纸机置于强光下，严禁将碎纸机靠近或置于散热器及取暖设备上。

（6）不要自行修理碎纸机，当打开或拆下机身外壳时，会有接触到高压等危险。在需要修理时，应委托专业维修人员进行所有检修工作。

（7）机头内有锐利滚刀，不要打开机头，除非有绝对必要；否则，可能被滚刀割伤。

（8）如果出现下列情况，应立即切断电源，并请专业维修人员检修。

① 有液体喷洒入机内。

② 机器遭雨淋湿。

③ 电源线损伤或磨破。

④ 正常操作导致的故障。

⑤ 机器被摔而损坏。

（9）经常保持碎纸箱为空。

（10）不要连续使用机器 30min 以上。

（11）长时间不用时，应将电源插头拔下或将开关置于“关”位置。

（12）将碎纸机放置在儿童难以接近处使用，以免儿童将手伸入进纸口造成伤害。

（13）机器运转时不要将手指放入进纸口，或试图用其他物件清理进纸口，以防发生危险。操作时，要防止随身的领带、项链等卷入机器中。

（14）除纸张外，严防把金属物品（订书针、大头针、曲别针等）、布料、塑料、碳纸、胶纸等其他物料放入机内。

（15）不要将潮湿的纸张或过量纸张送入进纸口。

（16）不要将比进纸口大的纸张放入进纸口，也不要斜放纸张；当碎纸幅面小于 A4 时，从进纸口中间放入。

（17）不要遮挡通风口。

（18）除清除卡在进纸口的纸张外，一般不要做反向旋转机器操作。

（19）如碎纸机表面有污垢，可用清水稍加洗洁剂轻轻擦洗，再用清水擦净即可。清洗时必须先拔掉电源插头，待完全干燥后再通电。

（20）因机器外部由塑胶制造，所以不要用汽油、苯类溶剂或稀释剂等有机溶剂擦拭，也不要用去污粉擦拭，以免造成机器塑胶部分褪色、断裂、溶解或刮伤。

（21）清洁外部时，不可让水滴滴入机器内部。

（22）碎纸效果将因纸张的湿度（受潮）程序而受影响；为了减少卡纸、延长机器寿命、加快操作进程，每次碎纸张数不应超过最高碎纸张数的 2/3。

## 四、碎纸机常见故障的排除

碎纸机常见故障与处理方法如表 6.5 所示。

**表 6.5　碎纸机常见故障与处理方法**

| 故 障 现 象 | 原因和处理方法 |
|---|---|
| 切纸机不转动 | 原因：电源插头未插好。处理方法：检查电源插头并插好 |
| | 原因：熔丝熔断。处理方法：更换熔丝 |
| | 原因：电动机不工作（电压过低）。处理方法：调节电压至正常 |
| | 原因：控制线路板损坏。处理方法：更换线路板 |
| | 原因：纸张太透明。处理方法：与其他纸张一起碎 |
| | 原因：电动机过热，保护装置启动。处理方法：通风冷却数十分钟后再开机启动 |
| 切纸器不停 | 原因：电眼被纸屑或纸尘遮蔽。处理方法：以毛刷清洁电眼 |
| 堵转 | 原因：进纸过量。处理方法：减少送纸量 |
| | 原因：纸尾被卡。处理方法：用纸挡住进纸口对光管；或反复开、关电源，清除被卡纸 |
| | 原因：电压偏低。处理方法：调整电压至正常 |
| 机器噪声过大 | 原因：整机安放不平稳或地面不平整、不坚固。处理方法：选择适宜场地，调整机器安放位置 |
| 碎纸效果不好 | 原因：电压偏低。处理方法：调整电压至正常 |
| | 原因：纸张受潮、偏厚或偏薄。处理方法：晒干纸张、掺杂厚纸或薄纸 |
| | 原因：有异物夹在里面。处理方法：排除异物 |

# 第七节　数码相机

## 一、数码相机概述

20 世纪 80 年代初期，人们利用掌握的视频数字技术开始研制数码相机，用了大约 10 年的时间，实现了数码相机的商品化。数码相机从诞生之日起，便以其独特的优势迅速在新闻、出版、教育、广告等领域得到广泛的应用。数码相机外观如图 6.95 所示。数码照相技术是把光信号转化为数字信号，其中涉及光电转换、图像处理、图像合成、图像压缩、图像保存和图像输出等技术环节。数码相机与传统的相机相比有很多优点，如存储容量大、重复性好、图像加工简便、图像输出多样化、无污染等。

图 6.95　数码相机外观

## 二、数码相机的分类与主要性能指标

与传统照相机一样，数码相机也有镜头、光圈、快门等部件；不同之处是图像的感光和存储介质不同。数码相机用光电转换器件替代感光胶片进行图像的感光。数码相机有与计算机连接的接口，有白平衡调整装置及声音记录装置。

### 1. 数码相机的分类

数码相机可按以下方式进行分类。

（1）按图像传感器分类，可分为 CCD 传感器数码相机和 CMOS 传感器（互补金属氧化物半导体）数码相机两类。

（2）根据对计算机的依附程度分类，可分为 Macintosh 和 PC 两类。

（3）根据接口分类，可分为 USB 接口和 FireWire 接口数码相机。

（4）根据使用对象分类，大致可以分为五种主要类型，即网络照相机（玩具型）、入门级数码相机、中档数码相机、中高档数码相机和专业级数码相机（单镜头反光相机）。

### 2. 数码相机的工作原理

数码相机的工作原理如图 6.96 所示。

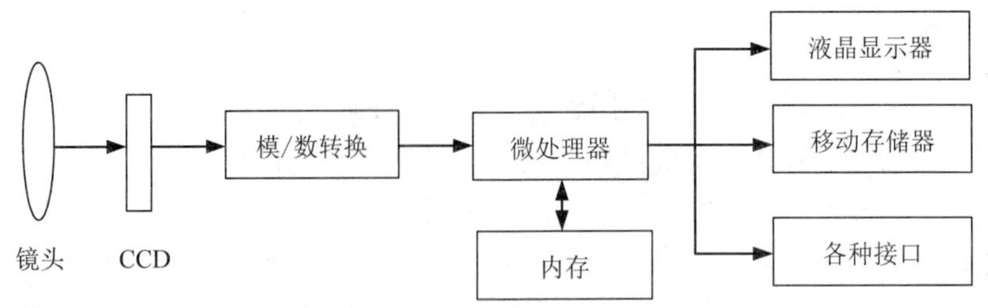


图 6.96 数码相机的工作原理

数码相机与现代 35mm 照相机或先进摄影系统（APS）照相机在原理上并无太大不同，它们与最早的感光板照相机采用相同的基本设计，只不过做了一些改进而已。光敏材料（胶片或数码传感器）被置于遮光的机身内部快门后面，快门可以按预设的时间开启（通常是几分之一秒）。快门的前面是一组用玻璃（或塑料）制成的透镜组——镜头，镜头的作用是把光线聚在传感器（或胶片）上清晰成像，传感器把影像的明暗变成相应的电荷存储。然后，经过模/数转换器转换为数字电信号，在微处理器的控制下，把影像数据存储到内存芯片中。多数情况下，镜头内部还有一个可调节的光圈，其作用是根据不同的亮度差别控制进入镜头的光通量。对于传统的照相机来说，每一幅影像都是用胶片记录的，并且必须经过化学冲洗与扩印处理才能看到拍摄结果；而数码相机则利用一块专门的内存芯片记录影像，生成一个可在计算机上借助适当软件读写的数码影像文件。当影像数据被复制或打印成照片后，存储卡可以反复再用（每块存储卡至少可以反复记录 100 万次）。也可以借助显示器浏览、修改照片，还可以通过接口把影像数据存储到其他介质中保存。

### 3. 数码相机的主要性能指标

数码相机的主要性能指标如下。

（1）分辨率。

（2）存储容量及存储方式。

（3）彩色深度（色彩位数）。

（4）焦距增大倍数。

（5）连拍速度。

（6）白平衡调整。

（7）信息输出方式。

（8）取景方式。

## 三、数码相机的使用与维护

### 1. 数码相机的使用

（1）使用前的相关准备，如充足的电源、足够的存储容量和适宜的拍摄环境等。

（2）合理选择存储器。存储器分为内置式和外挂式两种。若拍摄量小，可选用内置式；若拍摄量大，可选用外挂式。使用时，内存卡要插入到位，移动存储器连接可靠。特别要注意存储器要防潮、防磁、防静电、防高温。

（3）白平衡的调整。白平衡即色温补偿。通过白平衡的调整可获得逼真的影像或特殊的艺术效果。根据拍摄环境和光源情况，选择自动或手工方式加以调整。

（4）曝光控制。数码相机的曝光宽容度较小，测光要求较高。拍摄前准确设定感光度是拍摄一幅好作品的关键所在。在高感光度或快门过慢及连续拍摄时，拍摄效果较差。

（5）正确的握持姿势。相机握持方法得当，将有助于拍出更为清晰的照片，所以拍摄时应以双手平衡地握紧相机。由于相机的外形及每个人握持的习惯不尽相同，手持相机的方法也不完全一样。但总的原则是顺手、方便、稳定。在拍摄横幅照片时右手用于按动快门，左手的手掌托住相机，手指进行调光圈、对焦；为了进一步增强稳定性，应该收紧手臂，用肘部抵住自己的胸膛。拍摄竖幅照片时手法不变，只是右手在上、左手在下，这一手法比较快，但用时稍长，手臂容易疲劳。所以还可以左手掌顶住相机底部，手指调光圈、对焦，右手食指按动快门，其余四指紧握机身。图 6.97 为拍摄横幅图和竖幅图时的多种持机方式。有时，摄影者直接将相机拿在手上使用，这时切记及时将相机的背带缠绕在手腕上，以免因相机不慎跌落而被摔坏。

### 2. 数码相机使用注意事项、保养与维护

使用数码相机时应注意如下几点。

（1）不要在以下地方使用、放置相机。

① 高温、寒冷或阴暗潮湿的地方。

② 不平稳或振动的地方。

③ 靠近强磁场、强静电的地方。

④ 有灰尘的地方。

（2）携带。当相机装在裤子或裙子的后兜里时，切勿坐在椅子上或其他地方；否则，可能会导致相机故障或损坏。

图 6.97　握持相机的正确姿势

图 6.97（续）

（3）清洁。清洁 LCD 液晶屏，可用 LCD 的清洗套件擦拭屏幕，以便去除指纹、灰尘等；清洁镜头时，要用专用镜头纸擦拭，以便去除污物；清洁相机表面时，应用蘸过少量水的软布进行清洁，然后用干布将表面擦干。千万不要使用以下物品和方法；否则，会破坏外层漆或外壳。

① 化学产品，如稀释剂、汽油、酒精、一次性布、防虫剂、遮光剂、杀虫剂等。

② 用沾有上述物质的手触摸相机。

③ 将相机与橡胶或乙烯基接触时间过长。

（4）操作温度。相机的使用温度为 0～40℃。建议不要在该范围以外的过冷或过热的环境下使用相机。

（5）湿气凝结。如果将相机直接从寒冷的环境带入温暖的地方，相机内外可能会发生湿气凝结。这种湿气凝结可能导致相机的故障。如果发生湿气凝结，将相机关闭并等待 1h 左右，直到湿气蒸发。如果在镜头有湿气的情况下拍照，则无法记录清晰的影像。

（6）避免强光。摄影者若在直射阳光下长时间使用相机，则应用不透明或半透明物体遮盖，如伞、纸片、笔记本等均可用来遮挡阳光。

（7）正确装卡、取卡。按照使用说明书或机身上的标识，正确安装和取出存储卡；否则，极易损坏存储卡。

（8）正确使用电池。使用电池时要根据相机使用说明书上所规定的型号选配电池，安装电池时，正、负极不能装反。镍镉电池内阻低、放电电流大，有的相机规定不能使用镍镉电池。不能使用镍镉电池的相机，一般在相机使用说明书中有所说明，有的相机还在相机电池仓内印有不能使用镍镉电池的警告标志。摄影者使用相机前，要仔细了解该相机对电池的要求。

## 四、数码相机常见故障的排除

数码相机常见故障与处理方法，如表 6.6 所示。

**表 6.6　数码相机常见故障与处理方法**

| 故障现象 | 原因和处理方法 |
|---|---|
| 电池组无法插入 | 原因：电池安装错误。处理方法：正确插入电池组，以便可按动电池退出杆 |
| 无法打开相机 | 原因：没有安装电池。处理方法：在相机中装入电池组后，相机要获得电源可能要花一点时间 |
| | 原因：电池电能已经耗尽。处理方法：插入充好电的电池组 |
| | 原因：电池组寿命已到。处理方法：用新电池组更换 |
| | 原因：电池型号不适合。处理方法：使用推荐的电池组 |
| 电源突然关闭 | 原因：电池组寿命已到。处理方法：用新电池组更换 |
| | 原因：打开电源大约 3min 内没有操作相机，则相机会自动关闭以免消耗电池组电量。处理方法：重新打开相机 |
| 电池电量剩余指示不正确 | 原因：在极热或极冷的地方使用相机时会出现此现象。处理方法：在指定温度范围内使用相机 |
| | 原因：电池组寿命已到。处理方法：用新电池组更换 |
| 相机不能记录影像 | 原因：内存容量已满。处理方法：删除不需要的影像或更换同型号的内存芯片 |
| | 原因：内存芯片带写保护，且开关被设在 LOCK 位置。处理方法：将写保护开关设在记录位置 |
| | 原因：闪光灯正在充电。处理方法：等待闪光灯充电完毕，再操作相机 |
| 不能在影像上插入日期 | 原因：本相机不具有在影像上叠加日期的功能。处理方法：使用“picture motion browser”，可打印或保存带日期的影像 |
| 在黑暗的地方观看液晶屏时，影像中出现噪点 | 原因：发生拖影现象，并且图像上出现白色、黑色、红色或紫色条纹。处理方法：对于所记录的影像没有影响，这是液晶屏质量造成的，可更换液晶屏 |
| 相机不能播放影像 | 原因：没有按“播放”按钮。处理方法：按“播放”按钮 |
| | 原因：已在计算机上变更了文件夹/文件名称。处理方法：恢复为原来的文件夹或文件名称 |
| | 原因：如果影像文件被计算机处理过，或者用来记录影像文件的相机机型与你的相机不同，则不能保证能在你的相机上播放。处理方法：恢复为原来的文件；使用与记录影像文件相同的相机播放 |
| | 原因：相机处于 USB 模式。处理方法：取消 USB 连接 |

## 第八节　数码摄像机

1995 年 7 月 24 日，日本索尼公司率先展示了家庭用数码摄像机及与此配合的家庭用数码录像机，由此宣布了家用 DV（digital video）的诞生。数码摄像机问世至今仅 20 余年，但随着数字化技术及影像材料的迅速发展，数码摄像机已从开始的奢侈、高档产品，逐渐走进普通百姓家庭，成为人们记录工作、学习、生活等场景的重要工具之一。数码摄像机与传统摄像机相比，其优点有：适合于使用计算机进行处理；简化调整机构和调整方式，可以实现精确、细致的调整；重复性好；存储容量大。下面将通过简单的介绍让大家了解有关数码摄像机的基础知识。

### 一、数码摄像机的组成与作用

数码摄像机主要由取景系统、控制系统、成像系统、存储系统和电源系统五个部分组成。

### 1. 取景系统

取景系统由数码摄像机中获取景物图像的相关部件组成，其作用是使摄影者能够通过它们看到所拍摄景物的影像。数码摄像机可以通过镜头、电子取景器和液晶显示屏取景。

（1）镜头。摄像机是用镜头来摄取景物的。拍摄景物实际上是获取景物的光学信息，包含亮度、灰度、颜色等信息。这些信息必须经过光学镜头才能成像到感光器件上。

（2）电子取景器。电子取景器是把一块微型 LCD 放在其内部，由于有机身和眼罩的遮挡，外界光线照不到这块微型 LCD 上，也就不会对其显示造成不利影响。它的优点是可以避免因开启液晶显示屏而过度消耗电量，从而可以延长拍摄时间和电池的使用寿命。在室外拍摄时，电子取景器还可以避免因显示屏反光导致的取景误差，用起来非常方便。

（3）液晶显示屏。液晶显示屏是取景系统的另一种形式，通常位于数码摄像机的旁边。它从图像传感器 CCD 或 CMOS 中直接提取图像信息，所拍图像通过 LCD 直接显示出来，是数码摄像机的一个突出优点。它不仅能够用于取景，还能够查看所拍摄的图像，用于显示“菜单”。它的缺点是耗电量大，且易受环境光的影响，在电源电压不足时表现尤为明显。

### 2. 控制系统

控制系统由数码摄像机的可操作控制的部件组成；它可使图像聚焦更清晰、曝光更准确、色彩更真实，并能将图像完整地保存下来。

（1）聚焦环和聚焦键。这是调整摄像机聚焦的控制件，当需要进行手动聚焦时，就要调整这两个控制件。使用时，在 Camera 方式下轻按“Focus”键，这时手动调焦指示出现，然后转动聚焦环，使聚焦清晰即可。

（2）逆光键（back light）。当所拍摄的对象背后有光源时，这就需要使用逆光键，它能够解决因背光带来的曝光问题，需要使用时按下该键即可。

（3）菜单键（menu）。按这个键后，在电子取景器中将出现菜单设置界面，在这里可以转动 Sel/Push Exec 拨盘进行设置。如果需要退出菜单，再按一次菜单键即可。

（4）曝光键（expousre）。一般摄像机都是自动曝光的，但是如果在拍摄对象逆光、拍摄对象明亮而背景暗或者要如实地拍摄黑暗图像时，这个功能就非常有用了。使用时首先按下曝光键，然后转动拨盘调整亮度到需要的程度即可。

（5）电动变焦杆。使用电动变焦杆能够快速、准确地调整聚焦。稍微移动电动变焦杆能够进行较慢的变焦，大幅度地移动它则可以进行快速变焦，适当使用变焦功能可以获得更好的摄像效果。“T”用于将拍摄对象拉近；“W”用于将拍摄对象推远。

（6）电源开关。它是控制摄像机开启的“总管”，一般摄像机都采用限位式操作。摄像机的电源开关有 VCR（录像查看状态）、Off（摄像机关机）、Camera（摄像机拍摄）和 Memory（静态图像拍摄）四种状态，如果需要转换状态，按住电源开关上的小绿键，然后转换开关到相应的位置即可。

（7）Start/Stop 键。这是摄像机开始拍摄和结束拍摄的键。在准备好的情况下，按 Start/Stop 键摄像机开始拍摄，Rec 指示出现，位于摄像机前面的摄像指示灯亮；如果要停止摄像，再按一次 Start/Stop 键即可。

（8）播放键。主要有播放、快进、停止、暂停、快速前进、快速倒带等按钮。

3. 成像系统

成像系统由数码摄像机的接收、浏览和保存图像的部件组成，它担负着为数码摄像机捕捉影像的任务，是数码摄像机最重要的部件之一，也是数码摄像机与传统摄像机最本质的区别。它的质量水平（像素多少和面积大小）不仅决定了数码摄像机的成像品质，而且也反映了数码摄像机的档次和性能。

4. 存储系统

存储系统可分为两部分：一是用于录像的硬盘或 DVD-RAM 等新型记录媒体；二是用于记录数码相片的存储卡，这是数码摄像机用来拍摄静物用的，与数码相机的存储卡一样，能够用来拍摄相片，需要时可通过摄像机附带的 USB 数据线与计算机交换图像数据。

5. 电源系统

摄像机所用的直流电源均为封闭型蓄电池，这种完全封闭式的蓄电池能够避免漏液及逸出气体等，而且使用起来十分安全。同时，由于可以反复充电 300 次以上，所以使用寿命较长，使用起来灵活、方便，可避免使用交流电源时电源连接线的限制，拍摄更加随意自由。特别是在外拍摄时，充电电池更是必备的电源。

另外，一般摄像机还提供交流电源的插口，在室内使用摄像机时可以用交流电源来供电。

## 二、数码摄像机的主要技术指标

灵敏度、分解力、信噪比统称为数码摄像机的三大性能指标，也是其最重要的技术指标。

（1）灵敏度。它是指在标准摄像状态下，数码摄像机光圈的数值。标准摄像状态是指灵敏度开关设置在“0dB”位置，反射率为 89.9%的白纸，标准白光（碘钨灯）所产生的 2000lx 的照度。在这个条件下，图像信号达到标准输出幅度时，光圈的数值称为灵敏度。通常数码摄像机的灵敏度为 F8.0，高档的数码摄像机的灵敏度可达到 F11，相当于高灵敏度 ISO-400 胶卷的灵敏度水平。

（2）分解力。分解力又称为清晰度。其含义是，在水平宽度为图像屏幕高度的范围内，可以分辨多少根垂直黑白线条的数目。例如，水平分解力为 850 线，其含义就是在水平方向，在图像的中心区域，可以分辨的最高值是相邻距离为屏幕高度的 1/850 的垂直黑白线条。现在，高档的专业级数码摄像机能够达到的水平分解力是 800 线。

（3）信噪比。它表示在图像信号中包含噪声成分的指标。信噪比的数值以分贝（dB）表示。目前，数码摄像机的加权信噪比可以做到 65dB，用肉眼观察，已经感觉不到噪声颗粒的影响了。

数码摄像机的噪声与增益的选择有关。一般会将数码摄像机的增益选择开关设置在“0dB”位置进行观察或测量。在增益提升位置，噪声自然增大；反过来，为了明显地看出噪声的效果，可以在增益提升的状态下进行观察。在同样的状态下，对不同的数码摄像机进行对照比较，以判别优劣。

## 三、数码摄像机的使用与维护

### 1. 准备工作

（1）电源。摄像机有两种提供电源的方式，即交流适配器和电池组。不管使用哪种方式，都要保证拍摄现场有充足电源的需求。

（2）语言设置。根据用户需要选择恰当的语言。

（3）日期和时间设置。可以准确地记录拍摄的日期和时间。

（4）调节取景器。取景器中，景物是拍摄对象的参照。要想获得好的拍摄画面，就必须调节好取景器。步骤如下。

① 按住位于开关上的锁定按键的同时，将电源开关设置为“REC”。

② 确定液晶监视器已经被关闭和锁定。完全打开取景器。

③ 旋转屈光度调整控制器，直到取景器中的显示对焦清晰。

（5）装入磁带。

### 2. 机器调节

机器调节的主要内容有电源开启、变焦、光圈调节、快门速度选择、调节白平衡等。调节的方法有自动和手动两种。

### 3. 录制和重放

录制和重放的主要内容有基本记录、正常播放、连接其他设备（计算机、录像机、电视）等。

### 4. 编辑

通过相关设备（如计算机）对影像进行编辑加工，以获得更加简洁、清晰的影像资料。

### 5. 使用注意事项、保养与维护

（1）防强光。千万不要把摄像镜头对着强烈的太阳或其他强光源，因为强光会烧毁摄像管。数码摄像机停止使用时应随即关闭电源，放进背包，避免暴露于光线之下。

（2）防高温。数码摄像机采用 CCD 电荷耦合器件，其耐高温的能力是有限的，所以不能用数码摄像机直接对着太阳或者非常强烈的灯光拍摄；否则，会在图像上形成严重的垂直拖影，使拍摄质量受到影响，有特殊需要或无法避开时，也要尽量缩短拍摄时间。数码摄像机长时间受强光照射或者受热都会使机壳变形，所以在使用和保存时要注意不要将机器置于强光下长时间曝晒，也不要将机器放在暖气管道或电热设备附近。另外，不要将数码摄像机放在被太阳晒得炙热的汽车里。如果数码摄像机不得不晒在太阳下，要用一块有色且避光的毛巾或有锡箔的遮挡工具来遮挡避光。

（3）防低温。数码摄像机只适合在 0～40℃的温度下工作。在低温环境下拍摄应采取防寒措施。可以通过将数码摄像机藏于口袋的方法让数码摄像机保持适宜温度，而且要携带备用电池，因为数码摄像机的电池在低温下可能会停止工作。

（4）防水防潮。数码摄像机如果储存或工作在湿度较大的环境中，不仅容易造成电路故障，而且容易使摄像镜头发霉。视频磁头是一个易磨损部件，需要定期更换。视频磁头的寿命除了取决于磁头的材料外，还与使用环境的空气湿度密切相关，空气湿度越大，视频磁头磨损越快。

（5）防震防碰。数码摄像机是一个光电设备，也是一个精密的机械设备，任何剧烈的震动、碰撞都会对设备造成损伤。数码摄像机的任何电子器件和决定成像质量的重要部件受到震动损伤都会严重影响数码摄像机的运行。

（6）防腐。数码摄像机应当远离化学药品，当在一些化学用品生产厂区或有大量烟尘的地方拍摄时，应当用塑料袋将其包好，用完以后在通风处静置一段时间。清洁摄像机时，只能用干的、柔软的布料，或者用软布料蘸取一些柔性洗涤剂进行擦拭，而不能用酒精、石油等有溶解力的液体，因为它们会腐蚀数码摄像机的外壳，有损机器外表。

（7）防烟避尘。数码摄像机应当在清洁的环境中工作和储存，这样可以减少因外界灰尘、污物、油烟等污染而引起故障的可能性。因为油烟、灰尘等落入摄像镜头以后，就会影响摄像的清晰度，并影响调整开关和旋钮的灵活性。

每次拍摄后都应该先对数码摄像机的机身、镜头及液晶屏的部位进行清理及擦拭，以免日积月累导致镜头表面损伤及外部按键失灵。清洁工作完成后，再将其置入防潮箱内存放。

（8）防磁。数码摄像机是光电一体的精密设备，光电转换是其主要的工作原理，其关键部件如CCD、DSP芯片对强磁场和电场都很敏感，它们会影响这些部件的正常性能发挥，直接影响到拍摄效果，甚至导致数码摄像机无法操作。数码摄像机不能靠近有强磁场的物体，如电动机、变压器、扬声器和磁铁等。

（9）防电击。数码摄像机需要经常与计算机、监视设备等进行连接，如果在连接过程中所连接的设备漏电，会极易损坏数码摄像机。因此，与上述设备连接时最好能在其电源插头拔掉的情况下进行，以免造成不必要的损失。

（10）防惰性。要避免连续、持久、固定地对着强光照射下的主体，尤其是明暗反差很强的主体，如夜间的灯光；否则，摄像管的光敏靶将会在明亮主体的位置上留下“光点”，使以后拍摄的镜头，尤其是低调子的画面上，总是出现“光点”，这就是惰性。如果发生这种情况，应将数码摄像机静置几天，一般可在一周内恢复正常。数码摄像机长期不用时，每隔6个月至少运行一次，每次通电2～3h。

（11）防X射线。不要把数码摄像机放在无线电波或X射线活动区，因为这两者均会损害镜头和电子部件。

（12）电池使用前一定要充足电。

（13）不要在数码摄像机电源开关处于接通状态时同外电源连通或更换电池。

（14）一般拍摄10h以上，数码摄像机的磁头就会出现脏的提示，这时可以用清洗带进行清洗。

## 四、用好掌中宝

目前，摄像机已进入了千家万户，而且绝大多数家庭使用的都是俗称掌中宝的摄像机（现在使用专业摄像机的一般只有电视台或广告公司）。许多人在掌中宝的实际使用及相关器材的选用上还存在不少问题，下面是一些经验，以供参考。

1. 持机拍摄方式

不少人在使用掌中宝拍摄时，往往是先打开液晶显示屏，然后双手持机放在胸前拍摄。这种拍摄方式会造成拍摄的不稳定。一般使用掌中宝拍摄时，要先打开液晶显示屏检查显示屏的颜色是否偏色（如果显示屏出现明显的偏色，应立即进行白平衡调整）、亮度是否适中，再合上液晶显示屏，然后直接通过掌中宝的寻像器来观察拍摄。采用这一持机方式拍摄，与双手持机放在胸前的拍摄方式相比，有以下优点。

（1）增加了稳定性。双手持机放在胸前拍摄的方式，很难保证拍摄的稳定性，许多未经专业训练的人用这种方式拍摄图像时，都会出现上下、左右抖动较剧烈的情况，影响了图像的质量与观赏性。而采用通过掌中宝观景窗的方式拍摄时，眼睛紧贴着寻像器，实际上是在双手持机的同时，在面部的位置增加了一个支撑点，这样拍摄可以明显减少图像的抖动。

（2）省电。绝大部分掌中宝随机配置的电池的电量有限，往往不能满足实际拍摄的需求，因此在拍摄时一定要注意节约用电。在使用掌中宝拍摄时，如果打开液晶显示屏，则会明显加大耗电量、缩短可拍摄时间。

（3）强光下可保证看清图像。如果在直射的阳光下拍摄，在液晶显示屏上往往看不清图像的细节，而通过寻像器进行观察拍摄则不存在这一问题。

2. 运用“推”“拉”镜头拍摄

“推”与“拉”是运动镜头中相对应的两种方式，“推”是为在某一环境下突出想要表现的主体，而“拉”是在某一主体中拉出显示其所处的周围环境。在以下两种情况下，应考虑多用“拉”镜头，少用“推”镜头。

（1）在没有三脚架的情况下拍摄时。在没有三脚架的情况下，当运用长焦、中长焦拍摄小的景别（近镜头、中近镜头等景别）时，画面抖动的幅度会明显增大，从而影响图像的质量。在这种情况下，运用“推”镜头拍摄，随着镜头逐步推上去，主体在画面中所占的面积逐步增大，所拍摄的整个画面的抖动会越来越剧烈。而在同样情况下，使用“拉”镜头拍摄，先把镜头推上去对准主体，虽然也会有明显的抖动，但可以在正式拍摄后，在看到画面有 2～3s 的时间、抖动明显降低时，再把镜头拉回，这样在后期剪接镜头时就有一个质量相对较好的“拉”镜头了。当然，当拍摄的距离较远时，“拉”镜头的质量也得不到保证，这时应注意选好起幅的景别，或者靠近被拍摄的主体。

（2）不能忽略自动对焦过程对图像质量的影响时。“多用‘拉’镜头，少用‘推’镜头”，这一原则对于自动对焦时间长的掌中宝也适用。在使用掌中宝拍摄“推”镜头时，对于有手控对焦的掌中宝，应在开始拍摄前，先把镜头推至最后落幅的位置对好焦，然后再拉回来，在正式拍摄后，再把镜头推上去，这样所拍摄的画面基本能保证对焦清晰。如果使用自动对焦系统拍摄，在运用“推”镜头推上去之后，景物一般都有一个由模糊变清晰的自动对焦过程，这个过程因不同的机型而长短不一。只有在自动对焦的时间少于 0.5s 的情况下，才可以忽略自动对焦过程的影响；否则，在拍摄中这一自动对焦过程对图像质量的影响不应忽略。与之相对应，采用“拉”镜头时就不存在这一自动对焦过程对图像质量的影响。

### 3. 三脚架的使用及选择

使用掌中宝拍摄时，一般不采用三脚架拍摄。但如果不使用三脚架，则很难拍摄出高质量的图像。在拍摄中、长焦画面、特写和运动镜头（特别是一些大幅度的上摇镜头）时表现尤为明显。因此，为保证图像质量，建议使用掌中宝拍摄时使用三脚架。

一般情况下，相机的三脚架可与掌中宝的三脚架通用。因此，很多人在使用掌中宝拍摄时，经常直接使用相机三脚架。但在实际应用中，掌中宝与普通相机所选用的三脚架要求的侧重点有很大区别。一般相机用的三脚架只要求保证在同一构图下单幅或连续多幅的图片成像稳定即可，因此一般人都会认为相对比较结实的三脚架比较好，有时为了增加稳定性，会特意把挂包挂到三脚架上，以减少被风吹动所带来的影响。与之相比，电视摄像要求的是一种连续的稳定性，在使用一些比较沉重、结实的相机三脚架拍摄运动镜头时，在三脚架底座的摇动过程中，可能会出现卡位（到某一位置阻尼突然增大）、跳动等现象，拍摄“推”“拉”“摇”“跟”等运动镜头时，一旦出现卡位，所拍摄的图像就会明显跳动，从而影响图像的质量。因此，在选购掌中宝三脚架时，应注意与选购相机三脚架的区别，搞清楚三脚架座在上下、左右摇动时能否保持平衡，摇动的阻尼是否适中，最好选购有水平仪及阻尼可调的三脚架。

## 五、数码摄像机常见故障的排除

数码摄像机的常见故障与处理方法如表 6.7 所示。

**表 6.7　数码摄像机的常见故障与处理方法**

| 故障现象 | 原因和处理方法 |
|---|---|
| 无法正常开机 | 原因：数码摄像机自动保护。①数码摄像机内部或者数码摄像带上有水汽，这时千万不要强行开机，否则很容易损坏磁头。处理方法：用电扇或者电吹风的冷风挡吹干水汽，待干透以后即可正常开机。②数码摄像带表面有严重划痕，为了保护磁头不受损坏，数码摄像机自动停机。处理方法：更换数码摄像带 |
|  | 原因：电池电能已经耗尽。处理方法：插入充好电的电池组或给电池组重新充电 |
|  | 原因：数码摄像机故障。处理方法：请专业人员检查维修 |
| 无法正确录像。表现为按下 Start 按钮后 LCD 无录像符号显示，数码摄像带也不转动 | 原因：磁带问题。处理方法：①拆下磁带，观察写保护片是否被拆下，如果是这种情况，用胶带堵住写保护孔即可；②磁带如果到头了，倒带后即可正常使用；③更换磁带，以排除磁带损坏的情况 |
|  | 原因：数码摄像机电路故障。处理方法：请专业人员检查维修 |
| 拍摄时取景器无图像显示 | 原因：镜头盖未取下、屏幕开启。处理方法：①检查镜头盖，如未取下，取下即可；②检查 LCD 屏幕是否开启，如已开机，关闭即可 |
|  | 原因：取景器故障。处理方法：将数码摄像机和电视机相连（数码摄像机的 VIDEO-OUT 端连接到电视机的 VIDEO-IN 端），打开数码摄像机，如电视屏幕上图像正常，说明拍摄部分没有问题，故障出在取景器，送往指定维修点检查 |
| 拍摄时取景器图像显示模糊不清 | 原因：未调整取景器设置所致。处理方法：根据使用者的视力，调整取景器两侧的调节旋钮，图像就会清晰 |

续表

| 故 障 现 象 | 原因和处理方法 |
| --- | --- |
| 拍摄质量差 | 原因：操作失误。处理方法：排除操作失误 |
| | 原因：磁头太脏。处理方法：使用专用的清洗液清洗磁头，更换新的磁带拍摄 |
| 回放没有图像 | 原因：拍摄时操作失误、磁带质量差或磁带老化。处理方法：①确认拍摄时操作是否正确，请教高手或翻阅说明书；②更换其他磁带，如果回放正常，可能是磁带磁粉脱落或者使用了劣质磁带；③更换质量好的新磁带后，重新拍摄一段录像并回放，如果仍然无法回放，可能就是写入电路故障，送往指定维修点检查 |
| 回放时，图像正常但是没有声音 | 原因：操作失误或硬件损坏。处理方法：①排除拍摄时的操作失误，如没有开启麦克风等；②检查扬声器音量开关，如果音量太低则开大一点；③连接数码摄像机和电视机（音频），播放录像，如果在电视机上声音正常，则可能是扬声器损坏，送往指定维修点检查 |
| 屏幕变暗或者不显示 | 原因：屏幕没开启或者屏幕后灯泡老化。处理方法：①检查屏幕开关是否开启；②连接电视机视频，如果可以正常显示，则可能是 LCD 背面的灯泡老化失效导致的，当然也可能是屏幕与机身的排线断裂导致的 |
| 无法从带仓中取出数码摄像带 | 原因：电源问题或者带仓的机械故障。处理方法：接通电源或者给电池充电；排除仓门变形的问题 |
| 电池充电时，充电指示灯不亮 | 原因：电源与电池组安装、设置有误，电源插座没有电，或者是电池充电过程已经完成。处理方法：将数码摄像机的电源 Power 开关向上滑动至 Off，并保证将电池组正确安装在摄像机上。如果还不能解决问题，更换新电池 |
| 机器的自动聚焦功能失灵 | 原因：数码摄像机的手动聚焦功能打开。处理方法：关闭手动聚焦功能 |

# 本章练习题

6.1 如何设置并使用“搜狗输入法”的语音输入功能快速输入文字？

6.2 触摸屏的应用领域有哪些？使用前景如何？

6.3 触摸屏有哪几种类型？

6.4 手写板有哪几种类型？

6.5 手写板的性能指标有哪些？主要功能有哪些？

6.6 如何使用和维护手写板？

6.7 电子白板有哪些种类？电子白板的主要功能有哪些？主要优势是什么？

6.8 目前市场上常见的 U 盘容量有哪些？U 盘由哪些部件构成？

6.9 如何从 Windows 中安全退出 U 盘？如何格式化 U 盘？如何将 U 盘的文件系统设置并修改为 NTFS?

6.10 目前市场上主流的移动硬盘容量分别有哪些？

6.11 在使用移动硬盘的过程中应注意哪些方面？如何做好移动硬盘的日常保护？

6.12 如何给大容量移动硬盘分区？在 Windows 中主要存在哪几类分区？

6.13 光盘的刻录原理是什么？空白刻录光盘有哪几种分类？如何保护光盘？

6.14 如何在台式计算机机箱中安装光盘刻录机？

6.15 如何在 BIOS 中将第一启动项设置为挂载硬盘的 SATA 接口？

6.16 Nero 刻录软件有哪些特点？

6.17　如何刻录一张音乐 CD 光盘或 DVD 视频光盘？刻录过程中要注意什么？
6.18　移动存储设备有哪些？各有什么优、缺点？
6.19　数码投影机主要技术指标有哪些？其含义各是什么？
6.20　使用数码投影机的基本步骤有哪些？
6.21　使用数码投影机应注意哪些问题？
6.22　怎样保养与维护数码投影机？
6.23　数码投影机常见故障与处理方法有哪些？
6.24　简述 UPS 的类型及其特点。
6.25　如何选用 UPS？
6.26　使用 UPS 应注意的主要问题有哪些？
6.27　维护 UPS 的主要内容有哪些？
6.28　UPS 的常见故障与处理方法有哪些？
6.29　碎纸机的作用是什么？
6.30　使用碎纸机应注意哪些问题？
6.31　碎纸机不停，应如何处理？
6.32　碎纸机噪声大，如何处理？
6.33　碎纸机的日常维护有哪些方面？
6.34　数码相机的主要性能指标有哪些？
6.35　使用数码相机要注意哪些问题？
6.36　如何保养数码相机的镜头？
6.37　如何放置数码相机？
6.38　数码相机不能记录影像的原因是什么？
6.39　数码摄像机的构成系统有哪些？
6.40　数码摄像机的主要技术指标有哪些？
6.41　数码摄像机日常使用注意事项、保养与维护方法有哪些？
6.42　数码摄像机常见故障与处理方法有哪些？

# 参 考 文 献

陈国先，2005. 办公自动化设备的使用和维护[M]. 西安：西安电子科技大学出版社.

东正科技，2006. 办公自动化教程与上机实训[M]. 北京：机械工业出版社.

韩广兴，2005. 图解复印机/传真机原理与维修[M]. 北京：人民邮电出版社.

黄军辉，刘勇生，2002. 办公自动化与现代办公设备[M]. 北京：电子工业出版社.

刘向东，1998. 打印机结构原理与使用维修[M]. 北京：机械工业出版社.

瞿彦明，郭永生，2000. 最新微机选配与维护教程[M]. 北京：科学出版社.

王利，张玉祥，杨良怀，2001. 计算机网络实用教程[M]. 北京：清华大学出版社.

夏普数码复合机 MX-M3658N/MX-M4658N/MX-M5658N 用户手册.

谢文一，2006. 数码摄像 200 问[M]. 上海：上海科学技术出版社.

张恒杰，武云霞，2016. 计算机网络技术基础[M]. 北京：清华大学出版社.

张景生，2000. 静电复印机使用与维修[M]. 北京：新时代出版社.

张巍，2013. 常用现代办公设备的使用与维护[M]. 北京：电子工业出版社.